ワーク・ライフ・インテグレーション

未来を拓く働き方

WORK-LIFE INTEGRATION

Workstyle that opens up the future

平澤克彦／中村艶子［編著］

ミネルヴァ書房

はしがき

「ワークライフ・インテグレーション」（Work-life integration：以下ＷＬＩ）というコンセプトをご存知だろうか。ここ数年、欧米を中心にこのコンセプトが「ワーク・ライフ・バランス」（Work-life balance：以下ＷＬＢ）にかかわって使われるようになっている。一方、日本ではその前段階であるＷＬＢというコンセプトが定着し、本書でも取り上げられている資生堂の企業内保育所の設置など、ＷＬＢにかかわる支援制度の推進や働き方の改革が模索されている。

ＷＬＢというコンセプトは、日本への導入当初、政府（内閣府）によって「仕事と生活の調和」と訳され、企業を推進主体とした取組みが繰り広げられた。そのような努力もあり、今や人事関係者でＷＬＢを知らない人はいないだろうし、日本の多くの人々がＷＬＢというコンセプトを聞いたことがあるだろう。

しかし、グローバル化と社会の多様化が進むなかで、ＷＬＢの限界も明らかになってきた。働く人の多くにとって、仕事でのニーズは多様であり、労働市場や家庭事情からさまざまなＷＬＢ上の課題を抱えているため、仕事と生活のバランスを取ろうとしても身動きできない状況に陥っている。人的資源不足、男女格差、ジェンダーダイバーシティ、長時間労働、働き方改革、非正規雇用などの社会問題に加えて、コロナ禍による医療の逼迫や経済不況など、現代社会が直面する課題は多い。

生活面のニーズや方途を調和させていくという重要な枠組みをもとに、これからはその枠組みを超えて、問題を解決し前進していく段階にある。だが、近年の社会の変化と、それにともなう問題は、WLBという枠組みでは把握も対応もできないようになっている。では、実際の状況はどのような様相を呈しており、解決すべき問題はどこにあり、社会はそうした問題をどのように解決しようとしているのか、また組織や政府はそのためにどのような政策を展開できるのだろうか。

本書では、行き詰まりを打開し未来を切り拓くために、WLBの問題点を吟味し、企業の経営面や国際比較ケースから新しいWLIへの道を模索する。そのような経営や社会政策上の問題とそれに対する政策をWLIという視点から検討し、これからの社会のあり方を探っていきたい。

序章の「ワークライフ・インテグレーションの分析視角」(平澤克彦)では、賃労働と家事労働の分離をもとに問われるようになったWLB問題について、人間労働の展開と賃労働の優位を論じる。また、WLIの分析を生活の論理を基軸に進め、女性の就労や働き方改革との関連からWLIの意義を問うている。

第I部「ワークライフ・インテグレーションの生成と展開」では、WLIの概念と、企業社会におけるWLBの限界について検討している。第1章「ワークライフ・インテグレーションの概念と展開」(中村艶子)ではWLIの概念と展開およびWLIの社会的意義について述べている。WLIというコンセプトが、歴史的背景の転換によっていかなる変化を遂げてきたのかを叙述している。

第2章「ドイツにおけるワーク・ライフ・バランス問題」(平澤克彦)ではWLBの背景と展開をド

イツを事例に考察し、その問題点を家族概念の変化と家族の貧困化、固定的労働時間制度や労働力不足を背景に検討している。

第3章「アメリカの子育て支援とワークライフ・インテグレーション」（中村艶子）では、アメリカにおけるWLBの動きを子育て危機から分析し、それに対応する国家政策、経営政策、従業員ニーズ面からWLIへの動きを考察している。

第4章「労働時間と生活時間の調和を目指して」（山本大造）では、長時間で知られる日本の労働の現状とその弊害からWLBの意義と限界を考えるとともに、求められる労働時間短縮の形を提唱して、労働時間と生活時間の観点から重要な要因を探っている。

第Ⅰ部におけるWLIの概念と、企業社会におけるWLBの限界の分析を踏まえ、第Ⅱ部「日本企業とワークライフ・インテグレーション」では、さらに国内で注視されている日本企業のWLIに焦点を当てて分析を行う。

第5章「財界のワークライフ・インテグレーション戦略」（奥寺葵）では、WLIの推進主体である政府、財界、企業の政策検討の重要性を指摘し、「働き方改革」に対する財界の見解と主張が労働市場、労務戦略の根拠となっていることを明らかにして、その改革の課題を提示している。

第6章「人的資源管理とワークライフ・インテグレーション」（木村三千世）では、職業人が充実した職業人生を送り、夢を実現し、目標を達成する必要がある中で、生産性を高めて企業に貢献できる人材を育て、WLIを実現して柔軟な働き方を可能にするための企業の施策を検討している。

第7章「非正規労働とワークライフ・インテグレーション」（石井まこと）は、社会的評価は低いままで正社員との乖離が大きい非正規労働（七割を女性が占める）を取り上げ、そのＷＬＩの問題を分析している。

第8章「ワークライフ・インテグレーションの現実」（小暮憲吾）では、日本企業におけるＷＬＩの実践内容、技術進歩（ＡＩ化）や新型コロナウイルスによる影響面から生活への影響を考察し、ＷＬＩの現実を扱っている。

このように本書では、ＷＬＩの問題がさまざまな視点から取り上げられており、グローバル化の中で変貌する労働環境の具体的な分析から、これからの働き方や働きやすい職場環境について示唆を与えることができれば、著者たちの望外の喜びである。折しもコロナ禍による世界的なパンデミックによってあらゆる人々の生活や働き方が大きく影響を受け、ＷＬＢの限界が浮き彫りになった今日、仕事と生活の両立（balance）から多様な統合（integration）へと、現在の多様なニーズに適した、より統合した形のＷＬＩが必要とされる時代が到来してきたと考えられる。ＷＬＢからさらに大きな枠組みでのＷＬＩへと移行する重要な転換期の今、時機を得て本書を上梓できることは、喜びもひとしおである。本書が多くの方々に働くこと、そして生活することの本質を考える契機となれば幸いである。

二〇二一年九月

編著者　平澤克彦・中村艶子

ワークライフ・インテグレーション——未来を拓く働き方

目次

第6章　人的資源管理とワークライフ・インテグレーション

序　章　ワークライフ・インテグレーションの分析視角

平澤克彦

イントロダクション

ワークライフ・インテグレーション（ＷＬＩ）は、ワーク・ライフ・バランス（ＷＬＢ）の発展形態と把握できる。本章ではＷＬＢ問題は、賃労働と家事労働の分離をもとに問われており、その分離と賃労働の優位を前提にＷＬＩの分析は生活の論理を基軸に進める必要があること、家事労働の担い手が女性であることから、女性の就労との関連からＷＬＩを位置づけ、さらに「働き方改革」との関連から、ＷＬＩの意義を企業の変化との関連から問うことを提起している。

1　ワークライフ・インテグレーションの研究対象

（1）ワーク・ライフ・バランスと経営学

近年、仕事と私生活、とりわけ家族との調和が注目されるようになり、「仕事と生活の調和」（ワーク・ライフ・バランス Work Life Balance; 以下ＷＬＢ）という問題が経営学、とりわけ人的資源管理論の重要なテーマとして追究されていることはすでに周知の通りであろう。実際、日本経営学会は、二〇一九年の全国大会において、ＷＬＢを統一論題の一つに設定し、積極的な議論を行ってきた。さらに経営学者として著名な渡辺峻は、ＷＬＢという問題を、個人のモチベーションとの関連から検討し、今日の社会環境の変化を背景に登場した「社会化した自己実現人」に対する「社会化した人材マネジメント」と位置づけ、経営学におけるＷＬＢ研究の意義を強調している（渡辺、二〇〇九）。

このように仕事と生活の調和という問題が、現在、経営学の重要なテーマとされているのである。けれども、渡辺が指摘するように、働くものの意識の変化に対応する管理のあり方が問われてきたとしても、「仕事と生活の調和」という問題が、経営学そのものの論理から提起されるに至ったとは考えられない。事実、「社会化した自己実現人」というパラダイム・シフトの背景として、渡辺は「働くものの意識の変化」などのさまざまな実態を指摘しているのである。

もちろん渡辺の指摘する「ワーク・ライフ・バランス」という概念が、「『少子化対策』『子育て支援』ではなく『生活時間を取り戻すためのトータルな働き方改革』であり」（渡辺、二〇〇九、八頁）、「企業組織が、その存続・発展のために、主体的に取り組むべき21世紀戦略」（渡辺、二〇〇九、三三頁）を意味していることを前提とする必要があるだろう。渡辺のアイロニカルな理解に示唆されているように、「仕事と生活の調和」という問題は、「少子化」問題や「働き方改革」と密接にかかわって問われていることを看過できない。

(2) ワーク・ライフ・バランス問題の展開

一般に「仕事と生活・家族」という問題が注目を集めるようになったのは、一九九〇年のいわゆる「一・五七ショック」からであった。一九九〇年に、前年（一九八九年）の合計特殊出生率が発表され、その数値が、過去最低を記録した一九六六年の数値、一・五八を下回ったのであった。この「一・五七ショック」を契機に、政府の少子化対策が進められた。もともと少子化対策では、子どもを持つ労働者を対象に「仕事と子育ての両立」が重要な課題とされていた。だが、一九九〇年代後半からの景気低迷のなかで失業率の高まり、さらにフリーターの増加など「安定的な仕事が得られないために家庭をもてない若者の存在が社会問題化」するとともに、男性正規労働者の「長時間労働が進」むことになる（大石・守泉、二〇一一、一四頁）。このように「少子化」や「働き方の見直し」を背景に、WLBという問題が注目されるようになったのである。

大沢真知子によれば、少子化を契機に進められた「女性が仕事と家庭を両立できるように、保育所を整備したり、育児休業制度を整えたり、働く女性を支援する施策」が「家庭と仕事の調和（ファミリー・フレンドリー）」であり、こうした「施策に加えて、男性をも含めた働き方そのもの」の改革が「仕事と生活の調和（ワーク・ライフ・バランス）」と呼ばれているという（大沢、二〇〇六、七頁）。このように「仕事と生活」という問題は、少子化の進展を背景にファミリー・フレンドリー施策として扱われてきたのであり、さらに「働き方の見直し」とともにWLB施策へと展開してきたといえる。だが、後述するように、ファミリー・フレンドリー施策からWLB施策への展開は、少子高齢化による労働力不足という問題を媒介に進められてきたことを忘れてはならないだろう（石塚、二〇一六、二五頁）。いずれにせよ、「仕事と生活」という問題認識は、少子化を契機にファミリー・フレンドリー施策として具体化し、働き方改革や労働力不足を背景にWLB施策として展開し、いまやワークライフ・インテグレーション（以下、WLI）として進められつつあるといえる。

（3）労働力不足とワーク・ライフ・バランス

これまで検討してきたように、「仕事と生活」にかかわる問題は、少子化対策や働き方改革など政府の政策として扱われてきた。もちろん少子化や働き方改革が問題とされるようになるにつれて、企業でも両立支援や働き方改革などさまざまな取組みが行われ、両立支援や働き方改革が企業経営にいかなる影響を及ぼすのかといった研究が進められてきている。それは、政府の少子化対策や働き方改革の実効性が、企業における両立支援や働き方改革の取組みに規定されるからであり、企業での取組みに「生産性や経営効率を高める機能がなければ、企業にはそれらを採用するインセンティブがない」（酒井・高畑、二〇一一、三二頁）ことから、両立支援や働き方改革の経済性に関する研究が積極的に取り組まれてきたといえる。

もちろん少子化や長時間労働といった「社会的な問題」の解決を課題に、両立支援や働き方改革の経済的有用性を検討することに重要な意義を見出すことができるとしても、企業における両立支援や働き方改革が、少子高齢化を背景とする労働力不足を契機に急速に進められたことを看過してはならない。実際、日本だけでなく、ドイツなどでも労働力不足がWLB展開の重大な契機となっているのである。このような認識が正しければ、WLIという問題も個別企業の労働力対策との関連から問うことが必要だろう。

ここでは、これまでみてきたような問題認識のもとに、ＷＬＩを検討するための分析視角を、少子高齢化を背景に進展した労働力不足問題に対応する企業の労働力政策とかかわらせて検討しよう。すでにみたように、「仕事と生活」という問題は、両立支援を基本とするファミリー・フレンドリー政策として登場し、労働力不足の顕在化を背景に、「働き方改革」とも結びつき、ＷＬＢ施策へと展開し、近年では、ＷＬＩ施策へと発展するに至っている。もちろん労働力不足問題を重視し、ＷＬＢとファミリー・フレンドリー施策との違いを指摘する見解もみられるものの、ここでは「仕事と生活」という問題の展開を重視して、ファミリー・フレンドリー施策の生成からＷＬＢへの展開を踏まえながらＷＬＩ施策の分析視角について検討することにしたい。

2　労働と生活

(1)　ワーク・ライフ・バランスと賃労働

ＷＬＩという議論は、当然のことだが、ワーク（仕事）とライフ（私生活）という生活の二分割を前提にしている。ドイツなどのようにワーク（仕事）に家族（Familie, ファミリー）を対置するといった把握もみられるものの、「仕事と生活」をめぐる問題では、基本的に人間の日々の営みを仕事とそれ以外の私生活とに区分し、仕事を中心とする生活を基本に、家族生活などの私生活との両立を図るといった論理構成がとられているといえる。実際アメリカでは、「ワーク・ライフとは、従業員が就業中に業務に専念できるよう、より柔軟で支援的な職場環境を作り出すよう意図されたイニシアティブを提供する慣行」（中村、二〇一七、五頁）とも定義されているのである。

「生活と仕事の調和」といった生活を中心とする把握もみられるものの、人間の日々の営みの重要な要素としてワーク、仕事が位置づけられていることを看過できない。もちろん、このことは、仕事の役割を軽視しようというものではない。むしろ「仕事と生活の調和」という問題提起が、「全社員が意欲的に仕事に取り組むことができる職場とするために不可欠な取り組み」（佐藤・武石、二〇一四、一頁）と仕事、とりわけ収益を生む労働（＝賃労働）を基軸に理解されていることに注目する必要があるだろう。

実際、子育て支援や、非正規雇用の待遇改善などの働き方改革を重要な課題とする「一億総活躍プラン」では、「少子高齢化への対応が枕言葉」となり、「労働供給不足を解消するための経済政策という位置づけ」（仁田、二〇二〇、九頁）が行われているのである。「仕事と生活の調和」という問題提起は、その刺激的な問題意識にもかかわらず、経済的な労働、すなわち賃労働を基本に育児などの私生活や家庭生活との調和を図るという論理構成になっているのである。そのため、「『産め』『働け』『活躍しろ』って、無茶な三重の役割を押しつけられて冗談じゃない！」（奥田、二〇一八、三〇頁）といった悲痛な叫びが生まれてくるのだ。

（2）「仕事と生活」の再検討

後述するようにヨーロッパの事例をみてみると、「仕事と生活」という問題関心は、もともと家族機能の脆弱化や雇用不安との関連で提起されるようになったとみることができる（本書の第2章を参照されたい）。このような問題意識にもかかわらず，わが国では「仕事と生活」という問題は，労働力不足を背景に，労働力政策へと転換しているのである。そこで，ここではまず，「仕事と生活の調和」という議論の背景となっている「仕事」や「生活」の検討からはじめることにしたい。

一般に伝統的な経済学では，家族や家計などの私生活は，これまで研究の枠外におかれてきた。現在の経済学のテキストのひな形とされるサミュエルソン（Samuelson, P. A.）の『経済学』では，「家計は財を買い生産要素を売り，ビジネスは財を売り生産要素を買う。家計は，労働や財産のような投入を売って得た所得を使い，財を買う」（サミュエルソン，一九九二，四一頁）と指摘されている。経済学では，企業は生産の担い手であり，家庭は個人的な消費の場ととらえられる。だが，「個人を社会の最小構成要素とみなし，その個人の振舞いの〈集計〉として社会を理解する」（佐和，一九八二，一七頁）という経済学の認識方法から，家計の行動は経済学体系に含まれてきたとはいえ，家族の構造や機能などは経済学ではほとんど扱われてこなかったといえる。つまり経済学は，「社会の基本的単位をなす〈家族〉というカテゴリーを，その理論体系のうちに内蔵していない」（中西，一九八二，七五頁）のである。

もちろん経済学が，「行為の主体である人間そのものではなく，事物の側面から，事物の運動に投影された人間行為の軌跡を主として対象」（岡田，一九六七，八頁）とするとすれば，マルクス経済学とて例外ではありえない。もっともこのことは，経済学が家族の問題を完全に捨象してきたことを意味するものではない。たとえばマルクスは，家庭を労働力の再生産の場として把握し，そのような視点から家族の問題を扱っていたのである。家族の問題は、資本の運動法則を明らかにする限りで扱われてきたといえる。たしかにヒックスが家事などについての研究の必要性を主張してきたとしても、経済学では、経済活動に直接かかわらない家事労働など家庭の問題については研究の対象としてこなかったのである。

だが、近年、ヨーロッパでは、不安定雇用者の増大、さらに失業率の高まりを背景に、生活や労働といった概念の再検討が進められている。たとえばゴルツ（Gorz, A.）は、「私たちが『労働』と呼んでいるものは、近代性の発明物」（ゴルツ、一九九七、二八頁）であり、「マニュファクチュア資本主義が生まれてはじめて現われた」（ゴルツ、一九九七、三三頁）と指摘している。もちろんここでいう「労働」とは、「個々の生命の維持と再生産に欠くことのできない日々の用務とは異」（ゴルツ、一九九七、二八頁）なり、「他者によって要求され、決められ、有用と認められ、そのことによって他者から報酬を受ける労働」（ゴルツ、一九九七、二九頁）とされている。

ゴルツのいう「労働」という概念は、他の者のために働き、報酬を受ける、マルクス経済学でいう賃労働に近いものといえる。ゴルツは、こうした有償労働の一つが、賃労働だとしている。だが、このような有償労働は、生活に必要な活動とは区別されるという。生活に必要な財やサービスの生産は、一八世紀までは職人たちの担う「創作」という活動とされていた。けれども、この「創作」という活動は、古代においては私的な領域、すなわち家庭という領域と区別しがたく結びついており、「必要性に隷従する」のを嫌悪されたことから、こうした活動は、しばしば「女と奴隷に割り当て」（ゴルツ、一九九七、三〇頁）られていた。そしてこの「必要性」を超えたところに、人間的な「自由の世界」があるとみられていたのである。

（3）「労働」概念の再検討

だが、経済合理性を基本とする資本主義の登場は、これまでみてきた私的領域での活動を大きく変えてしまう。つまり生産活動は、賃金を得るための活動に変化し、それにより生産活動は「創作する」喜びや刺激のない非人間的な活動になる。資本主義の生成は、こうした生産活動の変化をもとに労働時間と生活時間とを分裂させるとともに、生産における人間関係を金銭的な関係に変えてしまうのである。

これまでみてきたような労働の考察をもとに、ゴルツは労働を三種類に区別する。すなわち、①賃金を目当てに行う「経済的目的をもった労働」、②家事や育児などのような「結果を目的として行ない、そのおもな対象と受益者が直接自分自身であるような労働」、そして③芸術や相互扶助などの「それ自体を目的として、自由に、必要性をもたずに行なわれる自律的活動」（ゴルツ、一九九七、三六六～三六七頁、なお傍点は原著者のもの）である。ゴルツによれば、現在、経済的目的で行われる労働が、生活とその時間の大半を占め、そのため働くものは失業や雇用不安にさらされているという。だが、生産力の急速な発展は、労働時間の短縮と経済目的を持たない活動の可能性を拡大することで、すべての働き手に雇用を保障するとともに、家事や育児などに費やされる時間の拡大は、生きるための満足を生み出すことになる。

このようにゴルツの「労働」概念の再検討は、雇用不安や失業に対する政策における戦略的地位を占めるとともに、有償労働の相対化と、家事や育児などのいわゆる無償労働に対する意義を改めて評価したものと考えることができる。「労働」概念の再検討という議論は、ヨーロッパを中心にすすめられ、たとえばザイガー（Saiger, H.）は、「家庭を単なる商品消費的余暇の場としてだけでなく、社会的生産の場、あるいは社会全体の福祉に貢献する非営利労働の担い手」（田中、二〇〇八、四二頁）と把握しているという。「仕事と生活」の見直しという論議は、賃労働に代表される有償労働の相対的優位を問い直し、無償労働の意義を改めて問うものとなっているのである。

「仕事と生活の調和」といった議論が、ヨーロッパを中心に進められた「労働」概念の再検討とともに問われているとすれば、労働を基軸とする「仕事と生活の調和」ではなく、労働の相対的な優位を問い直し、生活を基盤に労働のあり方を問うことが求められているように思われる。このような認識が正しいとすれば、「仕事と生活」を検討するさいの選択原理は、生産性ではなく、生活の論理とならざるをえないだろう（選択原理については、モックスター〔一九六七〕を参照されたい）。

3　資本関係の生成と家事労働

（1）賃労働と家事労働

資本主義企業の成立は、周知のように「商品生産者たちの手のなかに比較的大量の資本と労働力とが現存することを前提」（Marx, S. 741, 資本論翻訳委員会訳、一九八三、一二二二頁）にしている。つまり企業は、市場で競争できる生産設備や原材料などを備えるために貨幣や機械、原材料などの生産手段や生活手段を保有していなければならない。だが、資本主義企業が利潤を目的に活動を行うためには、生産手段の所有などの条件から分離され、生活のために自分の働く能力、すなわち労働力を販売し、そうすることで生活条件を得る労働者が存在しなければならない。つまり資本主義企業の存立は、「労働者と労働実現条件の所有との分離を前提」（Marx, S. 742, 資本論翻訳委員会訳、一九八三、一二二二頁）にしている。

自らの生産手段や生活手段から分離された労働者は、生産手段や生活手段を所有する企業のもとで労働することで、賃金を得て、生活条件を獲得することができるのである。いわゆる賃労働の形成である。この賃労働の形成とともに、ゴルツのいう人間の行う生活の営みがいくつかの労働に分離すると考えられる。なかでも重要な分離が、賃労働と家事労働との分離であり、両者の分離をもとに生活時間と労働時間への分離が進められることになる。

資本主義的生産様式の支配的な社会では、企業の利潤追求が経済発展の基本的な動因となり、この利潤の源泉を生み出すのが労働であることから、資本主義的生産様式は、「その現実的消費そのものが労働の対象化であり、それゆえ価値創造である」労働力という商品の存在を基本的な要素としている。一般に労働力とは、「人間の肉体、生きた人格のうちに実存していて、彼がなんらかの種類の使用価値を生産するたびごとに運動させる、肉体的および精神的諸能力の総体」（Marx, S. 181, 資本論翻訳委員会訳、一九八三、二八六頁）であり、したがって労働力は生きている人間と不可分に結びついているのである。

企業での生産活動において人間は、労働することで自らの労働力を消費していく。もちろん生産活動が継続的に行われるためには、労働力の再生産が前提となる。だが、労働力は生きた人間のなかに存在しているために、「労働力の生産はこの生きた個人の生存を前提」とするのであり、したがって「労働力の生産とは、この個人自身の再生産または維持」（Marx, S. 185, 資本論翻訳委員会訳、一九八三、二九二頁）なのである。この労働者の維持・再生産は、家庭生活のなかで行われることになる。そして家庭において、このような労働者の維持・再生産に寄与するのが家事労働といえる。

（2）家事労働とは

一般に家事労働とは、「労働者家庭の家庭内で行われる消費のための労働、および出産、育児、老・病人介護など家族員間の世話にかかわる労働」（中川、二〇一四、二七頁）と把握できる。こうした家事労働は、資本主義社会では労働力の再生産に寄与する労働としてあらわれる。たしかに家事労働は、木本が指摘するように、「生理的・身体的必要を満たすための身辺的行為である」としても、それは「同時に、文化的営み」（木本、一九九五、一四一頁）でもある。だが、このような労働は、資本主義生産様式のもとでは、労働力の再生産に寄与する、とりわけ無償労働としてあらわれてくるのである。

家事労働は、労働力の維持・再生産に不可欠な活動であるとはいえ、一般に家事労働は無償の労働として行われている。労働力の再生産に必要な家事労働が、なぜ、無償で行われるのかについては、男性の女性支配などさまざまな議論が行われてきた[1]。ここでは、家事労働が無償で行われるのは、家事労働が家庭という私的な領域で行われるからだという議論を批判し、家事労働も価値形成労働もいずれも私的な労働であるものの、家事労働は「社会的分業の一環として商品生産労働を担わない」（中川、二〇一四、六四頁）ために無償で行われるという視点を重視しておきたい。それは、このような家事労働の理解が、私的労働の区分という視点だけでなく、社会的分業の展開という視点から家事労働の位置づけを行っているためである。

いずれにせよ、資本主義的生産様式の基盤となる労働力の維持・再生産は、労働者の維持・再生産として家庭という私的な領域で行われるのであり、この労働力の維持・再生産に寄与する家事労働は無償で行われているのである。かくして資本主義企業の活動は、無償で行われる家事労働を基盤としているといえる。そのさい注目しなければならないのは、家事労働がほとんどもっぱら女性に担われてきたということである。

（3）家事労働と女性

もちろん家事労働が、通常、女性に担われているとしても、そのことから家事労働が、女性の役割になることを意味するものではない。だが、なぜ女性が無償の労働を担わなければならないのかは明らかではない。その理由は、社会の歴史的展開のなかに問うしかないであろう。

イギリスの工場法の制定を家族機能の分化、つまり賃労働と家事労働への分化という視点から検討した大石恵子によれば、産業革命以前の綿業家族では、「家族が一つの強固な生産単位をなし、幼児を除く家族全員が、生産労働に携わって」いた。つまり当時の家族は、「消費機能ばかりでなく、生産、教育機能など、人間の生活にとって必要な機能のほとんどを」（大石、一九七二b、一一七頁）持っていたというのである。だが、産業革命は、家族の機能から生産労働を分離させるとともに、女性の多くがこうした工場労働を担うきっかけになったのである（大石、一九七二a、一〇六頁、以下の記述は大石の二つの論考に多くを負っている）。

もちろん、一部の研究から一般的な現実を再構成するのは難しい。そのためには産業革命の詳細な検討が求められる。だが、大石の研究から、産業革命が家族機能から生産労働という活動を分離するとともに、女性の就労を促したことがわかる。このように産業革命は、女性の家事労働への拘束をもたらしたわけではない。むしろ女性の就労を促すことになったといえる。だが、女性の就労は、社会的な道徳秩序や家庭の安定を揺るがすことになり、こうした家族の危機に対応するために「婦人を家庭に戻そうとする懐古的な側面」（大石、一九七二a、一一〇頁）を持つ「工場法」が制定されることになるのである。

かくして工場法の制定を契機に女性の家事労働への拘束が進むことになる。もっとも立法の意図どおりに、女性を家庭に戻すことは難しかったとしても、産業革命によって女性がもっぱら家事を担当し、男性が有償労働を担うことが可能になり、それを基盤として性別役割分業という観念が一般化するようになったことが重要であろう。

これまで検討してきたように、ゴルツの指摘した労働の分化は、資本主義企業、そしてその基盤をなす資本主義的生産関係の生成とともに展開することになった。なかでも重要なのが、報酬をともなう生産労働、いわゆる賃労働と家事労働への分離である。大石が指摘したように、産業革命以前は有償で行われる生産労働と家事労働との分離はみられなかったものの、産業革命の進展とともに有償で行われる生産労働は、家庭からはなれて工場で行われるようになった。けれども、生産労働の家庭での労働からの自立は、家事労働をもっぱら女性が担うことを意味するものではなかった。

女性の家庭への回帰と、家事労働への拘束を意図したものこそ、工場法であり、そこに性別役割分業という観念を発展させる端緒があったことを看過してはならないだろう。資本主義的生産様式は、自らの再生産のためには、価値を形成する労働力が必要であり、その労働力の再生産に寄与するのが家事労働であった。しかもこのような家事労働は、無償で行われ、しかももっぱら女性に担われているのである。その意味で資本主義的生産様式、とりわけ資本主義企業は、女性による無償の家事労働を基盤に展開しているといえる。もちろん生産労働に従事する女性も多いとはいえ、概念的にはこのように把握することができるのである。

「仕事と生活の調和」という議論では、働く女性の支援を意図する政策をファミリー・フレンドリー施策と呼んでいたのに対し、このような施策に加え男性も含めた働き方の問題を扱うのがＷＬＢとされている。誤解を恐れずにあえて整理すれば、性別役割分業を前提に、育児や介護など女性が継続的に就労できるよう支援を行うのがファミリー・フレンドリー施策であり、労働力不足を背景に女性の就労を促すために性別役割分業の新たな再編成を課題とするのが、ＷＬＢであるとみることができる。そうだとすれば、ＷＬＢの新たな展開と把握できるＷＬＩの分析では、この新たな施策が性別役割分業をどのように再編成しようとしているのか、また、その展開のなかに性別役割分業の止揚の展望をいかに把握できるのかを明らかにすることが求められるであろう。

4　企業経営の展開と女性労働

（1）機械化の進展

これまでみてきたように資本主義企業は、生産手段・生活条件の私的所有と、労働力の存在をもとに存立している。資本主義企業は、利潤の追求を課題に、自ら所有する機械や原材料などを使って財やサービスの生産を行うことになる。もちろん財やサービスの生産には、この生産活動を担う労働力が必要となるのであり、そのために労働力の担い手である労働者が採用され、経営者の管理のもと企業の生産現場で働くことになる。かくして家庭や共同体での生活活動からの生産労働の分離・独立は、産業革命に触発された資本主義的生産様式の登場とともに始まるのである。それはまた、家事労働と生産労働の分離でもあった。

もちろん家事労働と生産労働との分離は、家事労働をもっぱら女性が担うことを意味しない。大石が、イギリスの産業革命の事例で示したように、家庭や共同体での活動からの生産労働の分離は、女性の就労を促す一方、政策は女性に家庭機能を担わせようとした。だが、政策の思惑に反し、多くの女性は就労を続けた。では、こうした女性たちがいかなる地位に置かれていたのかを、機械制大工場、さらにそれを基盤に展開される「人的資源管理」(2)の展開をもとに検討しておくことにしよう。

さて、企業の活動の担い手として採用された従業員は、「資本家の管理のもとで労働」する（Marx, S. 199, 資本論翻訳委員会訳、三一六頁）。そのさい従業員は、企業の所有する機械や道具、原材料などを使って労働をすることになる。もちろん、「生産様式の変革は、マニュファクチュアでは労働力を出発点とし、大工業では労働手段を出発点」（Marx, S. 391, 資本論翻訳委員会訳、六四三頁）としているのであり、その意味で現在の労働は、機械の充用をその特徴としているのである。たしかに現代の生産技術の体系は、「大工業」の段階から格段の進歩を遂げており、それを理論的にどう把握するのかを問うことは重要であろう。ここでは、「現代資本主義は、生産様式それ自体としては機械制大工業に属する」（北村、一九八五、三四七頁）という把握をもとに、機械制大工業との関連から女性の地位を検討することにしよう。

生産での機械の利用は、科学技術を活用することで、人間の負担を軽減するだけでなく、生産力の飛躍的な増大をもたらす。もちろん、資本主義企業における機械の導入は、利潤の獲得を目的に進められることになる。ここでは、まず、個別企業が機械の導入にいかに駆り立てられるのかを確認することから始めよう（以下の叙述は、荒井〔一九八〇〕に学んでいる）。

資本主義企業は、自らの富の増大、利潤追求を目的に、労働者を採用し、自分たちの所有する生産手段を使って財やサービスを生産している。こうして生産された財やサービスを市場で販売・実現することで、企業は投下した資本を超える貨幣、つまり利潤を獲得しようとする。だが、ある特定の財やサービスを一つの企業が生産しているわけではない。多くの企業が、同じような財やサービスを生産し、市場で販売・実現しようとしているのである。もちろん市場で活動する企業では、導入する機械や採用する労働者の能力など生産条件は異なっている。だが、複数の企業が同一の財やサービスを扱う市場で活動することから、平均的な価格水準、つまり社会的な価格が形成される。こうして、いわゆる一物一価の法則が作用することになる。

市場活動を通じて、ある特定の商品に一定の社会的な価格が観念されるようになったとしても、導入する機械や労働力の質など生産条件は企業ごとに異なっている。そのため古い機械設備などの利用などにより販売価格の高い企業は、生産した財やサービスを市場で販売し、その価値を市場で実現することができないため、市場から放逐される。その一方で最新の機械などを導入した企業は、価格の引き下げに成功し、多くの財やサービスを市場で実現することができるのである。マルクスは、この「個別的価値と社会的価値との差額」（時永、一九七七、九六頁、傍点は著者）を特別剰余価値と呼んでいる。このように企業が機械の導入を行うのは、利潤追求のためではなく、特別剰余価値を求める企業間競争により強制されるからである。

このような機械の資本主義的な充用は、企業で働くものたちにさまざまな影響を及ぼしていく。以下の説明に必要な限りで取り上げることにしよう。機械の導入は、これまでの生産様式を変革し、古い熟練を解体させてしまう。もちろん新しい機械の導入は、その機械に必要な熟練作業を生み出すとしても、労働の平準化・均等化を進めていくことになる。機械の導入は、古い熟練を解体させ、労働の平準化・均等化を進めることで、働く者の労働の転換を促すとともに、成人男性に比べ体力面で劣る女性や児童の就労の可能性を生み出していくのである。すでに検討したように、産業革命は家事労働と賃労働との分離をもたらしたとはいえ、賃労働に従事する女性も多かった。政府は女性の家庭への拘束を企図したものの、生産での機械の充用は、熟練の解体や労働の平準化などを通じて、再び女性の就労を促す可能性をもたらすことになったのである。では、女性は、どのように就労するようになったのだろうか。機械の導入にともなう労働の変化，さらに経営構造の展開との関連から考えることにしよう。

（2）階層制の成立

企業での機械の利用は，これまでの生産体制を駆逐，あるいはその規模を縮小し，それに代わって新たな生産体制を構築していく。したがって職場での分業のあり方は，基本的には機械とその編成に決定づけられることになる。だが，機械の導入は，これまでの熟練を解体し，技能の平準化，労働の単純化を推し進めていくのである。その結果，熟練と不熟練といった区分は流動的になり，それに代わって性別や年齢といった自然的な違いが注目されるようになる。

けれども，機械の編成は，産業や業種によって異なっている。たとえば紡績工場のような連続加工生産方式では，「各作業工程はそれぞれの工程の作業機の加工能力に応じてあらかじめ比例的に配置されており，それに応じて労働力および材料の配分を予定することができる」のに対して，組立加工生産方式では，「作業機の種類と台数，それに配置される労働力の組合せは所与の大きさであるにもかかわらず，随時，異なった作業内容を含むところの個別注文の製造命令がつぎつぎと発せられるから，特定時点における各種作業機の加工余力および労働者の作業余力はたえず緊張と遊休との不均衡な変動をこうむらざるをえない」（馬場，一九六九，四九頁）。そして，このような問題の解決には「標準時間」の設定が必要になるというのである。

「標準時間」という概念の構築に多大な貢献をしたのが，テイラー（Taylor, F. W.）であった。周知のようにテイラーが「科学的管理」なる構想を提起する契機となったのは、一九世紀末葉のアメリカにおいて経営者たちが直面していた組織的怠業という問題であった。組織的怠業という問題は、当時職場においてみられた生産高制限という慣行と密接にかかわっていた。それはまた不完全な管理制度とかかわる問題であった。「成り行き管理」が、こうした組織的怠業という問題を賃率の切り下げ問題として把握し、その解決を図ろうとしたのに対し、科学的管理は一日の作業量を科学的に設定することで解決を図ろうとしたのである。ここに標準という観念が生みだされることになる(3)。

テイラーの提起した課業概念こそ、管理の基準として作業の方法と標準的な作業時間を内包した概念だといえる。だが、課業そのものは、「『公正な1日の作業量』という抽象化された無内容なものではなく」(泉、一九七八、四一頁)、市場での企業間競争を媒介した「高賃金・低労務費」原則と密接にかかわっているのである。そうだとすれば、「標準時間」と、それに規定される生産編成は、市場での企業間の競争を前提にしているのであり、その意味で「経済の論理」に規定されているといえる。機械の編成とそれを前提とする分業のあり方は、技術によってのみ決定されるのではなく、経済の論理にも規定されているのである。

労働の編成は、機械編成と経済の論理に規定されるとしても、機械の導入はこれまでの熟練を解体し、労働の単純化、細分化を進めていく。この細分化、単純化された労働は、機械編成と拍節・タクトをもとに作業組織へと編成される。もちろん機械の導入とともに生み出された労働・職務は、経営側の職務設計に基づいて編成されるのであり、その意味で職務は「管理の単位」として作業のあり方や権限などの定められた労働だといえる。こうして編成された職務は、職務の難易度や必要とされる熟練、さらに伝統的な職種をもとに階層的に編成されていくのである。

だが、機械の導入による労働の単純化、平準化は、労働の転換可能性を増大させるにもかかわらず、労働者は「管理単位」である、細分化され、単純化された職務に専門化させられる。このような矛盾を背景に、労働力の企業内での流動化、とりわけ昇進制度が制度化されていくのである。そのさい、内部労働市場論で示唆されているように、習熟のたやすい職務から難しい職務へといったキャリア・パスが構築されるのである。もっとも昇進の枠組みは、伝統的な職種の範囲に規定されることも看過できないだろう。

機械の資本主義的な充用は、労働の細分化、単純化を進めるだけではない。科学的管理に象徴されるように、機械の導入は、これまでの熟練労働を解体し、労働にかかわる構想や計画といった労働の精神的な側面を、いわゆる肉体的労働から分離し、企業の管理職能へと展開する契機となる。資本主義の生成期には、管理や事務にかかわる職員はごくわずかであったが、生産規模の拡大とともに、現場の管理者を管理する必要が生じ、さらに企業全体で管理業務の処理が求められることになる。ここに管理職能から管理事務の分離が進められるのである。もちろん管理部門においても、従業員の支配・統治の機構として階層的な組織が形成される。

(3) 現代企業と女性

かくして現代の企業は、階層的な作業組織と管理組織から編成されているのである。一般に女性労働者は、一九七三年の石油ショックとそれに触発されたパートやアルバイトなどの不安定雇用者の増大とともに変化してきたものの、基本的には、単純で、意思決定から疎遠な労働を担ってきた。事務部門についても、コース別雇用管理に象徴されるように、女性の主に担当する職務は、定型的、補助的業務であり、ここでも女性たちは管理職への昇進から疎遠な存在であった。

すでにみたように企業は、市場において利潤を求めて展開される企業間競争を通じて、技術革新や機械設備の導入を進めていく。機械設備の導入は、投資される資本のうち機械設備に対して投入される資本の比率を高め、それに対し雇用される労働者を採用するのに用いられる資本の比率は減少していくのである。このように企業の利潤追求にとって余剰な労働者は相対的過剰人口と位置づけられている。(4)

このような最新の機械設備の導入は、一般に追加資本として行われるが、その場合、最新の機械設備はこれまでの熟練作業を解体し、こうした熟練の担い手の異なる領域での就労や排除を行いながらも、一九八〇年代の産業用ロボットの導入のさいにみられたように、こうした人材の旧来の方式による工場などへの配置転換やワークシェアなどによりさしあたり雇用は維持されていく。

労働力需要は、基本的には投下される資本の有機的構成に規定され、技術革新の進展に伴って傾向的に減少していくものの、現実的には投資される資本に決定されるのであり、そのため循環的な景気変動などとともに変動していくのである。だが、企業が存立し、継続的に経営していくには、企業が利用できる労働力が存在しなければならない。つまり企業経営にとって、人口という「自然的制限にかかわりのない産業予備軍を必要とする」(5)(Marx, S. 664, 資本論翻訳委員会訳、一〇九二頁)のである。その意味で産業予備軍、相対的過剰人口は、「資本主義的生産様式の実存条件」(Marx, S. 661, 資本論翻訳委員会訳、一〇八七頁）だといえる。

このように企業の経営には、相対的過剰人口が必要とされるが、そのさい注目されるのが女性の役割と就労のあり方である。すでに検討したように、女性の就労する領域は、細分化され、単純化された生産領域や、定型的な事務業務などであり、その賃金や労働条件は、男性の正規従業員にくらべ低位に位置づけられている。なかでも女性の就労形態として注目されるのが、パートタイム労働であろう。

周知のようにパートタイム労働は、小売りなど業務の季節的変動や時間帯による変動に対応して、短時間勤務を行う形態として展開してきた。とりわけ石油危機後の景気低迷のなかで、リストラの重点として積極的に進められてきた。パートタイム労働のあり方は、各国の経済構造や労働組合の規制などにより、国ごとに異なっているとはいえ、パートタイム労働の大半を女性が担っていることを看過できない。

国際比較を十分に行う必要はあるが、一般に結婚、あるいは出産により育児や家事に主として従事していた女性が、育児と両立しながら、あるいは育児が一段落してから就労する働き方としてパートが選ばれる。ドイツの事例（第2章参照）にみられるように、シングルマザーの就労の形態として、パートタイム労働が選ばれているが、このことは女性の就労が貧困に動機づけられていることを意味するものであろう。こうした女性たちが、産業や企業のニーズに応じてパートタイム労働として就労しているのであり、その意味で、女性の多くが産業予備軍としての役割を担わされていると考えられる。

実際、永山利和は、「家庭の主婦を主力部隊とした」「就業希望者」を、男性正規従業員よりも劣悪な労働条件で働く「不安定雇用者」としての就労を希望する予備軍と把握しているのである（永山、一九八〇）。ＷＬＩの分析は、女性参加による生産性の問題や、働き方改革の問題にとどまらず、こうした女性の地位を踏まえて検討することが求められるのである。

5 人的資源管理の展開とワークライフ・インテグレーション

これまで検討してきたように、利潤追求という経済的強制のもとで展開される企業間競争の結果として進められる機械体系の導入は、伝統的な職種を解体、放逐させながら、その一方で膨大な数の職務を発生させた。このような職務は、階層的な組織に編成されるとともに、この単純化された職務から分離された精神的労働は、企業の管理職能として掌握され、管理組織として展開していくことになる。かくして大量生産を基軸とする現代の企業は、作業組織と管理組織から編成される階層組織として存在することになる。

そしてこのような階層的組織が景気変動などを媒介に資本蓄積を進めるには、膨大な産業予備軍が必要とされるのであり、そのさい注目されるのが、主婦を中心とする女性たちが産業予備軍の大半を占めていることであろう。もちろんこのような産業予備軍は、多様な形態で存在しており、こうした労働力を資本運動や蓄積にあわせて、いかに動員し、活用するかが問われることになる。こうした役割を担うのが人的資源管理だといえる。

資本主義企業の人的資源管理は、大量生産・大量消費を基調とする経済構造のもとで、階層的に編成された企業組織の活動にとって必要な従業員・人的資源を確保し、階層的組織のなかの職務に配置し、配属された人的資源を経済的に有効に活用するところにその重要な課題がある。企業はこのような経営資源を、企業の設立のさいだけでなく、企業活動のさまざまな局面で必要としている。企業が存立し、経営を行っていくには、このような経営資源をつねに市場で見出すことができなければならない。だが、企業が求めるのは、階層的な組織の職務を担い利潤追求に寄与する労働力、人的資源なのである。

たしかに機械体系の導入により多くの単純化された職務が生みだされるとしても、階層的に編成された現代企業の基幹的な職務を担当する人的資源は、市場において調達されるだけでなく、企業内部で育成され、適切な職務に配置されなければならない。もちろん企業は、技術革新や景気変動にともなって自らの組織の再編を進めざるをえないのであり、それに対応して、さらに従業員の支配という観点からも、昇進や配転といった労働力の流動化が図られることになる（この点については、高木〔一九七四〕、第6章を参照されたい）。

これまで繰り返し指摘したように、「仕事と生活の調和」という問題は、少子高齢化、とりわけそれを背景とする労働力不足の進展とともに問われてきた。もちろん労働力不足では、採用問題が重視されるものの、労働力の維持・活用といった問題と密接に結びついているといえる。実際、少子高齢化と、それにともなう労働力不足の対応として進められてきた日本政府の対策は、ＷＬＢから、それを基盤とする「働き方改革」へと展開してきたのである。そこで、これでみてきた分析枠組みをもとに日本の問題状況を一瞥することにしよう。

これまで見てきたように、人的資源管理とは、大量生産・大量消費という経済的構造を基軸に形成される企業の階層組織における職務に対し、その担い手となる人的資源を労働市場（労働市場の理論とその問題領域については、氏原・高梨（一九七一）の序章を参照されたい）から調達し、企業内で育成し、職務に配置するとともに、企業間競争や景気変動にともなう生産・販売量の変動に応じて職務と人的資源との関係を調整することを課題としている。もちろん人的資源の採用と配置にあたっては、企業の経営計画と団体交渉という枠組みのもとで、職務に応じて賃金や労働条件を決定することが求められるのである。

一般に日本の人的資源管理の特徴として、「年功制」や「終身雇用」が挙げられる。氏原正治郎（一九八九）によれば、「年功制」や「終身雇用」といった規範は、労働組合の規制のもとで労使間のルールとなったという。その意味で「年功制」や「終身雇用」は、企業別組合と密接にかかわっているのである。このような雇用慣行は、高橋洸によれば、「大企業における『本工制度』の属性」（高橋、一九九〇、八七頁）であり、それはまた、下請け・系列として大企業の生産体制に組み込まれた中小企業や、パート、アルバイトなどの不安定雇用と結びついて存立しているといえる。むしろ、このような不安定雇用者たちの「重層的な低賃金構造と結合」（泉、一九八三、七二頁）することで、日本の人的資源管理は、経済的に有効に機能してきたのである。

そのさい注目されるのが、中小零細企業におけるパートタイム労働者、とりわけ女性の活用である。もちろん下請・系列などの制度は、経済のグローバル化やＩＣＴ革命の進展とともに変容しているものの、女性の非正規労働者は増加し続けており、非正規労働者の比率は雇用者全体の半数以上となっている。もっとも多い雇用形態が、パートタイマーだという。実際、日本政府も、「働き方改革」の重点の一つとして、「同一労働同一賃金」や「最低賃金の引上げ」などを進めているものの、平均年収約一五〇万円という非正規で働く女性の貧困の改善が進んでいるようにはみえない。

中小企業庁によれば、労働力不足を示しているのは、正規労働者よりもパートタイマーであり、とりわけ、サービス業や専門職、さらに介護職などの職種で顕著だといえる。その意味で女性の多い職種や雇用形態で労働力不足が顕在化しているとみることができる（中小企業庁、二〇一七）。たしかに政府が決定した「ニッポン一億総活躍プラン」でも、非正規労働者の支援が取り上げられているものの、その重点は、仁田道夫（二〇二〇）が指摘するように、大企業のホワイトカラーにあると考えられる。

ＷＬＩとして、中小零細企業や非正規雇用、さらに介護職などの問題を取り上げることが必要であるとはいえ（この点については第7章を参照）、本書では、このような視点から大企業のホワイトカラーの問題を中心に検討していくことになる。大企業のホワイトカラー層については、これまで「年功制」や「終身雇用」に象徴される雇用慣行が支配的であったが、グローバル化の進展やＩＣＴ革命のなかで、伝統的な雇用慣行がいかに変容し、ＷＬＩがいかなる役割を果たしているのか、そして、すでにみた生活を基軸にいかなる政策と展開が求められているのかを問うことが求められるであろう。

注

（1）家事労働をめぐる議論については、すでに豊富な研究が蓄積されているものの、さしあたり竹中（一九八九）や、中川（二〇一四）などを参照されたい。

（2）今日、企業における従業員にかかわる施策は、一般に「人的資源管理（Human Resource Management）」と呼ばれている。ここでの内容からすれば、伝統的な人事管理、あるいは労務管理（Personnel Management）という概念を使用することが適切かもしれない。ここでは誤解を避けるために、人的資源管理という概念を用いておこう。ただ、そのさい、人的資源管理や労務管理が、大量生産を基盤とする独占的大企業で行われてきたことを注意しておくべきだろう。なお、この点については、藻利（一九六五）、奥林（一九七三）、および泉（一九七八）などを参照されたい。

（3）テイラーの怠業概念については、中村（一九七五、第八章）を参照のこと。またテイラーの「標準」概念については、田中（一九八七）を見られたい。

（4）相対的過剰人口とそれにかかわる議論については、さしあたり長谷川（一九七六）、荒井（一九八二）、相澤（一九八二）らの論考を参照されたい。

（5）長谷川義和は、「産業予備軍は相対的過剰人口を、資本の運動にとっての役割の視点から把握したもの」としている（長谷川、一九七六、四二～四三頁）。産業予備軍や相対的過剰人口の概念については、基本的に長谷川の把握を踏襲している。

参考文献

相澤与一（一九八二）「社会的貧困化と資本制的蓄積の一般的法則」吉原泰助編『講座　資本論の研究第3巻　資本論の分析(2)』青木書店。

荒井壽夫（一九八二）「相対的過剰人口小史」吉原泰助編『講座　資本論の研究第3巻　資本論の分析(2)』青木書

店。

石塚由紀夫（二〇一六）『資生堂インパクト』日本経済新聞社。

泉卓二（一九七八）『アメリカ労務管理史論』ミネルヴァ書房。

泉卓二（一九八三）「日本の雇用管理と『合理化』」飯田鼎他編著『社会政策の現代的課題』御茶の水書房。

氏原正治郎・高梨昌（一九七一）『日本労働市場分析　上』東京大学出版会。

氏原正治郎（一九八九）『日本の労使関係と労働政策』東京大学出版会。

大石亜希子・守泉理恵（二〇一一）「少子社会における働き方」樋口美雄・府川哲夫編『ワーク・ライフ・バランスと家族形成』東京大学出版会。

大石恵子（一九七二a）「一八四四年工場法における婦人規制」『一橋論叢』第六七巻第一号。

大石恵子（一九七二b）「『家族の機能分化』と婦人労働者」『一橋論叢』第六七巻第三号。

大沢真知子（二〇〇六）『ワークライフバランス社会へ』岩波書店。

岡田純一（一九六七）『増補　経済学における人間像』未來社。

奥田祥子（二〇一八）『「女性活躍」に翻弄される人びと』光文社新書。

奥林康司（一九七三）『人事管理理論』千倉書房。

北村洋基（一九八五）「現代資本主義の生産過程」富塚良三・服部文男・本間要一郎編『資本論体系第3巻　剰余価値・資本蓄積』有斐閣。

木本貴美子（一九九五）『家庭・ジェンダー・企業社会』ミネルヴァ書房。

ゴルツ、アンドレ／真下俊樹訳（一九九七）『労働のメタモルフォーズ』緑風出版。

酒井正・高畑純一郎（二〇一一）「働き方と家族形成の課題」樋口美雄・府川哲夫編『ワーク・ライフ・バランスと家族形成』東京大学出版会。

佐藤博樹・武石恵美子（二〇一四）「ワーク・ライフ・バランス支援の課題」佐藤博樹・武石恵美子編著『ワー

ク・ライフ・バランス支援の課題』東京大学出版会。

サミュエルソン／都留重人訳（一九九二）『経済学　上』岩波書店。

佐和隆光（一九八二）『経済学とは何だろうか』岩波書店。

高木督夫（一九七四）『日本資本主義と賃金問題』法政大学出版局。

高橋洸（一九九〇）「『日本的労使関係』の再検討」日本経営学会編『日本的経営の再検討』千倉書房。

竹中恵美子（一九八九）『戦後女子労働史論』有斐閣。

田中隆雄（一九八七）「F・W・テイラーの『標準』概念と『標準原価』概念の生成」木元進一郎編著『労務管理の基本問題』中央経済社。

田中洋子（二〇〇八）「労働・時間・家族のあり方を考え直す」広井良典編『「環境と福祉」の統合』有斐閣。

中小企業庁（二〇一七）『中小企業白書』。

時永淑（一九七七）「特別剰余価値の源泉」佐藤金三郎・岡崎栄松・隆旗節雄・山口重克『資本論を学ぶ　Ⅱ』有斐閣。

中川スミ（二〇一四）『資本主義と女性労働』桜井書店。

中西洋（一九八二）「経済学と〈家族〉」『家族史研究6』大月書店。

中村艶子（二〇一七）「ワーク・ライフ・バランスの背景と概念」平澤克彦・中村艶子編著『ワーク・ライフ・バランスと経営学』ミネルヴァ書房。

中村瑞穂（一九七五）『経営管理論序説』亜紀書房。

永山利和（一九八〇）「不安定雇用者の動向とその把握の方法について」下山房雄編『不安定雇用と社会政策（社会政策学会年報第24号）』御茶の水書房。

仁田道夫（二〇二〇）「座長報告：『一億総活躍社会』の現実を問う」『社会政策』第一一巻第三号。

長谷川義和（一九七六）「資本蓄積と相対的過剰人口の累進的生産」『経済と経済学』第三七号。

馬場克三（一九六九）「経営生産論」馬場克三編『経営学概論』有斐閣。

藻利重隆（一九六五）『経営管理総論〔新訂増補版〕』千倉書房。

モックスター、アドルフ／池内信行・鈴木英寿訳（一九六七）『経営経済学の基本問題』森山書店。

渡辺峻（二〇〇九）『ワーク・ライフ・バランスの経営学』中央経済社。

Karl Marx, *Das Kapital*, Dietz Verlag.（マルクス、カール／資本論翻訳委員会訳〔一九八三〕『資本論　4』新日本出版）

第Ⅰ部　ワークライフ・インテグレーションの生成と展開

第1章　ワークライフ・インテグレーションの概念と展開

中村艶子

イントロダクション

本章では、ワークライフ・インテグレーションの概念と展開について著す。ワークライフ・インテグレーションの概念とはどのようであるか、ワークライフ・インテグレーションに至る概念の展開はどのようであるか、また社会的にどのような意義があるかについて段階に分けて記す。そして、その概念が日本へどのように導入され、どのような展開をしてきたのか、また時代背景によってどのような変化を見せているのかについても考察する。

1　ワークライフ・インテグレーション概念の生成

(1) ワークライフ・インテグレーションに至るワーク・ライフ・バランスの概念展開

ワークライフ・インテグレーション（work-life integration：以下、ＷＬＩ）は、ワーク・ライフ・バランス（work-life balance：以下、ＷＬＢ）の進化形といえる。ＷＬＢは仕事と生活という二領域が対峙する中でバランスを取るという概念であるが、ＷＬＩは、より包括的に仕事と生活が統合する（integrate）という意味合いでとらえられる。“work-life integration”というフレーズは英国カーディフ大学のBlyton et al.（2005）や英国の組織変化のケーススタディ（Lewis and Cooper, 2005）で用いられて以来、今では欧米をはじめとして一般化している。ＷＬＩはＷＬＢが展開されていく中でより包括的な概念として形成された。そのため、ＷＬＩの概念を論じるにあたっては、その前段階であるＷＬＢの背景と概念についてまとめておく必要がある。

ＷＬＢの概念は諸説あるが、企業制度としてはアメリカ発祥とされる。Lockwood（2003）によると、一九三〇年にＷ・Ｋ・ケロッグ社（W. K. Kellogg Company）が六時間四日制のシフトを導入して従業員の士気・効率を向上させたケースがあり、これがＷＬＢの制度だととらえられている（Lockwood, 2003, p. 2）。現在知られるＷＬＢの概念は、職業生活と家庭生活がより一層密接になった一九八〇年代のアメリカ社会の家族支援に基づいて展開された。

その概念の普及は次のような経緯を辿っている。まず、一九七七年発行の著書のタイトルとして「ワーク・ファミリー」というフレーズが見られる（Kanter, 1977）。このフレーズは一九八〇年代のレーガン政権時代に民間企業のファミリー・フレンドリー施策と並行して広まった。レーガン政権期には、女性の社会進出とともに保育問題が浮上したため、同政権は企業による保育所支援を喚起し、税控除策を提供して企業への保育所支援を推進した（The Telegraph, 1983. 6. 29）。アメリカのワーク・ファミリーの主眼に置かれたのは、政府よりも民間企業によって担われるよう推進された保育支援であった。

アメリカ社会でワーク・ファミリー概念の普及に寄与したのは『ワーキングマザー（*Working Mother*）』誌である。子育てしながら働く女性を読者層とする同誌は「働く母親のための優良企業（"Best Companies for Working Mothers"）」特集を一九八六年に組み、以来、毎年ファミリー・フレンドリー一〇〇社ランキングを発表し、所得、昇進の機会、育児、柔軟性、家族支援、企業文化・施策等をもとに企業表彰を行ってきた（Wilburn, 1998, pp. 14-96）。

企業ランキングでは、仕事と家庭への支援に注目し、企業の柔軟性や職場環境・条件、従業員への報酬などでランク付けを行い、家族支援に取り組む優良企業は、「ファミリー・フレンドリー（家族にやさしい）」企業として社会的に認知され、実質的に従業員たちへのサポート役割を担うようになり、これが社会にワーク・ファミリー文化を根付かせるに至った。

このような取組みによって、一九八〇年代～一九九〇年代初頭のアメリカ社会では「ファミリー・フレンドリー（family-friendly）」というフレーズが一般化した。一九八六年には"work-and-life balance"というフレーズが、そして一九八八年には"work-life balance"が『インダストリー・ウィーク（*Industry Week*）』誌で用いられた（*The Word Spy*, 2002）。

ワーク・ファミリー概念は一九九〇年代に他のメディアにおいても頻繁に登場するようになり、一九九三年には『ビジネスウィーク（*Business Week*）』誌が「Work & Family（ワーク&ファミリー）」を特集し、一九九六年には「仕事と家庭の優良企業（"Best Companies for Work and Family"）」のランキングを掲載した。

現代アメリカ社会のWLBは、このように初期においてはワーク・ファミリー、ファミリー・フレ

図表1-1　ワークライフ・インテグレーションに至る概念展開

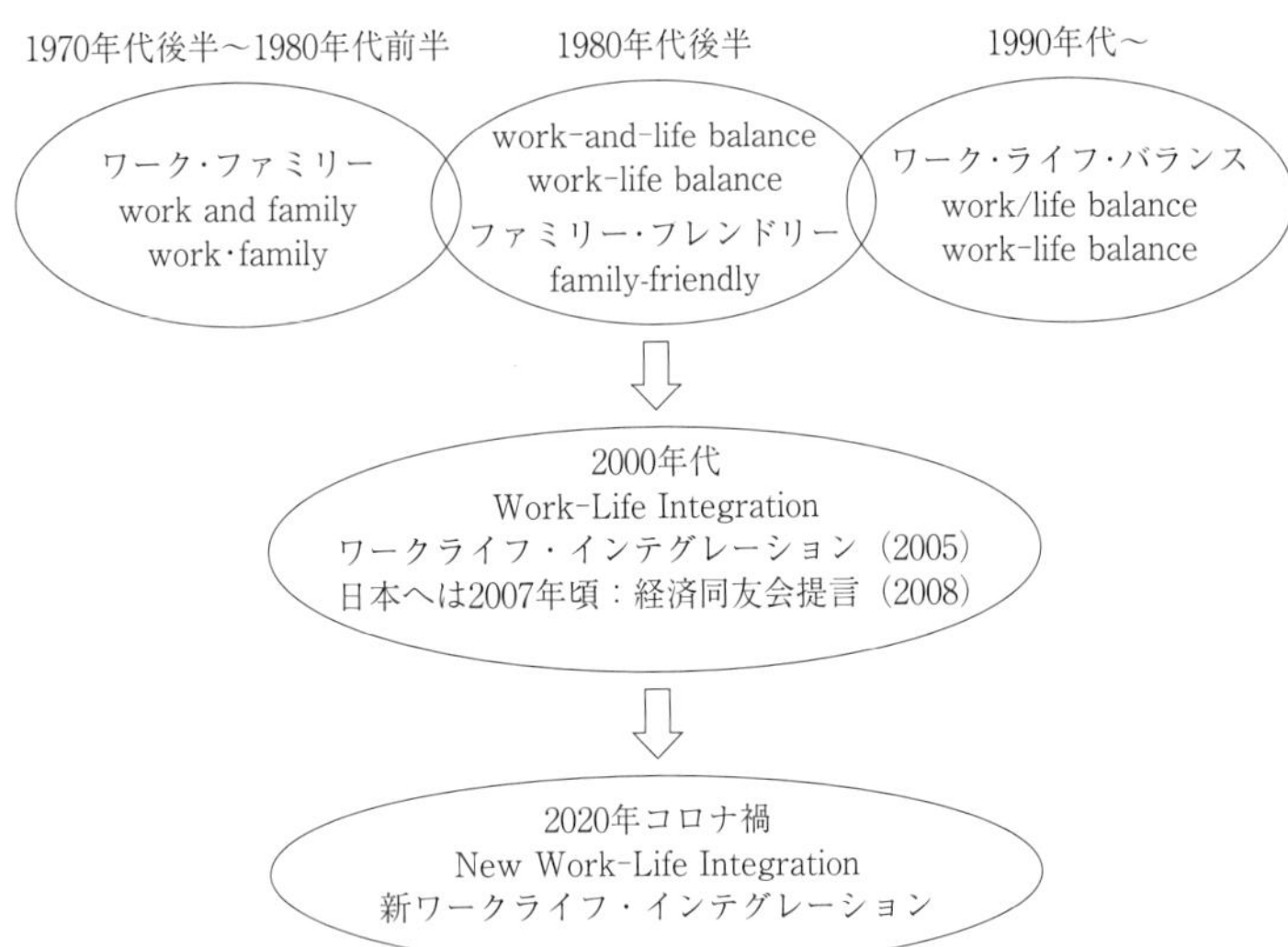

ンドリーを主眼においた家族支援であったが、一九九〇年代後半になると、家族支援以上に拡大した個人のニーズを重視するようになった（中村、一九九九、一一五～一二六頁）。家族問題に特化する際には、この「ファミリー・フレンドリー」というフレーズが現在も用いられるが、仕事と生活面については中立でより包括的な「ワーク・ライフ」というフレーズの使用が増えた。一九九八年には『フォーチュン（*Fortune*）』誌がアメリカで「働き甲斐のある優良企業一〇〇社（"The 100 Best Companies to Work for in America"）」として優良企業のランキングを開始するなど、企業文化としても定着し、企業の経営戦略として取り組まれて社会全体での関心が高まった（図表1-1）。

図表1－2　ワーク・ライフ・バランス支援

〈育児支援〉 企業内保育所，R&R（Resource & Referral: 保育情報提供），保育料補助 〈フレックス形態〉 フレックスタイム，フレックスプレイス（在宅勤務等），労働時間（週）の短縮，裁量労働制，時短勤務，ジョブシェアリング 〈休業制度〉 休業有給化，休業期間，長期休暇制度，有給休暇ストック制度 〈転勤時支援〉 家族への配慮（家族に近い配属先，転勤先での職場の紹介），転勤先での生活情報 〈EAP（Employee-Assistance Program: 社員支援制度）〉 キャリアプラン相談，家庭生活上のカウンセリング 〈介護支援〉 介護情報の提供，介護支援団体の紹介，経済上の援助 〈その他〉 養子縁組サポート，健康・保険等の福利厚生，教育支援等

（2）ワーク・ライフ・バランスの定義と内容

一九八四年以来、従業員の職業支援を行ってきたアメリカのコンサルティング会社であるWFC Resources（元 Work & Family Connection）はＷＬＢを以下のように定義していた。

ワーク・ライフとは、従業員が就業中に業務に専念できるよう、より柔軟で支援的な職場環境を作り出すよう意図されたイニシアチブを提供する慣行である。その慣行には、ライフイベントのニーズに合った制度を加え、政策により従業員が自分の生活をできるだけコントロールできるようにし、そして事業所と従業員双方のニーズの二つの検討課題に合った戦略としての柔軟な職場慣行を用いて、文化をより支援的なものにすることが含まれている(1)。（Work & Family Connection, 2006）

柔軟な職場慣行には、休暇、時間、感情面の至福、経済的・法的問題、転勤、健康保険、福利厚生、育児、介護などの個人生活領域の幅広い分野での支援が含まれる（図表1-2）。企業はこのようなワーク・ライフ支援を提供することにより、離職を食い止め、優秀な人材を確保することに努めたのである。そうして、企業にとっても従業員にとっても双方に利益となるwin-winの関係を築き、WLB支援の企業文化を根付かせていくことになった。

2　第一ステージ：日本におけるワーク・ライフ・バランス

次に、WLBの日本への導入と展開をステージごとに考察したい。WLBの第一ステージは、「ファミリー・フレンドリー」の概念導入に端を発する。この概念は一九九八年六月に学会で報告され（中村、一九九九）、また、労働省女性局（当時）の『「ファミリー・フレンドリー」企業をめざして――「ファミリー・フレンドリー」企業研究会報告書』（一九九九年九月）によって日本のファミリー・フレンドリー政策として導入された。

アメリカで一九八〇年代～一九九〇年代初頭に「ファミリー・フレンドリー（家族にやさしい）」が一般化し、その後ワーク・ファミリーとして家族や女性の働き方に焦点を当てて家族支援が推進されたように、この第一ステージの日本においても、まず女性の働き方や家族に焦点が当てられた。それは一九九一年三月～一九九三年一〇月のバブル崩壊による景気後退の影響が強くあったためである。それまでの単一収入世帯では家計を担うことが困難になり、共働き世帯の増加が大きく影響して女性の社会進出は進展したが、その一方で子育てインフラは整備されずに少子化が進行した。

顕著な少子化は社会保障制度の持続性に警鐘を鳴らし、それによってようやく政府は長期的展望を再考することになった。その打開策の一つとなったのが、「仕事と家庭の両立」を推進するファミリー・フレンドリー政策であり、それがさらに「仕事と生活の調和（両立）」のWLBへと発展して提唱されることになる（図表1-3）。

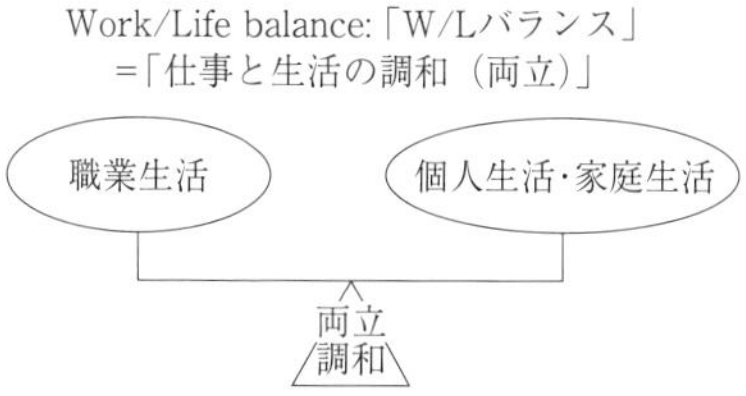

実際にはWLBは大別して四つの側面である「4Lの生活」からなる。これは、渡辺（一九九七）により定義づけられ、「4Lの充実」として展開された。「4L」とはWork Life（職業生活）、Family Life（家庭生活）、Personal Life（個人生活）、Social Life（社会生活）の四つのLifeを指す。そこでは、「現代の人材マネジメントが前提にすべき人間モデルは、職業生活人のみならず家庭生活人・社会生活人・自分生活人でもあり、つまり「4つの生活の並立・充実（4Lの充実）」に動機づけられる「社会化した自己実現人」として登場している」とある。

この定義によってWLBの概念は多面性を有し、かつ社会化した自己実現を目指すものとして認識された。WLBの概念は、アメリカの先進的企業のケーススタディとともに紹介され（Nakamura, 2000）、その後、各学術分野での研究が活発化するとともに日本企業社会に導入されていった。

図表1-3　ワーク・ライフ・バランスという考え方（第一ステージのワーク・ライフ・バランス）

Work/Life balance:「W/Lバランス」
=「仕事と生活の調和（両立）」

職業生活
個人生活·家庭生活
両立
調和

3　第二ステージ：子育て元年を契機に

子育て元年（二〇〇三年）以降のＷＬＢは、次世代育成支援の動きと連動してより包括的に経済界で取り組まれた。それは以下の経済同友会のコラム「経済・労働界における取組」の一節からも明らかである（内閣府、二〇〇五）。

少子化の進行により、企業は経営のあり方を見直す必要があります。企業の社会的責任経営を推進している経済同友会は、一人ひとりの従業員が子供を育てながら同時にいきいきと仕事をすることができるワーク・ライフ・バランス（仕事と生活の調和）に配慮した職場環境を整え、多様な人材を有効に活かす経営を実践することが重要と捉えております。そのために我々企業経営者は、次世代育成支援対策推進法を積極的に活用していきます。

そうして、職業生活、家庭生活、個人生活、社会生活という4Ｌの充実に焦点が当てられ、経営学、社会学、経済学、心理学、医学、物理学などの学問領域で多面的にＷＬＢの研究が活発化し、第二ステージが進展した。政策的には二〇〇七年にはワーク・ライフ・バランス推進官民トップ会議が開催され、「仕事と生活の調和（ワーク・ライフ・バランス）憲章」および「仕事と生活の調和推進のための行動指針」が制定された。この（旧）ワーク・ライフ・バランス憲章では以下のように問題提起している（内閣府、二〇〇八）。

仕事は、暮らしを支え、生きがいや喜びをもたらす。同時に、家事・育児、近隣との付き合いなどの生活も暮らしには欠かすことはできないものであり、その充実があってこそ、人生の生きがい、喜びは倍増する。しかし、現実の社会には、安定した仕事に就けず、経済的に自立することができない、仕事に追われ、心身の疲労から健康を害しかねない、仕事と子育てや老親の介護との両立に悩むなど仕事と生活の間で問題を抱える人が多く見られる。

この内容は日本社会の厳しい現実を反映している。仕事と子育てや介護の両立が難しく、継続就業や健康が課題とされた。日本の企業社会はこのような課題解決へのコンセンサスを得てＷＬＢの推進力として動くよう求められた。そうして、その取組みが企業によって導入され、ＷＬＢの概念は次第に社会へ浸透していった。生活上の問題を「解決する取組が、仕事と生活の調和（ワーク・ライフ・バランス）の実現」であると謳われて（内閣府、二〇〇八）、人的資源管理の戦略としてとらえられていった。

一方、二〇〇八年五月には経済同友会（二〇〇七年度 21世紀の労働市場と働き方委員会）によって「ワーク&ライフ インテグレーション」の提言がなされた。そこで用いられたフレーズは、「ワーク・ライフ・バランス」ではなく、「ワーク&ライフ インテグレーション」であった。ＷＬＢは上述のように生活の多面的要素を含んでいるが、仕事と生活のバランスを取るということに焦点が置かれていたために、理論上は仕事と生活を二項対立でとらえる面があった。そのため、この提言においては、仕事と生活を対立するものとしてではなく相乗的な作用を及ぼすものとして示し、両者の高い次元での統合を表す目的で「ワーク&ライフ インテグレーション」という概念提示が意図された。

「ワーク&ライフ インテグレーション」とは、会社における働き方と個人の生活を、柔軟に、かつ高い次元で統合し、相互を流動的に運営することによって相乗効果を発揮し、生産性や成長拡大を実現するとともに、生活の質を上げ、充実感と幸福感を得ることを目指すものである（経済同友会、二〇〇八、一四頁）。

このように「ワーク&ライフ インテグレーション」の概念においては、各生活面の相乗効果により生活を豊かにすることが謳われ、WLBより一層包括的な見解であると理解できる。しかし、日本社会で流布されたフレーズは、「ワーク&ライフ インテグレーション」でもなく、また、政府が導入した「仕事と生活の調和」という日本語のフレーズでもなく、むしろ学術研究や憲章ですでに用いられていた既存の「ワーク・ライフ・バランス」であった。そうしてその概念が席捲し、一般的に用いられていった。

その後、仕事と生活の調和推進官民トップ会議により、仕事と生活の調和の実現に向けて一層積極的に取り組む決意が表明され、先のワーク・ライフ・バランス憲章は新たなワーク・ライフ・バランス憲章として改正された（二〇一〇年六月二九日）。このワーク・ライフ・バランス憲章は、「仕事と生活の調和と経済成長は車の両輪であり、若者が経済的に自立し、性や年齢などに関わらず誰もが意欲と能力を発揮して労働市場に参加することは、我が国の活力と成長力を高め、ひいては、少子化の流れを変え、持続可能な社会の実現にも資することとなる」と謳っている（内閣府、二〇一〇）。

政府は働き方の見直しに積極的な企業を入札事業で優遇する制度を導入し、評価基準を設けて以前よりも実効的な推進を意図している。取組方法が「行動指針」に、点検・評価方法が「数値目標」として示されており、重点的な目標を掲げて、ＷＬＢできるより豊かな社会の構築を目標としていることが読み取れる。また以下のように、三つの社会のあり方として重点的課題が挙げられている。

「Ⅰ　就労による経済的自立が可能な社会」では、就業率、時間当たり労働生産性の伸び率、フリーターの数が挙げられ、「Ⅱ　健康で豊かな生活のための時間が確保できる社会」では、労働時間等の課題について労使が話し合いの機会を設けている割合、週労働時間六〇時間以上の雇用者の割合、年次有給休暇取得率、メンタルヘルスケアに関する措置を受けられる職場の割合に焦点が当てられている。さらに「Ⅲ　多様な働き方・生き方が選択できる社会」では、短時間勤務を選択できる事業所の割合、自己啓発を行っている労働者の割合、第一子出産前後の女性の継続就業率、保育等の子育てサービスを提供している数、男性の育児休業取得率、六歳未満の子どもを持つ夫の育児・家事関連時間が盛り込まれ、子育て関連のＷＬＢ課題が挙げられている。

この「Ⅲ　多様な働き方・生き方が選択できる社会」では、子育て関連に焦点が置かれ、「Ⅱ　健康で豊かな生活のための時間が確保できる社会」では、残業時間の削減や年次有給休暇の取得促進などが課題となっている。そのため、「新成長戦略」（平成二二年六月一八日閣議決定）にある「二％を上回る実質成長率を実現するためには、それを上回る労働生産性の伸びが必要である」とあることを踏まえて、二〇二〇年までの達成数値目標では、週労働時間が六〇時間以上の雇用者の割合は八・二％から五％への削減が目標とされ、年次有給休暇の取得率は四七・六％から七〇％まで引き上げるとの目標が掲げられている。また、男性の育児休業取得率は二・三％から一三％に引き上げる目標が掲げられて、男性の育児休業を後押しする「イクメンプロジェクト」の取組みが国家的に行われた。

　しかしながら、はたしてこの数値目標は二〇二〇年に実際に達成されたのであろうか。二〇二〇年に公表された二〇一九年の六〇時間以上の雇用者の割合は六・五％（総務省、二〇二〇）、年次有給休暇の取得率は五二・四％（厚生労働省、二〇二〇ａ）、男性の育児休業取得率は七・四八％（厚生労働省、二〇二〇ｂ）止まりであった。いずれも数値は幾分向上しているものの、新しいワーク・ライフ・バランス憲章の目標値には届かない結果であった。

　年次有給休暇取得率についてみると、厚生労働省による調査結果では前述の通り五二・四％で、同憲章の目標値七〇％にはほど遠い。ただし、大企業のみを対象とする日本経済団体連合会の調査結果では七一％を達成し、目標値を満たしている（日本経済団体連合会、二〇二〇）。この結果から解釈すれば、大企業では目標達成基調にあるが、中小企業では年次有給休暇取得が難しいといえよう。また、男性の育児休業取得率は一・二三％から伸びてはいるものの、目標値の半分程度の七・四八％と低迷し、大きな課題のまま残されている。

　このように「仕事と生活の調和」、「ワーク・ライフ・バランス」、あるいは生活を仕事よりも重視する意味合いでの「ライフ・ワーク・バランス」と語順を変えたフレーズや、統括的な「ワーク＆ラ

イフ インテグレーション」という概念が導入されてきた。そして、表現は多様化し、数種のフレーズが並走する中で、一般に定着したのが「ワーク・ライフ・バランス」というフレーズであった。ＷＬＢの実現に向けて、企業社会のコンセンサスが形成されて支援のための諸制度が作られていき、さらに政府による目標値も設定されて、男女ともに活躍していく第二ステージとして進展したのである。

4　第三ステージ：未来経営的ワーク・ライフ・バランス

第二ステージが熟してくると、日本におけるＷＬＢの概念として、未来経営的なＷＬＢが推進される必要が生じた。それが未来経営的な第三ステージのＷＬＢである。ここでいう「未来経営的ワーク・ライフ・バランス」とは、「現状認識の上に立ち、実際の生活に沿った形でグローバル時代の生活を円滑にしていくＷＬＢ」を意味する。

それは、目標のみでなく、現状分析をふまえてより現実的な生活に即しつつ、グローバル時代の新しい価値観と働き方を目指すものである。制度はあっても利用度の低いものでは有効ではない。そのため、未来経営的なＷＬＢを可能にする人的資源管理が必要である。ＷＬＢ、そしてより包括的なＷＬＩの目標を遂行していくためには、対象となる人々の状態や背景を把握する必要がある。世代区別にはいくつかの分類があるが、日本社会の世代概観を簡潔にまとめておこう。

団塊の世代
（一九四七～一九四九年生）

日本の第一次ベビーブームの世代で、右肩上がりの高度経済成長やバブル景気を経験した。団塊の世代は帰属意識が強く、団結して終身雇用制の中で企業戦士として戦ったモーレッツ社員たちである。この世代の四年制大学（学部）への進学率は男性が約二〇％（一八・七〜二〇・七％）、女性は四・五〜四・九％と五％に満たず（文部科学省「学校基本調査」一九六五〜六七年）、性別役割分業が広く浸透しており、この時代はWLIの概念とはほぼ無縁と言ってよい。

新人類世代（一九六〇〜一九六四年生）　忍耐力に乏しい甘えの世代で、それまでの日本の慣行や常識が通じない「新人類」と言われた。人格形成にテレビや漫画の影響を受けており、文化情報共有がしやすいため、この世代的が共有する概念は統一しやすい。新人類の社会人デビューの時期は、ジャパンアズナンバーワン（Japan as number one）（Vogel, 1979）と言われた日本経済の最盛期の一九八〇年代である。団塊の世代に比べると順応性もあり、PDCAをこなし調整型といわれる。大学学部進学率は男性三七・九〜三九・六％、女性一二・二〜一二・六％で（文部科学省「学校基本調査」二〇一八年）、女性のライフコースは高校・短大、あるいは女子大などを出て就職し、「寿退社」と呼ばれる結婚退職をするのが一般的だった。WLIの問題意識や発想には至っていない。

バブル世代（一九六五〜一九六九年頃生）　バブル好況期に売り手市場で入社している世代である。この時期には「二四時間戦えますか？」（一九八八年）のキャッチフレーズで知られる栄養ドリンク剤のテレビコマーシャルが大ヒットするなど長時間労働に疑問を持たず、接待ゴルフ、会食、麻雀などの勤務時間外の付き合いも仕事の一部とされて一般的な商慣行であった。大学学部進学率は男性三五・三〜三六・一％、女性一二・二〜一三・六％で（文部科学省「学校基本調査」二〇一八年）、性別役割分業が継続しており、専業主婦志向の女性が多数派であった。一方で一九八六年に男女雇用機会均等法が施行され、女性にも四年制大学を出て男性と同じように働く選択肢が加わり、高学歴層ではキャリアウーマンを目指した女性が増加したのもこの世代である。

就職氷河期世代（一九七一～一九八二年生）　バブル経済崩壊後の長期景気後退期に大学を卒業したこの世代はロストジェネレーションとも呼ばれ、就職が極めて難しく、フルタイム雇用にはなかなか就けず、非正規雇用に従事する割合が増えた。大学（学部）進学率は、男性が三四・一～四七・五％、女性は一三・六～三二・五％である（文部科学省「学校基本調査」二〇一八年）。団塊ジュニア世代であるがブランド志向のバブル世代とは対照的で、危機感が強い傾向にある。この世代が社会人となる時期は、ちょうど日本でＷＬＢの名のもとに自立できる生活が推進されていった時期でもある。

ミレニアル世代（一九八〇年生）　アメリカで一九六五～一九七九年生まれの「ジェネレーションＸ」（Ｘ世代）と呼ばれる世代に次ぐ、一九八一年から二〇〇〇年生まれの世代は「ジェネレーションＹ」（Ｙ世代）あるいは「ミレニアル世代」と呼ばれる。この「ミレニアル世代」という名称は二〇〇〇年代に成人・社会人となることに由来する。

ゆとり世代（一九八七～二〇〇四年生）　日本のミレニアル世代の中でも特に顕著な特徴があるのが、「ゆとり世代」である。ゆとり世代は、競争時代の詰め込み教育の弊害が叫ばれ、少子化も影響して「ゆとり教育」が行われた世代である。大学（学部）進学率は、男性が五一・三～五八・一％、女性は三六・八～四五・四％（文部科学省「学校基本調査」二〇一九年）である。一人っ子も多く、経済的に豊かな社会で大切に育てられたこの世代は、あくせく働くよりもゆとりのあるＷＬ

Ｂを重視した。日本的慣行のいわゆる「飲みニケーション」へも同調せず、バブル世代とは対照的に出世欲や物欲も薄い。

ジェネレーションＺ（Ｚ世代）　「ジェネレーションＺ」は、上記「ジェネレーションＹ」の次の二〇〇〇年以降に生まれた世代を指す。ゆとり世代とも一部重複している。大学（学部）進学率は、二〇二〇年確定版で過去最高の五八・一％（男女全体）となっている。デジタルネイティブ世代とも言われ、ＩＣＴと共に育ってきた世代である。未来経営的なＷＬＢの概念は未来を担う若者の意識と連動する必要があるため、以下では特にこのＺ世代の若者に注目し、彼らがＷＬＢやＷＬＩの概念をいかに把握しているかをアンケート調査をもとに考察した（四年制私立大学学生回答数：一三五名、実施期間二〇二〇年九月二五日～二〇二〇年一一月五日）。

このアンケートの結果では、「ワーク・ライフ・バランス」という言葉は一〇〇％近くに認知され、若者の間でも定着していることを裏づけている。男性と女性では若干の差異が見られ、女性は「よく理解している」が男性よりも多く（三三％）、「聞いたことがある」は六四％で九七％の認知度があり、「知らない」と答えたのは三％であった。男性は「よく理解している」が二〇％、「聞いたことがある」七四％で九四％の認知度があり、「知らない」と答えたのは六％であった（図表1‐4）。

これに対し、二〇二〇年度時点での「ワークライフ・インテグレーション」というフレーズへの認知度は一割程度で、極めて低い（図表1‐5）。本章の冒頭で先述したように、ＷＬＢが仕事と生活の領域のバランスを取る概念だとすると、ＷＬＩは両者を統括する概念といえる。

Ｚ世代の働き方に対する感覚については、次の質問結果から示唆される。「自分の大切な人との記

図表1－4　「ワーク・ライフ・バランス」という言葉を知っていますか？

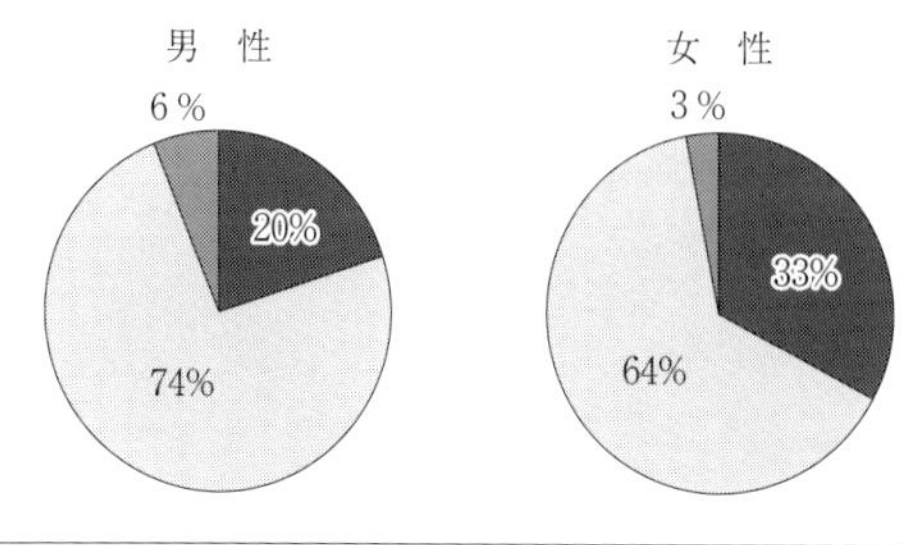

出所：4年制私立大学生を対象としたアンケート調査（n＝135，実施期間2020年9月25日～2020年11月5日）。

図表1－5　「ワークライフ・インテグレーション」という言葉を知っていますか？

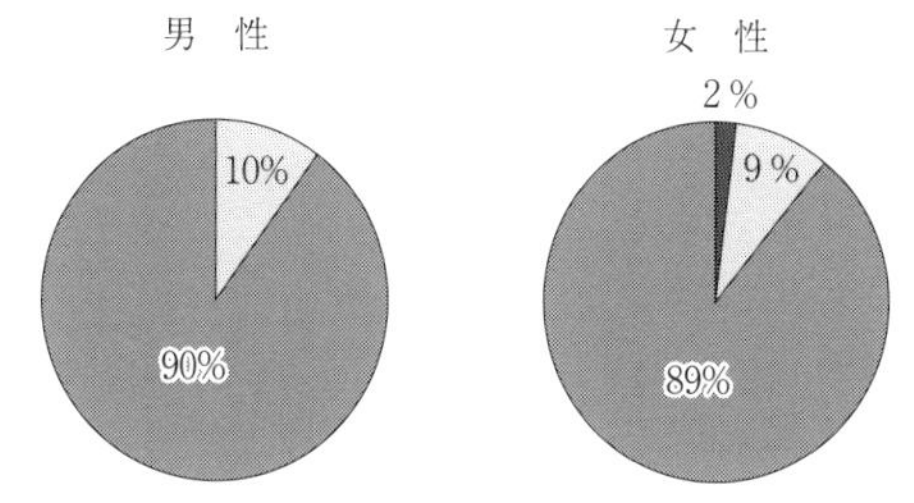

出所：4年制私立大学生を対象としたアンケート調査（n＝135，実施期間2020年9月25日～2020年11月5日）。

図表１－６　「自分の大切な人との記念日や誕生日など大事な約束のある日に残業を命じられたら，残業を承諾しますか？」

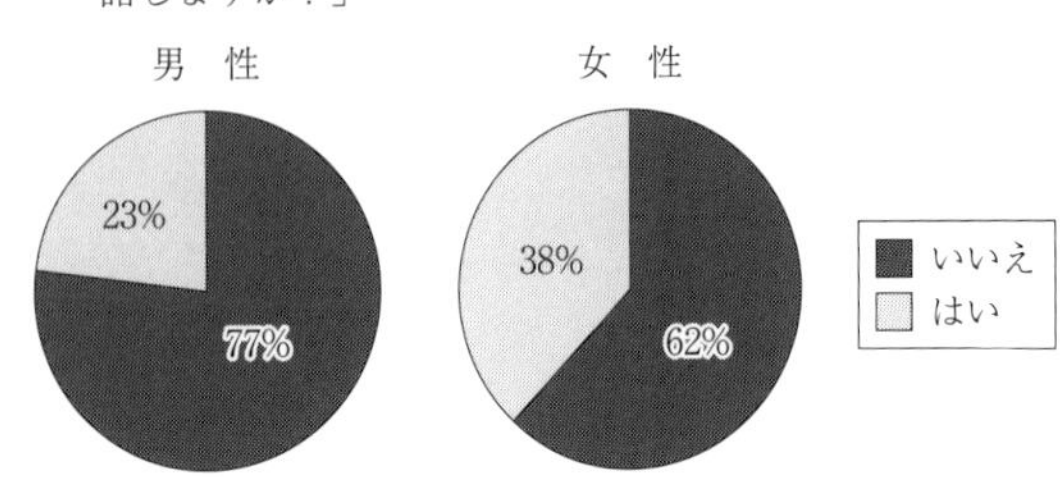

出所：４年制私立大学生を対象としたアンケート調査（n＝135，実施期間2020年９月25日～2020年11月５日）。

念日や誕生日など大事な約束のある日に残業を命じられたら、残業を承諾しますか？」の回答に、男性の七七％、女性の六二％が「いいえ」を選択し、残業には承諾しないと答えている（図表１－６）。これが意味するのは、個人生活の優先度が仕事（職業）生活よりも高いということであり、個人をベースとした人生観が表れている。

これは上述のゆとり世代以降に共通した概念だと考えられ、生活を営み、仕事を遂行していく際には個人ベースの見方が必要だと解釈できる。したがって、企業活動においても、残業のない柔軟な働き方や個人ニーズを満たすような制度が不可欠となることが示唆される。ここから言えることは、働き方を個人ベースに換える必要があるということである。個人の裁量を多くし、個人をベースとした生活が未来経営的ワーク・ライフ・バランスには必要となっているということである。

WLBは時代のニーズに合わせて進化してきた。焦点も仕事と生活の二領域からより包括的な領域へと拡大された。そして第四ステージの新しい統合の時代を迎える。

5 第四ステージ：新ワークライフ・インテグレーション

(1) テクノロジーの進化

そうして二〇二〇年に日本開催が予定された（翌年二〇二一年に延期された）オリンピックに向けデジタル手続法（「情報通信技術の活用による行政手続等に係る関係者の利便性の向上並びに行政運営の簡素化及び効率化を図るための行政手続等における情報通信の技術の利用に関する法律等の一部を改正する法律」、二〇一九年五月に成立）が施行された。

これはWLIを念頭に政府が実施した政策の一つである。日本では行政手続きが煩雑で電子化も極めて遅れている。たとえば、印鑑や書類の添付・提出などは非常に煩雑で、登録、更新、申請などが不便でわかりづらいといわれる。企業などでは稟議書へ押印を関係者が複数行うために、決裁や実行までの速度が鈍化してしまうことがある。また、オンライン化を実施しても、担当者はオフィスに押印のみのために出勤しなければならないという実態があった。デジタル時代にあっても、そういった手続きがWLIをゆがませてしまうことがあったため、それを円滑にするために施行されることになった。

こうしてデジタル化やＩＣＴによる効率化が人的労力を省くことにより達成されていく。そういった現実的な側面を改善していくために、現状の課題分析、支援体制の把握や他国との比較や成功例からの知見が不可欠である。そうして、より人間らしい働き方へと改革への方途が見出される。そこに真の意味での生活の統合が生まれ、経営面でも熟達したＷＬＩ経営が実践されていくことにつながる。

新型コロナウイルス（ＣＯＶＩＤ‐19）の蔓延により、ＷＬＩの課題が社会的に大きくクローズアップされ、実際にコロナ禍でリモートワークが一斉に導入される形となった。すでにＩＣＴの進化により、ほとんどの国民がモバイル機器を持ち、時間や場所、国境を越えて通信や仕事が可能になり、若者をはじめとしたモバイル志向の人々のコミュニケーションはそういった機器なしには成り立たなくなっている。国家元首や政治家さえ自身のメッセージをＳＮＳやブログにより発信する時代になった。

総務省の「平成30年版　情報通信白書」によると、二〇一七年における個人のモバイル端末の保有状況は、スマートフォンの保有率が六〇・九％で、モバイル端末全体（携帯電話・ＰＨＳ及びスマートフォン）の保有率は八四・〇％である。仕事の効率化や移動性を円滑にするために、ＩＣＴの進展はめざましく、働き方改革の中でリモートでの働き方も進んだ。

（2）危機管理下のワークライフ・インテグレーション：新ワークライフ・インテグレーション

ＩＣＴの進化、グローバル社会の進展とともに、二〇二〇年初頭に始まる新型コロナウイルス（ＣＯＶＩＤ‐19）の世界的パンデミックもまた生活のあり方がいやおうなしに変更や工夫を強いるものとなった。

新型コロナウイルスの状況は発生から悪化の一途を辿り、二〇二一年一月には世界の感染者数は九〇〇〇万人を超え、死者は一九三万人となり（二〇二一年一月一一日時点）、日本の感染者数は二九万人超となった。海外の大都市ロンドン、パリなどではロックダウン（都市封鎖）となり、日本でも不要不急の外出自粛や他府県への移動自粛が要請された。

世界観光機関（UNWTO、二〇二〇年一二月）の観光データによると、前年同時期と比較して一月から一〇月の間の海外旅行者は九億人減であり、収益では九三五〇億ドルの損失に相当し、二〇〇九年の世界的経済危機影響下の損失の一〇倍以上にも当たる。日本でも医療危機による緊急事態宣言などにより、飲食店、映画館、デパートなどが休業し、多くのイベントが中止や延期となった。飲食店に時短営業が要請されたほか、企業活動ではテレワークが敷かれ、それまでの働き方が一変した。

何より医療現場では限界寸前の悲痛な状況が続いた。打開策としてワクチン開発が急ピッチで進められ、アメリカの製薬会社ファイザーとドイツの製薬ベンチャー企業ビオンテックのワクチンが、一二月二日にイギリスで承認を受け、同月一一日にはアメリカにおいて使用許可が出された。イギリスでは一二月八日、アメリカでは同月一四日に接種が開始された。しかし、一般市民に行きわたるには時間を要し、新型コロナウイルスによって市民の生活は先行きの見えないトンネル状態の生活に陥った。

日本では二〇二〇年一二月には海外からの新規入国を一時停止し、同年一月初旬には関係が密接な国とのビジネス往来は継続して相手国で変異種が確認された場合には停止予定だった方針を変更し、ビジネス往来も停止となった。グローバル経済も大きな制約を受け、国内外の経済は停滞し、個人べースでのＷＬＢではもはや限界で、生活は機能停止となった。

ここでのＷＬＩは当然ながら、二〇〇八年五月に経済同友会により提唱された「ワーク＆ライフインテグレーション」とはまったく異なる、新しい概念である。パンデミックの危機により、リモートワークの導入を余儀なくされ、状況も環境も働き方も大きく変化した。その中で、一二年前の「ワーク＆ライフ インテグレーション」とは必然的に異なるものとならざるを得なくなったのである。経済活動にも企業活動にも、また生活様式にさえも国家の政策が介入するという新しい形でのＷＬＩがいやおうなしに導入されることになった。そこで鍵となったのは世界的状況をふまえて政府により主導される「新ワークライフ・インテグレーション」の概念である。

そこでは、仕事と生活は対立する概念ではない。生活のあらゆる側面を統合するという点では「ワーク＆ライフ インテグレーション」と同義ではあるが、さらに大きなグローバル単位での枠組みを有する。コロナ禍による生活の変化やリモートワークでの働き方といった変化がある。この状況は、パンデミックのような個人の力では制しきれない環境要因が各国の政策を通して生活に影響を及ぼすようになった点に特徴がある。

煽りを受けて仕事が激減し、生活の危機に瀕する人が激増した。解雇される人も多く、それまでのＷＬＢでは限界となり、あらゆる面での支援が必要となった。厚生労働省（二〇二〇c）は新型コロナウイルスの影響をふまえて、以下のような状況にある国民の生活を支えるため、各種手当てや助成金などの支援策を提供した。

・生活費や事業資金に困っているとき

・新型コロナウイルスへの感染等により仕事を休むとき
・仕事を探しながら無料で職業訓練を受けたいとき
・小学校等の臨時休業等に伴い子どもの世話が必要なとき

デジタル化、グローバル化、そしてパンデミックによって、地域、国家、グローバルな文脈の中で、幸福、健康といった側面が一層クローズアップされるようになった。これまでは個人の視点からとらえられてきた生活が、個人を越えた国家の政策やグローバル関係や国境を越えた距離に大きく影響を受ける枠組みの中でとらえられるものとなった。すなわち、仕事、家庭、地域、個人、幸福、健康といった構成要素が外圧に影響を受けて変容を余儀なくされた。当然得られると思っていた安全、安定、ケア、健康が簡単には得られなくなる大きな転換の中で、出産、子育て、教育、介護、キャリア形成、交渉、営業、アクセス、往来、コミュニケーションなどが異なる方法で行われざるを得ない状況に陥った。大きな制限のあるコロナ禍で、新しい形態のＷＬＩにおいては、働き方もリモートワークを主軸として行うようになった。それが従来のＷＬＢと新ＷＬＩとの主たる相違点である（図表1-7）。

図表1-7　新ワークライフ・インテグレーション

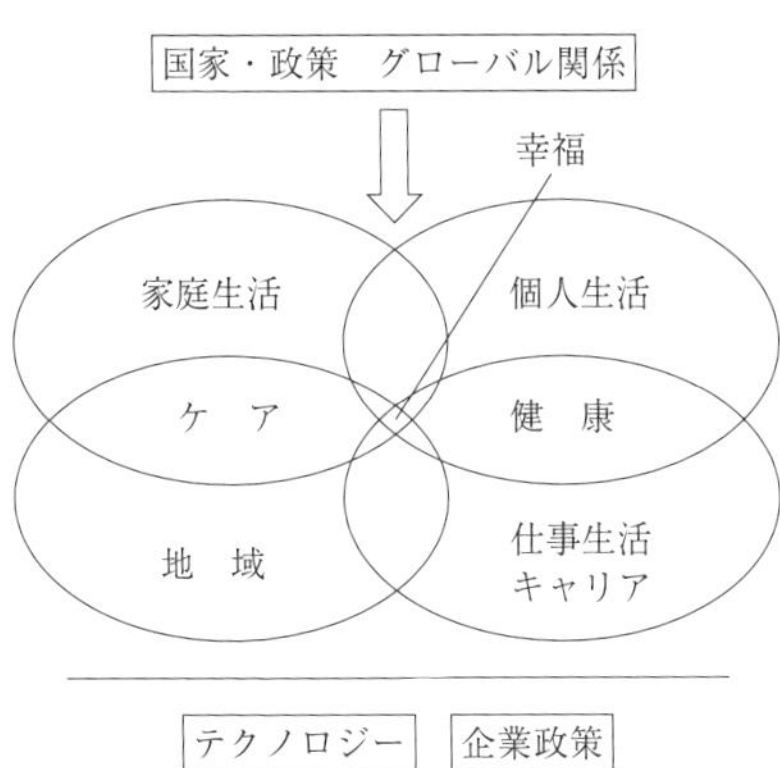

図表1-8　ワークライフ・インテグレーションへの進展段階

第1ステージ
概念の導入
アメリカのワーク・ライフ・バランスの子育て部分（女性中心）
↓
第2ステージ
具体的施策　子育て元年（2003）後
より広い概念　男性の育児　男女とも
↓
第3ステージ「未来経営的ワーク・ライフ・バランス」
実現可能な計画や方策を伴う，より現実的な生活面に即した内容
個人ベース形態
↓
第4ステージ　新ワークライフ・インテグレーション
コロナ禍による変化，テクノロジーの進化
国家・政策・グローバル化
仕事，家庭，地域，個人，幸福，健康の構成要素

（3）ワークライフ・インテグレーションへの進化

ＷＬＩは、社会的枠組みの中で社会政策や企業経営と一体となってとらえられ実践されるまでに成熟してきた。ＷＬＩへと至るまで、ＷＬＢは時代のニーズに合わせて進化してきた。焦点も仕事と生活の二領域からより包括的な領域へと拡大された。日本においての概念展開をステージ（段階）ごとに区分すれば、次のように大別できよう（図表1-8）。

第一ステージでは、ファミリー・フレンドリー施策に始まり、仕事と家庭生活という領域概念の導入があり、主として子育てや女性のキャリアを中心に進んでいった。第二ステージでは、具体的施策を推進し、子育て元年（二〇〇三年）の後には、より広い概念のＷＬＢとなった。そこでは、それまでの女性に特化した施策から男性の育児にも注力し、男女がともに輝ける社会づくりが目指された。第三ステージでは、いわば「未来経営

的」なＷＬＢが展開された。実現可能な計画や方策を伴う、より現実的な生活面に即した内容が個人ベース形態で進化していった。

そして第四ステージでは、新しいＷＬＩともいえる時代を迎えた。そこでは、第三ステージで進行していたテクノロジーのさらなる進化に加えて、コロナ禍による大転換があった。それまでの個人的生活には大きな壁が立ちはだかり、交通アクセス、医療、教育、保育、経済活動などの多くの自由裁量が奪われた。パンデミックを制御するための国家・政策・グローバル政策が敷かれ、それまで以上に仕事、家庭、地域、個人、幸福、健康の構成要素への影響が大きな枠組みの中に統括される大転換となった。

新ＷＬＩの中ではこれまで以上に政策の重みが大きくなり、経済活動も企業経営もその限定的環境の中で新しい挑戦をしていくことになったのである。このように新ＷＬＩの概念は段階を経てＷＬＢから進化し、パンデミックという外的要因によって大転換を経て国家政策の枠組みを有する中での新ＷＬＩへと統合され、次のステージを創り上げる段階へと至ったのである。

［付記］　本章は中村（二〇一七）をベースに新たな視点を加え加筆・修正したＪＳＰＳ科学研究費補助金基盤研究(C)（二一Ｋ〇一八九二）の成果の一部である。

注

（1）原文は以下の通り。Work-life is the practice of providing initiatives designed to create a more flexible, supportive work environment, enabling employees to focus on work tasks while at work. It includes making the culture more supportive, adding programs to meet life event needs, ensuring that policies give employees as much control as possible over their lives and using flexible work practices as a strategy to meet the dual agenda — the needs of both business and employees.

参考文献

経済同友会（二〇〇八）『21世紀の新しい働き方「ワーク&ライフ インテグレーション」を目指して』。

厚生労働省（二〇二〇ａ）「平成31年就労条件総合調査」。

厚生労働省（二〇二〇ｂ）「令和元年度雇用均等基本調査」。

厚生労働省（二〇二〇ｃ）『生活を支えるための支援のご案内』（リーフレット）、000622924.pdf（mhlw.go.jp）（二〇二〇年一月五日アクセス）。

総務省（二〇二〇）「労働力調査」。

内閣府（二〇〇五）『平成17年少子化社会白書』第3節コラム「経済・労働界における取組」。

内閣府（二〇〇八）「仕事と生活の調和（ワーク・ライフ・バランス）憲章」『「仕事と生活の調和」推進サイト』（http://wwwa.cao.go.jp/wlb/towa/index.html 二〇〇九年一月一〇日アクセス）。

内閣府（二〇一〇）「仕事と生活の調和（ワーク・ライフ・バランス）憲章」『「仕事と生活の調和」推進サイト』。

中村艶子（一九九九）「米国企業による家族支援の意義」『同志社アメリカ研究』三五号、一一五～一二六頁。

中村艶子（二〇一七）「ワーク・ライフ・バランスの背景と概念」平澤克彦・中村艶子編著『ワーク・ライフ・バランスと経営学』ミネルヴァ書房、一～九頁。

日本経済団体連合会（二〇二〇）「２０２０年労働時間等実態調査の集計結果」二〇二〇年九月一七日、№三四六八、週刊経団連タイムス（keidanren.or.jp）。
文部科学省、「学校基本調査」年次統計。
渡辺峻（一九九七）「新しい人間モデルと人材開発管理」『關西大學商學論集』四二巻五号、五四～五五頁。
Blyton, Paul et al. (2005) *Work-Life Integration : International Perspectives on the Balancing of Multiple Roles*, Palgrave MacMillan.
Kanter, Rosabeth Moss (1977) *Work and Family in the United States*, Russell Sage Foundation.
Lewis, Suzan and Cary L. Cooper (2005) *Work-Life Integration : Case Studies of Organisational Change*, John Wiley & Sons, Ltd.
Lockwood, Nancy R. (2003) "Work/Life Balance: Challenges and Solutions," *Research Quarterly* 2, Society for Human Resource Management.
Nakamura, Tsuyako (2000) "Work/Life Environment for Women Employees," Japan Society of Human Resource Management International Symposium, *Global Standards and Issues of Management Labor*, CD-ROM, Japan Society of Human Resource Management.
Vogel, Ezra F. (1979) *Japan as Number One*, Harvard University Press.
Wilburn, Deborah A. (1998) "100 Best companies for working mothers," *Working Mother*, October, pp. 14-96.
The Word Spy (2002) Work-life balance (http://www.wordspy.com/words/work-lifebalance.asp, accessed on August 8, 2003).
Work & Family Connection (2006) (http://www.workfamily.com/open/work_life_definition.asp, accessed on Decemeber 1, 2006).

The World Tourism Organization（UNWTO）（2020）*World Tourism Barometer*, Volume 18 Issue 7, December.

第2章　ドイツにおけるワーク・ライフ・バランス問題

平澤克彦

イントロダクション

ドイツでは、ワーク・ライフ・バランス（ＷＬＢ）研究の多くは、生産性という視点から行われているという。ＷＬＢという問題認識は、いかなる背景のもとに登場し、どのように展開してきたのか。本章の課題は、ドイツ政府のいくつかの報告書をもとにこの問題を検討している。ＷＬＢという問題は、家族概念の変化と家庭の貧困化、さらに固定的な企業の労働時間制度を背景に登場し、労働力不足を背景に企業の労働力対策へと変化している。

1　なぜ「労働と家族」が問題となるのか

本章の課題は、主としてドイツ家族省（Bundesminister für Jugend, Familie und Gesundheit; ドイツ連邦青年、家族、健康省。以下、BMJFG、ドイツ家族省）の資料をもとに、ドイツ政府がワーク・ライフ（労働と家族）の問題をどのように認識し、いかなる提案を行い、このような政府の提起に対しドイツ企業がどのような政策を行ってきたのかを検討することにある。ここではまず、本章でなぜ、このような課題を設定したのかを明らかにしておきたい。

（1）ワーク・ライフに対する関心の高まり

周知のように、わが国では、二〇〇〇年ころから、ファミリー・フレンドリー企業やワーク・ライフ・バランス（以下、WLB）といった問題に関心が集まり、二〇〇七年に政府が仕事と生活の調和（ワーク・ライフ・バランス）憲章を制定したのをはじめ、企業レベルでもワーク・ライフにかかわるさまざまな施策が進められるようになった。[1]もちろん従業員のワーク・ライフに対する企業の取組みは、古くから見られるものの、二〇〇〇年以降、ワーク・ライフにかかわる取組みを行う企業が急速に増大した。実際、一九九〇年ころから育児休業や育児時間の設定など子育て支援を先進的に進めてきた資生堂でも、二〇〇〇年前後から女性の登用に積極的に取り組むとともに、二〇〇三年には働きながら子育てをする社員を支援するために企業内保育施設「カンガルーム汐留」を開設しているのである。そして二〇一四年から「資生堂ショック」とさえ命名される新たな取組みが行われている。

このようにわが国企業では、二一世紀に入るころから、従業員のワーク・ライフに対する関心が高まり、育児休業期間の延長や短時間勤務制度の導入にとどまらず、勤務地限定制度や在宅勤務制度の導入など働き方を変えるような取組みが進められている。では、従業員のワーク・ライフにかかわる取組みが、なぜ、ここ数年、注目され、多くの企業でワーク・ライフにかかわるさまざまな施策が展開されるようになったのだろうか。

（2）ワーク・ライフ・バランスと管理問題

企業におけるＷＬＢ施策の展開を、管理制度の前提となる人間観の変化に求めたのが渡辺峻であった。渡辺は、管理の「基本的な課題」が、「個人を統合して組織目的に貢献（労働）させるには、なによりも個人の側の欲求を見極め、個人が組織に参加・貢献することで、同時に個人の欲求が充足する仕組み・システム」を構築することにあると把握する。もちろん、このような管理システムの認識は、「個人の動機づけ要因（動因）は、内発的な欲求にあり、目標を誘発因として行動が具体化される」（渡辺、二〇〇九、一八頁）という行動科学、とりわけマズロー（Maslow, A. H.）の人間観に基づいているといえる。

経営学のテキスト風に説明すれば、経営における管理システムは特定の人間観を前提としていると考えられる。実際、管理という構想の嚆矢とされるテイラー（Taylor, F. W.）の科学的管理は、賃金による労働者の刺激をもとに、時間動作研究に基づいて統制される労働を遂行する機械的人間観を前提にしているといわれている。もちろん科学的管理が、機械的人間観によって特徴づけられるとしても、科学的管理が職場における労使関係の現実を看過してきたことを意味するものではないだろう。実際、テイラーが自らの管理制度を提唱するに至ったきっかけは、職場における組織的怠業にあり、ブレイヴァマンは、テイラーの直面した問題を、「敵対的生産諸関係が職場においてどのように現れるのかということを示す古典的事例」（ブレイヴァマン、一九七八、一〇一頁）と指摘している。そうだとすれば、管理理論における人間観は、企業にとっての管理問題の認識と管理制度を特徴づける要素の一つにすぎないとみなければならない。

前述のようにテイラーの科学的管理は、組織的怠業という職場の管理問題を解決するために構想されたものであり、時間動作研究による熟練作業の解体と現場労働者からの管理的作業の分離、さらに企画部への管理的作業の集権化を通じて新しい現場管理体制を構築するところにその意義を見ることができる(2)。現場労働からの管理的作業の分離、さらに労働の単純化、機械的化は、大量生産の導入とともに推し進められ、さらに経営の大規模化による膨大な職務の発生を契機に階層的組織へと編成されていく。大量生産を基盤とする官僚制組織の展開とともに、組織における疎外問題が注目され、従業員の動機づけが重要なテーマとされることになる。その解決策として登場するのが、マズローに代表される動機づけ理論であった（植村、一九七一、参照）。

マズローらの動機づけ理論の特徴は、伝統的な管理理論が組織や管理制度を与件として人間問題を検討したのに対し、人間の特質の検討を前提に組織における人間行動の問題を考察した点に求めることができる。そしてこの理論では個人の行動を規定するものとして、職務における自己実現が重視されるのである。たしかに動機づけ理論は、人間の理解をもとに管理理論の再編成をもその射程に入れているとしても、個人の行動が社会構造を規定するという方法論的個人主義を前提に展開されていることから、後述するような、働くものをめぐる経済状況などが看過されてしまうところに問題がある。

渡辺は、今日の人材マネジメントの人間観をこのような自己実現人に求めながら、経営環境の変化のなかで、職業生活を重視する「単なる」自己実現人ではなく、職業生活・家庭生活・社会生活・自分生活を重視する「社会化した自己実現人」に変化したとしている。そして自己実現人概念の変化が、労働市場の流動化や伝統的な管理制度の崩壊といった労働環境の変化に規定されているとしている。

ワーク・ライフにかかわる問題の登場は、企業の内的な要請に基づく管理制度の変化ではなく、経営環境の変化にその要因があると考えられる（渡辺、二〇〇九）。

（3）ワーク・ライフ・バランスと少子化

そうした要因の一つに挙げられるのが少子化の進展である。周知のようにわが国の総人口は、二〇〇四年の一億二七七九万人をピークに減少を続けているが、この人口減少の原因とされるのが、出生率の低下である。この出生率の低下が社会的に問題とされるようになったのは、一九八九年に合計特殊出生率が戦後最低となる一・五七を記録したいわゆる「一・五七ショック」であった。この「一・五七ショック」を契機に、政府の少子化対策が進められることになる。

大石・守泉によれば、政府の少子化対策は、もともと子どもを持つ労働者を対象に「仕事と子育ての両立」を課題に進められてきたという。けれども、若者の失業率の上昇、フリーターの増加、さらに男性労働者の長時間労働の進展などのなかで、「より広い層を対象とする『働き方の見直し』」（大石・守泉、二〇一一、一四頁）、すなわちWLBという施策が強調されるようになったというのである。

わが国では少子化の進展を契機にファミリー・フレンドリー施策が求められるようになり、さらに失業率の上昇、さらに長時間労働などを背景にWLBが注目されるようになったと考えられる。だが、このような研究では、ワーク・ライフという問題が、なぜ政府の政策として登場し、企業の施策としてその重要性が問われるようになったのかを明らかにすることはできない。そこで本章では、ワーク・ライフ・インテグレーション（WLI）の意義を明らかにするという意図を含みながら、ドイツ家族省のいくつかの報告書を手がかりに、ワーク・ライフという問題意識がいかなる背景のもとに生まれ、企業の施策としてどのように定着していったのかを検討することにしたい。

2　ドイツにおける家族の現状

一九八二年、ドイツ家族省は、『労働生活のファミリー・フレンドリーな展開（*Familien-freundliche Gestaltung des Arbeitslebens*）』という報告書を公刊した。この報告書は、ドイツ家族省の委託により、ドルトムントの労働保護・人間化研究所（Arbeitsgemeinschaft Gesellschaft für Arbeitsschutz-und Humanisierungsforschung, Dortmund）、およびブレーメンの人間化研究振興協会（Gesellschaft zur Förderung der Humanisierungsforschung, Bremen）が一九八〇年八月から一九八二年八月にかけて行った調査の結果である。

この調査の課題は、父親と母親とが、仕事（Beruf）と家族（Familie）との調和を進められる措置を検討することにあり、そのために家族内での仕事の分担や子どもの育児・就学状況、さらに企業における労働時間制度が調査されている。労働時間が、家族の就労だけでなく、家庭生活をも規定しているために、調査の「もっとも重要な重点」（BMJFG, 1982, S. 13）とされている。ここではまず、ワーク・ライフにかんする取組みを規定している家族の実態を、ドイツ家族省の報告書をもとに検討することにしよう。

（1）「家族」概念の変化

一般に「家族」は、一つの家計のもとに生活する両親や子どもなどを意味するものといえる。だが、離婚や未婚の増加など、「家族」概念は、近年大きく変化している。そこで家族省の報告書では、扶養の必要な一五歳までの（養子などを含む）子どもと、その義父母などの両親を家族と定義している。報告書では、一五歳以下の子どものいる、両親などのそろっていない「不完全な家族（vollständige Familie）」は、六六万八〇〇〇世帯存在し、うちシングルマザー世帯が、五七万世帯、シングル・ファザーの世帯が、九万八〇〇〇世帯となっている。このように家族の現状は、大きな変化をとげている。

かつて氏原正治郎は、女性が雇用労働に就くための条件として、家事労働の軽減により就労可能な時間的余裕が生まれること、さらに家計収入の水準が低いことを指摘し、前者を雇用労働化の客観的要件とし、後者を主体的要件とした。そして家事負担に影響を及ぼす要因として家庭生活への商品経済の浸透、託児所や保育園など生活の協同化、社会化を挙げている（氏原、一九七五、一七九～一八〇頁）。ドイツ家族省は、性別役割分業を基礎とする伝統的な家族の変化を規定する要因として、①社会保障システムの導入、②家事労働の合理化・機械化、③家事労働の外部化・サービス化、④小規模家族の増加、そして⑤学歴水準の向上を指摘している。さらに女性の就労を規定する要件として、家計収入といった経済的な条件が指摘されている。

そしてドイツ家族省の報告書では、伝統的な役割分担がこうした要因によりどの程度変化しているのかをみるために、①女性の教育水準の問題、②家事労働の変化と女性の生活意識の変化、さらに③

就労への経済的な必要性（ökonomischer Zwang zur Erwerbstätigkeit）が検討されている。さきにみた氏原の分類に基づけば、ドイツ家族省は家族の問題を主として主体的な要件から検討しているといえる。ここでは、その客観的要件からみておくことにしよう。

（2）女性の就労とワーク・ライフ・バランス

ドイツでも工業化の進展にともないアイロンや洗濯機の普及といった家事労働の機械化、さらに保育園や老人ホームの設立などの家事労働の社会化、さらに核家族に象徴される小規模家族の増加が進んだ。このような家事労働の機械化、社会化の進展は、家事労働の負担を減少させることで、就労に対する時間的・物質的負担を軽減することになった。もちろん家事労働の変化は、家事に必要な商品の購入をともなって進められるのであり、その意味で就労に対する経済的必然性となって作用することになる。そのさい報告書では指摘されていないが、家事に必要な商品の購入のみならず、大量生産の導入にともなうアメリカ式生活様式の普及に注目することが必要だろう。

大量生産は、フォード・システム(3)に代表されるように膨大な消費財を市場に供給するが、この大量の消費財を市場において消費するには伝統的な生活様式の転換が必要とされる。そのため「家庭の生活過程や家事労働が消費財商品の消費におきかえられ」、さらに「生活の利便性や快適性をもとめて商品消費を拡大すればするほど家計コストは高くなる」（成瀬、一九九二、八七頁）のである。いずれにせよ、工業化の進展により就労の経済的必要性が増大してきたといえる。

そこで次に家計収入についてみてみよう。家族省の報告書によれば、家計の主たる担い手となる男性の収入が月二〇〇〇ドイツ・マルク（以下、ＤＭ）[4]を超える場合、パートナーの二五％が就労していたのに対し、一二〇〇ＤＭ以下になると七〇％以上のパートナーが働きに出ていたという（調査時点、一九七八年）。さらに六歳以下の子どものいる母親についてみると、家計収入が一二五〇ＤＭ以下の場合、母親の六五％が就労している一方、家計収入が二〇〇〇ＤＭを超えると、就労する女性の比率は一六％に低下する。女性の就労は、ドイツでも家計収入と子どもの有無により規定されているのである。ドイツでも女性の就労は、母親や家族の貧困という問題と密接にかかわっているといえる。

そのさい家族の変化を看過することはできない。すでにみたようにドイツでも、シングル・マザーやシングル・ファザーが増加してきた。そこでそうした家族の家計の状況をみると、子どもを持つ両親のいる世帯の五六％では、月収は、一四〇〇〜二五〇〇ＤＭであったのに対し、子どものいるシングル・マザー世帯の五九％では、月収は一二〇〇ＤＭに満たなかった。しかも子どものいるシングル家族は、一九七一年の六五万五〇〇〇世帯から一九八一年四月には九〇万五〇〇〇世帯に増加しているのである。かくして女性の就労は、高支出を前提とする家計収入の低さに規定されているといえる。

そこで女性の就労状況についてみてみると、女性の就労比率は、一九七二年の三六・七％から一九八〇年の三七・九％へとわずかながら増加しているものの、その内実は大きな変化がみられるという。その大きな変化が、女性の教育水準の向上であり、その結果、育児による離職後、女性の多くは比較的早く職場に復帰するようになっているという。実際、女性が初めて離職する年齢は、平均、二四歳から二九歳へと変化している。しかもこの離職の時点で子どものいる女性の比率は、「一九五七年から一九七七年の間に四倍」（BMJFG, 1982, S. 29）に増大しているというのである。とりわけ重要になるのが、シングル・マザーの動向である。報告書によれば、一九七九年には三歳以下の子どものいる女性の三一・三％が仕事をしていた。それに対しシングル・マザーでは、その比率は五九％となっていた。

これまでドイツ家族省の報告書をもとに、家族の変化と女性の就労についてみてきた。ドイツでも家事労働の機械化・社会化と低い家計所得などから、子どもを持つ女性の就労が進んだ。その結果、家族生活と労働生活との調和が問われるようになった。もちろん社会的生産に必要な再生産活動は、いかなる社会でも必要であるとはいえ、その担い手はほとんどもっぱら女性の仕事となっている。その大きな要因が、労働社会の構造が男性に家事労働に参加する可能性を奪っていることに求められている（BMJFG, 1982, S. 37）。そのためドイツ家族省の報告書では、男性と女性が、パートナーとして家族や仕事という役割を分担し、育児を十分に保証できるファミリー・フレンドリーなあり方が提起される。このことをみる前に、ドイツ家族省の報告書をもとに労働時間の実態についてみておくことにしよう。

3　ワーク・ライフ・バランス問題と労働時間

（1）女性の就労と労働問題

すでにみたようにドイツでも家事労働の機械化・合理化、保育施設などの設定といった家事労働の社会化を背景に、生活様式の変化や低い家計水準という主体的条件から子どもを持つ女性の就労が進んだ。さらにシングル・マザーなどの増加とともに、家族と仕事との調和が重要なテーマとされるようになった。ＷＬＢ問題は、家族形態や家族機能の変化との関連から問われるようになったといえる。家族状況の変化に対し、経営はいかなる対応を行ってきたのだろうか。

ドイツ家族省は、労働時間が家族生活においてもっとも大きな比重を占めることから、調査の中心的なテーマにしており、ドルトムントとブレーメンにある五四五社に郵送調査を行っている。この調査では、ＷＬＢの問題やパートタイム（Teilzeitbeschäftigung）になる動機などについての質問が行われている。

ドイツの公務員には、雇用の保障を前提として家族の問題にかかわる休暇や労働時間の短縮の可能性が認められている。しかし、民間で働く労働者にはこうした可能性は認められていない。そのため民間の企業では、労働時間短縮とともに、パートタイムで就労したいという要望が多かった。実際、一九六〇年から一九八〇年にかけて女性労働者に占めるパートタイマーの比率は、六・四％から一九・一％に増加していたのである（BMJFG, 1982, S. 19）。

ドイツの伝統的なパートタイム労働の形態は、月曜から金曜までのうちあらかじめ決められた始業時間と終業時間で、週二〇時間働く半日労働（Halbtagsarbeit）であった。こうしたパートタイムで就労する者の七一％が、一〇時から職場で仕事を始めており、そのうちの四八％が一三時に仕事を終えていた。けれどもパートタイムで働く者の九四％には、始業と終業の時間を保育園や学校の時間に合わせて変更することは難しかった。パートタイマーといっても保育施設や学校などの時間に対応するには、さまざまな問題があった。

そこで企業活動に対応して変動できる労働時間（kapazitätsorientierte variable Arbeitszeit: Kapovaz）、ジョブ・シェアリング、年間労働時間契約（Jahresarbeitszeitvertrag）といった労働時間の弾力的な活用が可能な労働時間制度の普及について調査が行われている。ドルトムントとブレーメンでは、年間労働時間契約を行っていたのは、調査企業の一％にすぎず、ジョブ・シェアリングでさえ二％の企業で実施されているだけであった。Kapovaz についてはその理解が企業によって異なっていたものの、企業の六％が導入していた。

たしかに Kapovaz の導入により、学校に通う子どもを持つ親には、学校が休みのあいだ家にいて子どもの世話をすることができるだろう。けれども弾力的な労働時間制度の導入が進んでいないために、両親は保育期間や学校の始業、終業の時間に対応することが難しかった。このような問題状況から、ＷＬＢの前提として、家庭の行事や仕事の予定を可能にすること、さらに働く者の時間に対して自ら決定できる権利の重要性が明らかになる。そこで注目されるのが、始業時間や終業時間を働く者が自発的に決定できるフレックスタイムであろう。だが、フレックスタイムに対するニーズは高いものの、製造業では労働者のわずか七％に適用されているに過ぎなかった。

（2）学校・保育施設とワーク・ライフ・バランス

子どもの育児や世話で問題になるのは、育児施設や学校への対応といった日常の活動だけでなく、子どもが病気になったときの看病や世話など突発的な事態である。ドイツでは、子どもが八歳になるまで年に五日、子どもの看病のための休暇を取ることが認められている。けれども、子どもの病気の状態によって看病に必要な休暇の日数が異なることから、休暇のフレキシブルな運用や対象年齢の引き上げなどが求められている。

このように子どもを持つドイツの親たちは、学校や保育施設、さらには子どもの看病に柔軟に対応するのが難しかったことがわかる。もちろん子どもの世話という問題は、保育や学童施設の設置ともかかわっている。家族省の報告書を見ると、三歳以下の子どもを預けられる保育施設を利用している親は、全体のわずか一・四％、六〜一五歳までの保育施設でさえ一％しか利用していなかった。これに対し三〜六歳の子どものために保育園を利用する親は、全体の七五・五％となっていた。

たしかに三〜六歳までの子どもに対しては、保育のための施設はある程度整備されているものの、保育施設を利用できる時間帯が、両親が働きに出る時間帯に適していないことが問題とされている。働く親からすれば、八〜一四時、できれば七時〜一八時三〇分のあいだ保育施設を利用できることが必要となっている。とりわけ昼食の準備など放課後の子どもの世話が、働く親にとって大きな問題になっていた。さらに八〜一三時という学校での授業時間の見直しも問題視されたのである。

ドイツでも、働く女性が増加しているにもかかわらず、固定的な労働時間、学校や保育施設の固定的な始業・終業時間のために仕事と家庭生活の調和が難しくなっていた。そこでドイツ家族省は、次のような措置を提案している。

①賃金補償を前提とする一年間の育児休業
②育児期間の職場保障のための休業やパート勤務の可能性
③フレックスタイムの普及

④ジョブ・シェアリングや年間労働契約、さらに午前中の就労
⑤学校や保育施設の始業・終業時間の変更

家族と職場の関係から生じるさまざまな問題の解決が、労働時間の弾力的な運用に委ねられていることがわかる。

4　家族に配慮した人事政策

(1)　家族機能の脆弱化

ドイツでも、大量生産・大量消費という経済構造を前提に家事労働の機械化、社会化が進んだ。さらに商品経済の拡大と家計への浸透による家計の高支出体質の定着を背景に、家計所得の停滞、さらに離婚などによるシングル・マザーの増加にともない、女性の職場進出が加速することになった。女性の就労の高まりとともに、伝統的には男性の女性支配に基づいて女性が担ってきた家族機能の脆弱化が問題とされるようになった。たしかにこのような問題は、ドイツだけでなく、わが国を含めた先進国でみられるのであり、経済発展と雇用関係の拡大にともなう問題だといえるだろう。

家族機能の脆弱化の進展に対しドイツでは、主として女性の短時間勤務、さらに弾力的な労働時間制度の導入による対応が試みられてきた。ファミリー・フレンドリーという問題である。もちろんファミリー・フレンドリーという問題は、女性だけの問題ではなく、性別役割分業とかかわり、男性の働き方と密接に関連しているのである。だが、家族省の報告書を見る限り、政策の中心は、女性の働

き方に置かれてきたといえるだろう。

（2）家族を意識した人事政策

ところがこのような状況は、二〇〇〇年を前後して新たな展開を示している。ドイツ家族省の二〇〇六年の報告書（BMFSFJ. 2006）によれば、ドイツ経済は深刻な人口問題に直面しているという。実際ドイツでは、一九六四年に最高の出生率を記録してから、出生率は低下傾向にあった。もっとも、近年の移民の受け入れによりドイツの人口は増加しているものの、高齢化の進展による労働力人口の減少が懸念されているのである。こうした少子高齢化のなかで新たな人的資源管理コンセプトが展開されるようになった。家族を意識した人事政策（Familien-bewusste Personalpolitik）がそれである。

ミュンスター大学の家族を意識した人事政策の研究センターによれば、家族を意識した人事政策とは「基本的には仕事と家族との調和（Vereinbarkeit von Beruf und Familie）という問題を課題とする」（Dilger, u. a. 2005, S. 1）政策とされている。

すでにみたようにドイツでも一九六〇年代以降出生率は低下してきた。出生率の低下とともに重要な問題になったのが、労働力不足、とりわけ専門工（Facharbeiter）の不足という事態である。ドイツ家族省によれば、働く女性の比率は、育児や家族の世話などで多忙な二五歳～四〇歳までの間、男性に比べて大きく低下するという（BMFSFJ. 2006, S. 4）。労働力不足が深刻な問題とされるなか、女性の就労を促進することが重要な課題とされてきた。とりわけ職場での多年にわたる経験を持ち、高い能力を持つ従業員の離職は、募集などの退職にかかわる費用や、新たに採用された従業員の教育訓練といったさまざまな費用を発生させることになる。労働移動にともなう費用負担を回避し、能力の高い労働者を確保するところに家族を意識した人事政策の課題があるといえる。そのさい次の点に注目する必要があるだろう。

第二次世界大戦後、ドイツでも多くの女性が就労するようになった。女性の就労については、すでに取り上げたが、その数はさらに増加している。一九八〇年に女性に占める就労者の比率は五〇・二%であったが、一九九八年には六〇・五%とその比率は高まっている。なかでも注目されるのが、女性の学歴の向上だろう。ドイツ経済・技術省（Bundesministrium für Wirtschaft und Technologie: BMWi）によれば、大学入学資格を持つもの（Abiturien）の五五%が女性であり、さらに大学入学者の五二%、さらに大学卒業生の四六%を女性が占めている。このような高学歴の女性たちの多くは、家計などのこともあり、働き続けることを望んでいた。

だが、たとえば残業は家族の負担になり、家族の状況を悪化させてしまうなど、「家事をしながら働くことは、我慢比べのように感じられる」（BMWi, 2001, S. 16）というのである。だが、それにもかかわらず、女性の多くは、仕事と家庭との調和を望んでいるのであり、しかもWLBという取組みにより、企業イメージが改善されるために、家族を意識した人事政策は従業員のモチベーションの手段としても注目されることになる。

もちろん仕事と家庭との関係から生じるコンフリクト（ワーク・ライフ・コンフリクト）は、女性だけの問題ではない。実際、家事や育児を行う男性も増えている。だが、企業はこれまで基本的には家族の問題を「個人の問題」（BMWi, 2001, S. 17）ととらえ、家族に対する配慮を行ってこなかったのである。たしかに経済学などでは、家族の問題は私的な領域とみなされてきたが、仕事と家庭の調和が労働力の確保や従業員のモチベーションに大きな意義を持つとすれば、企業は仕事と家庭の問題を看過することはできないだろう。

そのさい仕事と家庭の調和という問題が、家族における男性の優位を基盤とする性別役割分業と深くかかわっていることを忘れてはならない。近年では、家事や育児を分担する男性も多くなっているものの、家事や育児といった家庭の問題は基本的に女性の仕事と考えられており、そのため、特に女性について、ワーク・ライフ・コンフリクトが問題視されるのである。かくして企業の人材確保にとって、ワーク・ライフ・コンフリクトの解決が大きな課題となるであり、コンフリクトの解消には、労働時間の調整にとどまらず、「仕事と家庭の調和」を可能にする働き方に対する支援が求められることになる。そこで次に、具体的にどのような取組みが行われているのかをみてみよう。

(3) ファミリー・フレンドリーな施策

ケルンのドイツ経済研究所（Institut der deutschen Wirtschaft Köln: IW）は、二〇〇三年七月にドイツの一万社を対象に「ドイツ経済はどの程度ファミリー・フレンドリーなのか」について郵送調査を行い、八七八社から回答があった。この調査によれば、回答のあった八〇％以上の企業で、なんらかのファミリー・フレンドリーな施策が行われていた。ドイツ経済研究所は、二六の施策を、労働時間の弾力化・テレワーク、子どもや家族の世話、家族向けサービス・アドバイス、両親や女性に対する支援の四つの領域に大別して導入状況を調べている（図表２－１参照）。ファミリー・フレンドリー調

図表2-1　ドイツにおけるファミリー・フレンドリー施策の現状（2003年）

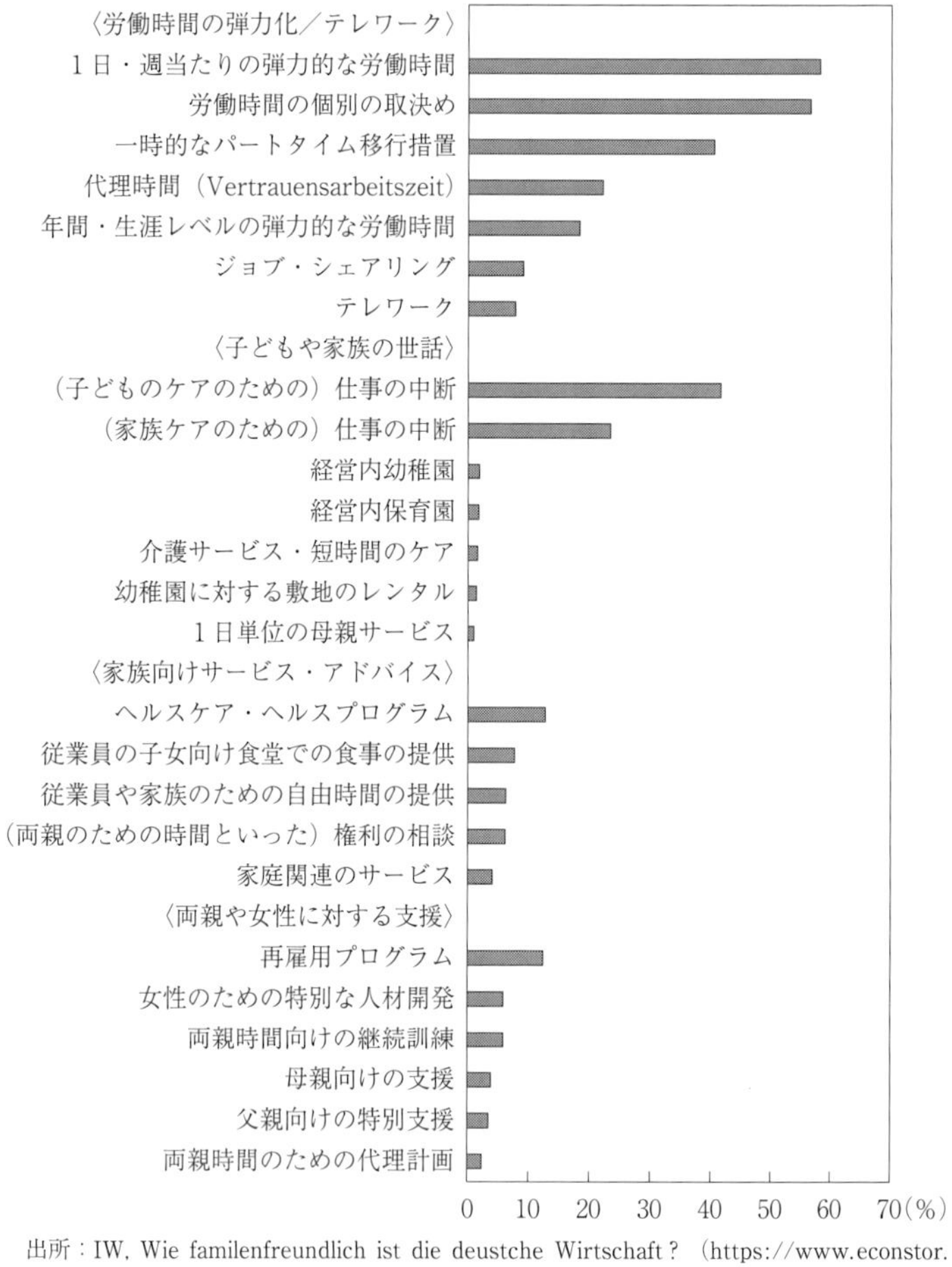

〈労働時間の弾力化／テレワーク〉
1日・週当たりの弾力的な労働時間
労働時間の個別の取決め
一時的なパートタイム移行措置
代理時間（Vertrauensarbeitszeit）
年間・生涯レベルの弾力的な労働時間
ジョブ・シェアリング
テレワーク
〈子どもや家族の世話〉
（子どものケアのための）仕事の中断
（家族ケアのための）仕事の中断
経営内幼稚園
経営内保育園
介護サービス・短時間のケア
幼稚園に対する敷地のレンタル
1日単位の母親サービス
〈家族向けサービス・アドバイス〉
ヘルスケア・ヘルスプログラム
従業員の子女向け食堂での食事の提供
従業員や家族のための自由時間の提供
（両親のための時間といった）権利の相談
家庭関連のサービス
〈両親や女性に対する支援〉
再雇用プログラム
女性のための特別な人材開発
両親時間向けの継続訓練
母親向けの支援
父親向けの特別支援
両親時間のための代理計画

0　10　20　30　40　50　60　70（%）

出所：IW, Wie familenfreundlich ist die deustche Wirtschaft?（https://www.econstor.eu/bitstream/10419/156853/1/iw-trends-v30-i4-a4.pdf　2020年9月27日アクセス）

査は、その後も続けられているが、ここでは二〇〇三年の調査の結果を概観しておきたい（IW, 2003）。

調査の結果を見ると、もっとも導入が進んでいるのは一日・週当たりの弾力的な労働時間であり、調査対象全体の五八％で導入されていた。これに次いで導入が進んでいたのが労働時間の個別の取決め（induviduell vereinbarte Arbeitszeit）で、五六％の企業で導入されていた。さらに（子どものケアのための）仕事の中断が、四一・五％でこれに続いていていた。このような労働時間制度の導入に比べ、ジョブ・シェアリングは九・一％、テレワークは七・八％と仕事にかかわる施策の導入はあまり進んでいない。

つぎにファミリー・フレンドリーな施策が、どのような根拠のもとに導入されているのかをみてみると、調査対象の半数近く（四六・四％）が、労働協約や事業所協定（Betriebsvereinbarung）、企業のガイドラインなどでファミリー・フレンドリー施策の導入が規定されている。その内容をみると、労働協約が二九・三％、企業のガイドラインが一三・五％、事業所協定が一二・四％となっている。ファミリー・フレンドリー施策は、企業の施策として展開されていると考えられる。

そこでこうした施策を導入する動機についてみると、従業員の職務満足を高めるためがもっとも多く七五・八％、ついで能力のある労働者の維持・獲得が七四・七％、さらに労働移動によるコストの削減・病欠の減少が六四・三％、生産性向上によるコスト削減が五八・三％、従業員の時間に対する主権の向上が五六・一％という結果であった。従業員の労働時間の自主的な決定権の問題を除けば、ファミリー・フレンドリーな施策の導入は、経営上の要請に規定されているといえる。

これまでドイツ家族省の報告書をもとに、ドイツ政府が家族の問題を意識するに至った背景とその対応についてみてきた。ドイツでは、第二次世界大戦後の経済発展の過程で、シングル・マザーの増加と、その低所得から女性の就業が重要なテーマとされてきた。だが、女性の就労にあたって大きな障壁となったのは、育児という問題であり、その背景には非弾力的な就労時間と、固定化された保育時間という問題が存在していた。当時、こうした状況を変えるのは難しかった。

だが、ドイツで少子化を背景とする労働力不足のなかで、ドイツ企業も、従業員の家族の問題に注目するようになった。家族を意識した人事政策がそれである。たしかに弾力的な労働時間制度の導入など、ある程度家族への配慮が行われたものの、こうした制度の導入は、経営上の要請に基づいて行われていたのである。このように、もともとワーク・ライフ問題は、女性の社会進出にともなう家族機能の脆弱化を契機に問われるようになったが、出生率の低下と高齢化の進展を背景とする労働力不足のなかで、家族問題を配慮する労働力対策として展開してきたとみることができる。

本章では、ドイツ政府の行ったいくつかの報告書をもとに、ドイツ政府の家族問題の認識と、企業での対応を検討してきた。もちろん、ここでは、ドイツ政府の見解を体系的に扱ってはいない。その意味で、ここでの結論は相対化する必要があるだろう。だが、ドイツ政府のワーク・ライフに対する認識が、労働力不足という問題ではなく、シングル・マザーの増加や家族の貧困化といった家族機能の脆弱化を背景に行われてきたことを看過してはならない。その意味でワーク・ライフという問題は、家族機能の脆弱化や貧困といった家族の危機、したがってまた社会的な視点から問うことが求められるだろう。

注

（1）大沢真知子は、「女性が仕事と家庭を両立できるように、保育所を整備したり、育児休業制度を整えたりして、働く女性を支援する施策」を家庭と仕事の調和（ファミリー・フレンドリー）とし、「男性を含めた働き方そのものを変え」ることを仕事と生活の調和（ＷＬＢ）としている（大沢、二〇〇六、七頁）。本章では、後述するように、このような認識を基本的に踏襲している。

（2）科学的管理については豊富な研究が蓄積されているが、さしあたり、藻利（一九六五）、泉（一九七八）、中川（一九九二）などを参照されたい。

（3）ヘンリー・フォードの実践した生産システム。ベルトコンベアを基盤とする単一商品の大量生産に特徴づけられている。

（4）ドイツ連邦共和国（旧西ドイツ）の法定通貨。一九九九年一月一日のユーロの採用により廃止された。廃止時点の交換比率は、一ユーロ＝一・九五五八三マルク。

参考文献

泉卓二（一九七八）『アメリカ労務管理史論』ミネルヴァ書房。

植村省三（一九七一）『現代企業と組織理論』中央経済社。

氏原正治郎（一九七五）『日本労働問題研究〔復刻版〕』東京大学出版会。

大石亜希子・守泉理恵（二〇一一）「少子社会における働き方」樋口美雄・府川哲夫編『ワーク・ライフ・バランスと家族形成』東京大学出版会。

大沢真知子（二〇〇六）『ワークライフバランス社会へ』岩波書店。

中川誠士（一九九二）『テイラー主義生成史論』森山書店。

成瀬龍夫（一九九二）「現代における労働と生活の論理」『社会政策叢書』編集委員会編『社会政策学と生活の論

理』啓文社。
ブレイヴァマン、ハリー／富沢賢治訳（一九七八）『労働と独占資本』岩波書店。
藻利重隆（一九六五）『経営管理総論（第二新訂版）』千倉書房。
渡辺峻（二〇〇九）『ワーク・ライフ・バランスの経営学』中央経済社。
Bundesminister für Jugend, Familie und Gesundheit（1982）*Familien-freundliche Gestaltung des Arbeitslebens.*
Bundesministerium für Familie, Senioren, Frauen und Jugend（2006）*Unternehmensmonitor Familienfreundlichkeit.*
Bundesministrium für Wirtschaft und Technologie（2001）*Wettwerbsvorteil ; Familien-bewusste Personalpolitik.*
Dilger, A., Gerlach, I., Schneider, H. hrsg.（2005）*Betriebswirtschaftliche Effekte familienbewusster Personalpolitik.*
IW, Wie familenfreundlich ist die deustche Wirtschaft ?（https://www.econstor.eu/bitstream/10419/156853/1/iw-trends-v30-i4-a4.pdf　二〇二〇年九月二七日アクセス）

第3章　アメリカの子育て支援とワークライフ・インテグレーション

中村艶子

イントロダクション

本章ではアメリカにおけるワーク・ライフ・バランス（ＷＬＢ）からワークライフ・インテグレーション（ＷＬＩ）への展開を、子育て支援に焦点を当てて考える。アメリカでは子育て費用が高騰し、働く親たちは「子育て危機」と呼ばれるほどの窮状に陥っている。本章ではこの危機に焦点を当てて、政府や企業面からアメリカの経験を考察し、この経験をもとにアメリカのＷＬＢの限界と動向を論じ、コロナ禍で一変した今後のＷＬＩの方向性を考える。

1　ワーク・ライフ・バランスの限界と「子育て危機」

(1) ワーク・ライフ・バランスの限界

ワーク・ライフ・バランス（以下、ＷＬＢ）は企業の最重要課題の一つとして取り組まれてきた。企業によるＷＬＢはアメリカが発祥であり、一九三〇年という早い段階でＷ・Ｋ・ケロッグ社（W.

K. Kellogg Company）が八時間三日制に代えて「六時間四日制」シフトを導入し、従業員の士気・効率を高めたとされる（Lockwood, 2003）。

概念の一般化については一九八〇年代にロナルド・レーガン政権下での民間主導の「ファミリー・フレンドリー」政策として育児支援面を中心に展開され、家庭生活面での支援がまず定着した。メディアの役割も大きく、顕著な例としては『ワーキングマザー（*Working Mother*）』誌の役割が挙げられる。同誌は一九八六年以来、有子就業女性の仕事と家族支援概念に注目し、「働く母親のための優良企業（"Best Companies for Working Mothers"）」特集を組み、従業員の報酬、昇進の機会、社の柔軟性や育児支援、家族支援、企業文化、施策等の職場環境・条件に基づく一〇〇社ランキングを毎年発表している。ランクインした企業はアメリカ企業文化の象徴的役割および実質的サポート役割を担い、先進的企業として高い社会評価を受けている（中村、一九九九）。

しかし近年はワークとライフを切って天秤でバランスを取るＷＬＢの概念が進化し、包括的な枠組みの中でとらえられるワークライフ・インテグレーション（ＷＬＩ）が一般的に受け入れられるようになった。そこでは、「仕事生活」、「家庭生活」、「個人生活」、「地域生活」の「４Ｌの充実」（渡辺、二〇〇九）に社会状況の側面も加わって、より包括的に統合され営まれる形となっている。

第1章で前述したように、ＷＬＢには限界がある。その限界とは仕事と生活の領域を「両立する」場合に見られる限界である。保育制度を例に挙げて考えれば、働く親たちにとって保育支援は地域で提供されている制度だけでは不十分で、企業の支援だけでも支えきれない場合がある。「ワーク」と「ライフ」を切り離した要素としてとらえ個人で努力する方法だけでは不十分で「ワーク」と「ライフ」をトータルに支える仕組みがなければ機能しづらい。

仕事と生活という二つの領域だけで働く人々の生活を支えるにはリスクや限界があり、職業生活を営むうえでは、職業生活以外の生活側面を考えたより包括的な仕組みが求められる。すなわち、限界を乗り越えるための社会的な支援が必要となるのである。ＷＬＢにはさまざまな施策があるが、ＷＬＢの限界を把握して問題提起と対処策を考察するために、近年のアメリカにおける「子育て危機（Child Care Crisis）」といわれる経験を通してＷＬＩを考察する。

ＷＬＢ概念の一般化は、家族形態および仕事形態の多様化に起因している。アメリカでは一九七〇年代以降、子のいない夫婦、別居家族、単身世帯、片親世帯、再婚家族、同性婚家族など、家族形態の多様化が顕著になった。女性の社会進出が進み、就業率は一九六〇年には女性三七・七％、男性八三・三％、一九七〇年には女性四三・三％、男性七九・七％、二〇二〇年には女性五六・二％、男性六七・七％となった。女性の就業率が継続的に伸び続ける一方で男性の就業率は減少し、男女間の差が縮小してきたことがわかる（図表３－１）。

このうち六～一七歳の子を持つ母親の就業率は七五・四％と高いが、六歳以下の子を持つ女性の就業率は六五・八％、三歳以下では六二・〇％と低い（U.S. Department of Labor, U.S. Bureau of Labor Statistics, 2020）。アメリカは「女性も働くべきか」を問う社会から「女性も男性も働く」社会へと変遷を遂げ、父親の育児関与も日本と比して高い。しかし、それでも子育てによる女性の労働市場からの逸脱があり、子育てしながらのキャリア形成が容易ではないことが示唆される。

アメリカでは親が就労する間の主たる保育者は他の保育者へと代替され、就労中の主たる保育はフ

図表３-１　男女別就業率の変化（1960～2020年）

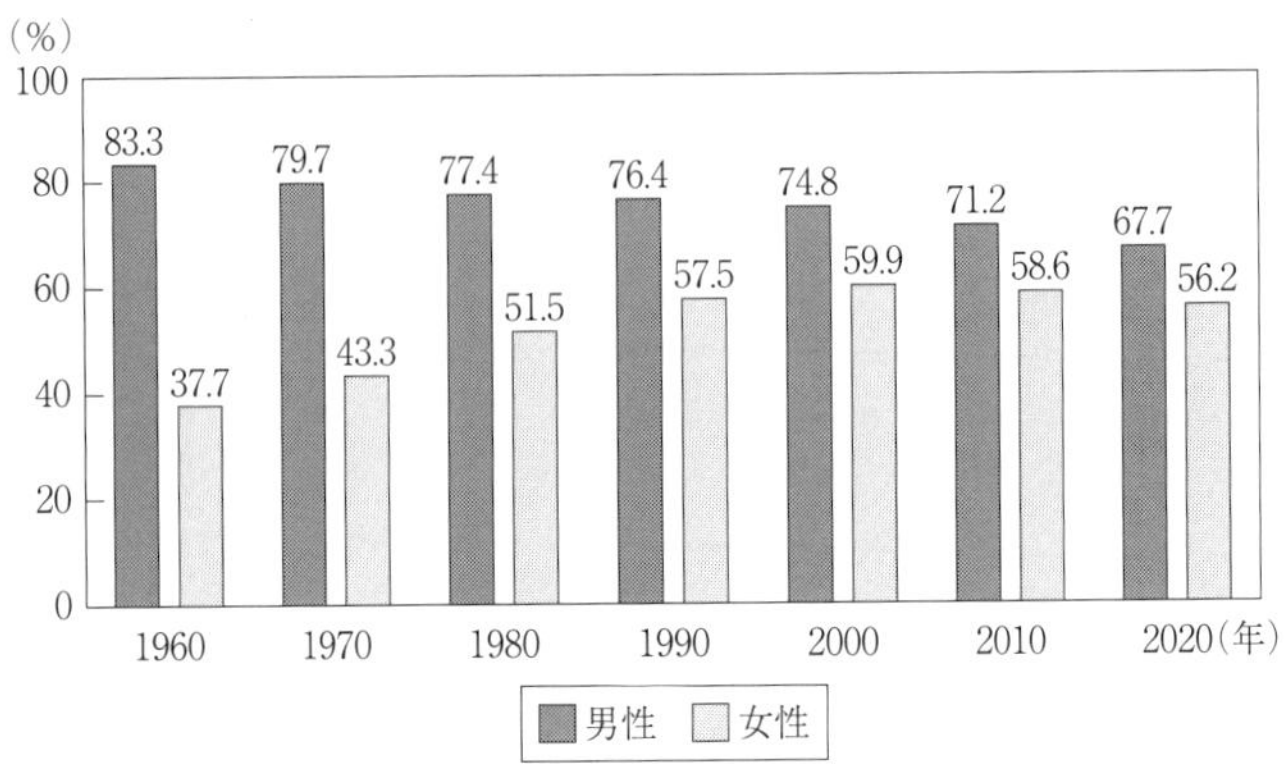

出所：U.S. Bureau of Labor Statistics, Current Population Survey.

アミリー・デイケア（他者による家庭内保育）、一般の保育所や近親者によって担われている（中村、二〇一七）。しかし、国家政策としての保育政策を欠いてきたこの国の保育料は高騰し、質の良い保育を得るための情報は少なく、保育は親たちの大きなストレス要因となっている。

（2）働く親たちの窮状：子育て費用は四年制州立大学の授業料以上

経済的な要因はＷＬＩに大きな負荷をかける。この状況は近年クローズアップされ、「子育て危機」と呼ばれている。その根本原因は子育てにかかる費用の高騰である。まず、アメリカの出産費用は世界でもトップクラスと言われる。日本では出産費用（妊婦合計負担額）は平均五〇万五七五九円だが（国民健康保険中央会、二〇一七）、従業員は四二万円の出産育児一時金が給付されるため、自己負担は一〇万円に満たない。これに対しアメリカの出産費用の平均額は、正常分娩で一万八〇八ドル（約一〇八万円〔一ドル一〇〇円換算。以下同様〕：妊産婦検診費、分娩費、二泊三日の入院費を含む）で、帝王切開時には（通常四泊五日の入院費加算で）一万五〇〇〇ドル（一五〇万円）以上になる。さらに妊娠の前後に提供されるケアを含めれば三万ドル（約三〇〇万円）にもなる（Hoffower and Borden, 2019）。

子どもの誕生以降の費用はさらに負担が大きい。二〇一一～二〇一五年の消費者支出調査（Consumer Expenditure Survey）のデータを用いたアメリカ合衆国農務省（USDA, 2017）の報告書によると、生まれてから一七歳までの子ども一人にかかる平均子育て費用は、概算で年間一万二三五〇ドル～一万三九〇〇ドル（約一二三万五〇〇〇円～一三九万円）かかる。上記費用を一七歳までの総額でみると、子ども二人がいる中所得者層（税引き前収入五万九二〇〇～一〇万七四〇〇ドル）世帯の子育て費用は一人当たり二三万三六一〇ドル（約二三三六万円）である。アメリカの子育て費用は所得によって差が大きく、高所得者世帯（税引き前収入一〇万七四〇〇ドルで）は三七万二二一〇ドル（約三七二二万円）で、低所得者世帯（税引き前収入五万九二〇〇ドル）では一七万四六九〇ドル（約一七四七万円）と（USDA, 2017, p. 24）（図表3－2）、高所得者層では低所得者層の二倍以上を子育てに費やしている。

アメリカ保健福祉省（the U.S. Department of Health and Human Services）の基準では、子育て費には年間所得の七％以上を費やすべきではないとされているが、アメリカの子育て費用は二六～三三％を占め、最多支出の住居費に次いで非常に大きな負担となっている。なかでも保育所の費用は高額である。アメリカの保育所は主として民間主導で行われている。地域（公立）および私立のデイケアセンター（保育所）や、優良企業による企業内保育所などがあるが、特に私立のデイケアセンターは高額で、企業内保育所は数が限られている。このため、良心的で質の良い保育を探すことは極めて難し

図表３‐２　所得階層別の世帯当たりの子育て費用（０～17歳）

（単位：ドル）

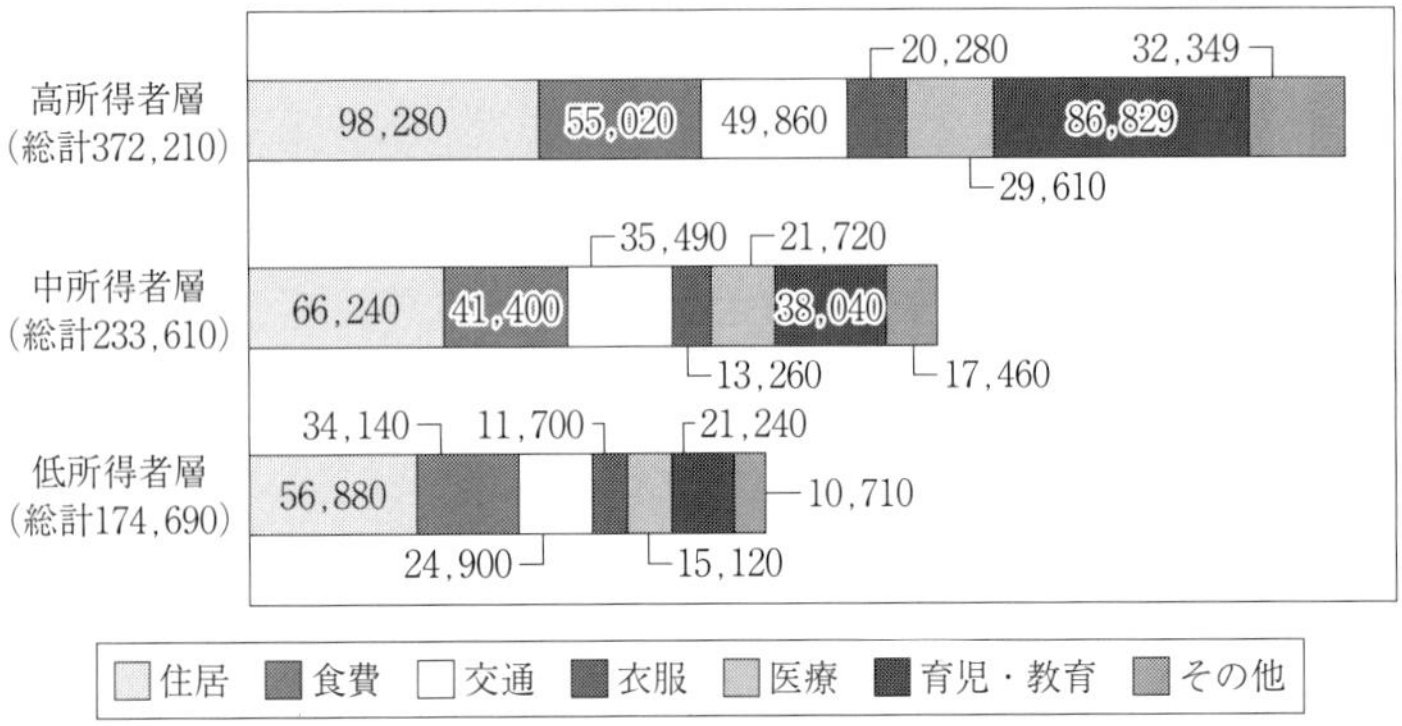

	住居	食費	交通	衣服	医療	育児・教育	その他
高所得者層（総計372,210）	98,280	55,020	49,860	20,280	29,610	86,829	32,349
中所得者層（総計233,610）	66,240	41,400	35,490	13,260	21,720	38,040	17,460
低所得者層（総計174,690）	56,880	34,140	24,900	11,700	15,120	21,240	10,710

出所：USDA（2017）.

い。全体平均で六三%もの働く親たちが良心的な価格で質の良い保育を見つけるのに苦労している（Baldiga et al., 2018, p. 7）。

アメリカの〇~四歳の子どもたちの保育所（チャイルドケアセンター）ではフルタイム（週四〇時間、五二週間）の保育料は年間平均一万三三六ドル（約一〇三万円）で（Child Care Aware® of America, 2019a）、州立大学の授業料の平均費用九四一〇ドル（約九五万円）（CollegeBoard, 2021）を上回る。さらに、乳幼児の幼少期教育費はミシシッピ州の五七六〇ドル（約五八万円）~ワシントンＤＣの二万四〇八一ドル（約二四一万円）で（Child Care Aware® of America, 2019b）、特に都市部で高額であることがわかる。

日本の約八割の利用者の保育料は月額三万円未満で、年間所得一〇〇〇万円以上の高所得者層でも月七~八万円である（厚生労働省、二〇一四）。単純計算でも年三六~九六万円であり、この額と比してもアメリカの保育料がいかに高額であるかが理解できる。このように高騰した子育て費用と限定的な保育サービスはアメリカを「子育ての危機」に陥れ、働く親たちの窮状は改善すべき深刻なアメリカの主要課題となっている。

(3) 働く親たちは絶滅危惧種

「働く親たちは絶滅危惧種である(Working parents are an endangered species.)」。ワシントンポスト紙(二〇一九年二月二六日)のこの象徴的な形容は、高額な子育て費用や保育インフラの欠如により窮するアメリカの働く親たちの現状を巧みに表している。高額な育児費用と限られた財政援助は労働市場から母親たちを追い出しており(Ansel, 2016)、Kubota(2018)の婚姻カップルのライフ・サイクルモデルでは、育児費用の高騰により、女性全体の雇用率は五%低下し、三歳以下の子を持つ働く母親の場合は一三%低下することが実証されている(Kubota, 2018, p. 4)。他の主要先進国では継続的な成長が見られる一方で、アメリカの女性たちは高い育児費用によって労働市場から締め出されてしまっているのである。

母親が労働市場に残れるよう保育や有給の家族休業などでの支援政策を実施していないことは、アメリカ女性の労働参加の減少を約三分の一説明する要因でもある(Blau and Kahn, 2013; Black, Schanzenbach, and Breitwieser, 2017)。良心的な価格帯での保育サービスは、アメリカ労働市場の中心的存在の従業員たちを支援する不可欠なインフラである。それにもかかわらず、前述のような極めて高額な育児費用や保育所の欠如は大きな壁となってＷＬＢの限界を突き付けている。

ＷＬＩのあるべき姿は、個人や企業の努力のみに依存したＷＬＢではもはや成しえない部分を補填し支援する包括的な様態あるいは体制である。そのため、企業とともに政府が育児支援を充実させることが必須であり、それがアメリカに経済的利益を生み出させうる成長戦略の要となる。政府は子育て危機に陥ったアメリカ社会が機能するようイニシアチブを取って育児支援を推進し、働く家族のために質の高い良心的保育を提供することが不可欠である。

2　保育支援をめぐるアメリカの経験

(1)「ママゾニアン」の保育支援要求

アメリカの親たちの窮状を表す象徴的な出来事に「ママゾニアン要求」がある。これはワシントン州のＩＴ関連企業で起こった保育支援要求である。

二〇一九年三月、シアトル市のアマゾン（Amazon：従業員数約六四万七〇〇〇人、本社シアトル約四万五〇〇〇人）で「ママゾニアン（"Momazonian"）」と称するアマゾンの働く母親たち一八〇〇人以上が、バックアップケアや育児給付金の提供を要求した。同業のアップル、マイクロソフト、アルファベット（グーグル）等が保育所を提供している一方で、アマゾンだけがバックアップデイケアを有していなかったため、育児支援の恩恵を受けていない従業員の女性たちがそれを提供するよう会社側に要求したのである（Vox. com, 2019）。

ママゾニアンたちは、「保育所支援があればもっと上の仕事に昇進できるかもしれない有能な女性たちのキャリアが、それがないためにどれほど挫折しているか[1]」（Soper and Greenfield, 2019）といったキャリア形成上の負の影響を主張してバックアップケアを求めた。加えて人事部に対し、従業員の採用と退職の際の面接で保育の課題データを揃えるよう要求した（Haller, 2019）。

同社はバックアップケア以外にさまざまな福利厚生支援制度をすでに提供していた。しかしそうではあっても、通常利用している保育が利用できなくなるような緊急時の保育欠如がどれほど大きな負荷をかけるかをママゾニアン要求は物語っている。

企業側は仕事の危機に瀕して、ここまで強い要求をする従業員のニーズを軽視することはできない。それに加えて、二〇二〇年初頭から悪化したコロナの状況によってこの危機の深刻度はさらに増すことになった。それゆえアマゾンは決定を余儀なくされ、ママゾニアンたちの切実な要求に応じたのである。また同年六月二日には、新しい家族介護給付の提供も決定した。

アマゾンのバックアップケアは、同社とホールフーズマーケットのフルタイムおよびパートタイム従業員六五万人を対象に二〇二一年六月三〇日まで提供された。当初二〇二〇年一〇月二日までだった期限はコロナの深刻な状況に鑑みて延長された。従業員はオンラインかアプリで申し込み、Care.comを介してデイケアセンター（保育所）内の保育サービス（一日二五ドル）や、在宅の子または大人のケア（一時間五ドル）の自己負担金を支払う。費用全体の九〇％以上を企業側がカバーする共同負担システム（co-pay）で、企業側にはこれが数百万ドルの「投資」となる（Amazon, 2020; Palmer, 2020）。

（2）保育サービスは企業の投資

保育サービスを「投資」と考える根拠は、以下のような事実による。アメリカの企業では、従業員が保育サービス利用をできない場合に欠勤が生じ、年間約四四億ドルの費用損失がある。また、働く親の四五％は、保育サービスが利用できずに六カ月間で一度以上、平均で四・三日欠勤している（Child Care Aware® of America, 2017, p. 7）。また現在では出産期にあたる従業員の八〇％がミレニアル世代の女性たちであるが、この世代は中心的労働力として活躍する企業の活力である。彼女たちはまたＷＬＢの意識が高い。「八三％は、もっと家族に優しい福利厚生のある仕事があればそちらへいく」と報告しており（Child Care Aware® of America, 2017, p. 8）、ＷＬＩ支援への要求度は極めて高い。

このような職業生活における従業員ニーズと家庭生活の領域の密接な関係や育児面の窮状は企業運営にとって無視できない。アメリカの働く親たちは保育サービスを頼みの綱とし、保育はＷＬＩの中でもなくてはならない、いわば不可欠な社会インフラである。しかし、実際にはニーズにあった保育所を見つけるのは難しい。保育サービスの費用や利用しやすさは従業員ニーズに合致したものではなく、働く親たちに大きなストレスを与えている。特に母親たちにはキャリア形成上の負の影響が強く、そのため、従業員の離職を食い止め、働きやすさを増すにはファミリー・フレンドリー施策を講じ、ＷＬＩへの後押しをする必要がある。このような観点から、保育サービスの支援は企業にとって「投資」だと考えられるのである。

（3）優良企業のワークライフ・インテグレーション水準

優良企業は先進的にバックアップ以上のさまざまなＷＬＩへの取組みを行っている。企業は生き残るために優れた人材を獲得する必要がある。そのためＷＬＩの重要性を理解する企業は、状況に見合ったサービスを提供することにより、手厚い子育て支援を行う傾向にある。

たとえばバックアップケアのある企業は全体ではわずか四％であるが（The Society for Human Resource Management, 2018）、『ワーキングマザー』誌の優良企業一〇〇ランキングにランクインするような企業の九一％はバックアップケアを提供している（Bright Horizons, 2018）。また Mercer（2019）の調査によると、有給休暇は主流になりつつある。有給で育児休暇を提供している企業は、同社二〇一五年の調査での二四％から四〇％と増加した。二〇一五年夏には、アメリカ西海岸を中心としたＩＴ業界で変革が生じた。ビデオ・ストリーミング大企業のネットフリックスや、ソフトウェア企業のマイクロソフトやアドビなどが次々と有給の育休制度を打ち出している。

ＩＴ企業や先進的マインドを持つ企業では、そのほかどのような内容や特徴を持つＷＬＩ支援があるのだろうか。「残業ほぼ無し」「フレックスタイム」「フレックスプレイス（在宅勤務や職場以外の場所での勤務）」のような制度は一般的で定着している。フレックスタイムは従来の午前九時〜午後五時という勤務時間からより柔軟にニーズに合わせて勤務時間を調整できる制度で好まれている。たとえば、朝、子どもを保育所などに預けてから出勤する形態や、従来午後五時だった「定時」よりも早く帰宅する形態などが可能である。時間単位の休業制度も普及し、フレックスタイムを利用できる職場では残業は稀であることが多い。また、フレックスプレイスでは職場に限らず仕事の場所を自由に選ぶことができる。フレックスプレイスは、特にＩｏＴ機器やテクノロジーの進化によって一気に一般化した。

慣習的なものには以下のような内容がある。朝食を取りながらのビジネス会議や昼食時の「パワーランチ」は時間を効率よく使いビジネスを進める上で効果的である。ＴＧＩＦ（花の金曜日）に始められたドレスコード（服飾規程）の緩和は、通常の勤務日にも広がり、曜日を問わずカジュアルな服装が受け入れられるようになった。さらには、個人的な内容も職場領域で経験されている。たとえば、個人の誕生日をサプライズで同僚たちが職場で祝う慣習や新生児を連れて同僚や上司に報告しに来る慣習などが見られる。

職場環境でもＷＬＩのさまざまな支援が見られる。企業内保育所、職場での仮眠制度、職場でのエクササイズ、ジム、ヨガ、その他の文化的レッスンなども見られる。遊び感覚のある綺麗な職場空間でイヤホンをつけて好きな音楽を聴きながら、好きなアイテムや家族の写真を机に並べたキュービクルやオープンな空間で「まるで家にいるかのようにゆったりとマイペースで働く」光景は珍しいものではなくなった。無料、あるいは良心的な価格でランチやスナックが提供され、美容・理容、クリーニング、クリニックなどの医療など、生活領域が職場環境に用意されているところも多い。

このような制度、慣習、環境は企業に根づいた柔軟な文化の表れである。個人が快適に働ける環境や制度を創り、その環境・制度の中で個々の能力を発揮し、イノベーティブな働き方をする企業文化が形作られてきている。それらは厳しい労働で生じるストレスを緩和させ、職場での快適さを増し、時間を効率良く使い無駄を省くことにより生産性を上げることに役立つ。新しい発想・手法やイノベーションも起こりやすくなるだろう。

そのほか、転勤時の考慮、キャリア支援、自己学習支援、育児・介護情報サービスなど、さまざまな制度がある。このようなＷＬＩ支援は企業シリコンバレーやサンフランシスコ周辺、あるいは優良企業ランキングに入る企業においてよく見られる。ＷＬＩでの育児支援は従業員にとっても恩恵をもたらすが、企業にとっても利益をもたらす双方向の関係を生み出している。職場での居心地の良さや企業文化は魅力的な職場を創る要因であり、ＷＬＩに取り組む企業には優秀な人材が引き寄せられる。そのためＷＬＩ支援は優良企業の重要な要件の一つなのである。

3　連邦政府はワークライフ・インテグレーションを後押ししているか

(1)　ＦＭＬＡ政策：個人・市場型からワークライフ・インテグレーションへの希求

子育て危機にあるアメリカは政府の支援を求めている。そこではまず法規制が前提となる。育児支援に係るアメリカ連邦法で、主たる連邦政策は家族医療休業法（Family and Medical Leave Act: FMLA）である。ＦＭＬＡは家族が病気や世話を必要とする際の休暇取得を定めている。ここでいう家族とは、親（実の親、養父・養母、実親の配偶者、法律上の保護者）を指すが、従業員自身の配偶者の親（いわゆる「義理の親」）は含まない。子は一八歳以下の実子、養子、里子、配偶者の子、法律上の子、または精神障害、身体障害により「日常生活上」自立困難な扶養する一八歳以上の子を指す。配偶者は、州法で認められている婚姻上の夫あるいは妻を指す（カリフォルニア州では配偶者とは、同性・

異性間両方のパートナーを指す）。

対象は、半径七五マイル以内に五〇人以上の従業員を有する事業主のもとで、休業取得までの一二カ月間、最低一二五〇時間（残業を含む）の勤務経験がある従業員で、休業後は同一か同等のポジションへの復帰を保障している。しかし、FMLAの休業取得期間はわずか一二週間で、後述の二〇二〇年までは「無給」であった。このようなFMLAの内容は従業員たちのニーズを反映したものとは言い難い。

FMLAの運用と有給化はアメリカのWLI領域での主要課題である。NPWF（2020）によると、アメリカの有権者の八四%は、新しい子ども（新生児、養子、里子）や重病か負傷、障害のある家族や自分自身の健康上のケアをするためにすべての働く人々を対象とした有給の家族・医療休暇政策を支持している。にもかかわらず、アメリカの労働者のうち雇用主を通じて有給のFMLAを利用できるのはわずか一九%であり、また連邦制度による無給のFMLAの利用度は六〇%以下で取得は難しい。

（2）有給の育児休業保障へ

アメリカは先進国中、唯一国家政策として有給の育児休業保障を有さない国家であった。それは同国の政策が政府主導で社会保障を提供する国家福祉型ではなく、市場で就労を通じて雇用主が個人へ提供する「個人・市場型」をベースとしているためである。FMLAは一九七八年の妊娠差別法（PDA）の通過を支持したNPOの女性と家族のための全米パートナーシップ（The National Partnership for Women and Families: NPWF）により原案が作成されて通過に至ったが、その後一九九三年の成立までには、統一的有給家族休暇を目指して何度も繰り返し成立を試みるが難航を極めてきた。

その背景にはＦＭＬＡに対する政党の考え方の差異がある。概して経営陣や富裕層を支持母体に多く有する共和党と、労働者層・マイノリティを主とする民主党ではＦＭＬＡに対してのスタンスが異なる。ＦＭＬＡはその前身である一九八四年のＦＥＳＡ案の議論を経て、新法案として一九八六年に両議院を通過したが、ジョージ・Ｈ・Ｗ・ブッシュ大統領（共和党政権）に二度（一九九〇年・一九九二年）拒否された経緯を持つ。共和党支持母体の企業経営者への配慮や国家経済への影響がその理由であった。

しかし、ビル・クリントン政権（民主党政権）発足後、直ちに（一九九三年一月）ＦＭＬＡは署名され、法として誕生した。その後二〇〇五年には、商工会議所や全米製造業協会（National Association of Manufacturers）や人事経営協会は、他の業界団体とともにＦＭＬＡにより生じうる問題を懸念しＦＭＬＡの規模縮小へと動いた（Skrzycki, 2005）。

二〇〇八年一月にはＦＭＬＡ修正の「アメリカ国防権限法（the National Defense Authorization Act for FY 2008: NDAA）」がジョージ・Ｗ・ブッシュ政権期の議会を通過し、翌年（二〇〇九年一〇月三〇日）、共和党多数派議会のバラク・オバマ政権（民主党政権）によって軍従事者の家族を対象とした内容で調印された。家族問題は共和党にとっても重要な議題ではあるが、その家族政策はＦＭＬＡや後述の二〇二〇年施行のＦＥＰＬＡを含め、軍従事者に主眼を置いた「国家防衛」の枠組みで推進される傾向にある。

アメリカでは、統一政策は連邦制度によるが、実質的政策は各州により決定される。連邦制度で統一するには、全企業での規程の統一が必要で容易ではない。また、統一政策とならない部分は地方自治体により補填できるとも考えられている。そのため、政策は州や都市の自治に委ねられ、有給化が実現している州やサンフランシスコ（二〇一六年）などの都市がある一方で、実現していない州があり、推進状況はさまざまに異なる。州がＦＭＬＡを拡大、有給化しているか否かは、その州が民主党多数か、強硬な利益団体と女性議員が存在するかが強い要因として影響している（Kashen, 2019, p. 3）。

有給家族医療休業保険法（State Paid Family and Medical Leave Insurance Laws）として家族医療休業の有給化を達成した最初の州はカリフォルニアであった。同州では二〇〇二年に障害保険プログラム（State Disability Insurance program: SDI）が創設され、有給家族休業（California's Paid Family Leave: CPFL）が保障された。取得期間は当初一二カ月中に六週間であったが、二〇二〇年七月一日からは延長されて八週間となった。

運営はカリフォルニア雇用開発省（Employment Development Department State of California: EDD）があたる。同省によると、財源は保険加入者従業員の給与天引き（従業員給料の〇・九％を税徴収）により、企業負担はない。二〇二〇年度基準では、低所得者（四半期の収入が九二九ドル以下）は週五〇ドル、九二九～五七四一・六六ドルの中間所得者は週賃金の約七〇％が、そして五七四一・六六ドル以上の高所得者は六〇％が支給される。出産した女性にはさらに六週間の手当が支給される。加えて二〇二一年一月一日付けで有給家族休業は「軍事関連」での海外赴任による休業にも適用されることになった（EDD, 2020）。

バラク・オバマ大統領は全州でＦＭＬＡの有給化に努めた。オバマ・バイデンの公約は、ＦＭＬＡ

有給化政策により生じた費用を連邦基金の一五億ドルにより補塡するという内容であった。二〇〇九年にその内容を実現する家族支援プログラムを実施する連邦分配金を州に授与する「家族収益対応大幅移行法（the Family Income to Respond to Significant Transitions Act）」の法案（H. R. 2339）がリン・ウールジィ（Lynn Woolsey）下院議員（民主党カリフォルニア州選出）により提案されたが、下院のワークフォース・プロテクション小委員会で反対され実現しなかった。オバマ大統領は二〇一一年度、州の有給休暇基金として五〇〇〇万ドルを提案したが議会で承認されず、再度二〇一二年度に二三〇〇万ドルを提案したが、結局は共和党が席捲する議会を同法案が通過することはなかった（Taylor, 2011）。

それでも、このオバマ政権のイニシアチブに同調し、歩みを進めた州もあった。ニュージャージー（二〇〇八年）、ロードアイランド（二〇一三年）、ニューヨーク（二〇一六年）、ワシントンDC（二〇一七年）、ワシントン（二〇一七年）、マサチューセッツ（二〇一八年）、そしてコネチカットとオレゴン（それぞれ二〇一九年）の九つの州である（図表３－３）。ワシントン州は六年間の審議を経て二〇〇七年に同法の六週間の有給化と週二五〇ドルの賃金保障を可決後、二〇〇九年一〇月に発効したが、予算の関係ですぐには実施されず延期された。しかし、ようやく二〇一九年一月には掛け金が、二〇二〇年一月には給付が施行される運びとなった。

このように、ＦＭＬＡの有給化も時間をかけて徐々に進展している。最初に有給化を果たしたカリフォルニアではさらに推進キャンペーンが繰り広げられている。法律（SB 83）は二〇一九年六月二七日、ニューサム・カリフォルニア州知事により承認され、同法により前述の六週間から八週間への

図表3－3　州ごとの有給家族医療休業保険法（2019年8月時点）

	成立年	施行年月	拡大改正	改正後施行
カリフォルニア	2002	2004年7月	2016年 2017年と2019年	2018年 2020年
ニュージャージー	2008	2009年	2019年	2019年と2020年
ロードアイランド	2013	2014年1月		
ニューヨーク	2016	2018年1月		
ワシントンD. C.	2017	2020年7月		
ワシントン	2017	2019年1月（掛け金） 2020年1月（給付）		
マサチューセッツ	2018	2019年7月（掛け金） 2021年1月（給付）		
コネチカット	2019	2021年1月（掛け金） 2022年1月（給付）		
オレゴン	2019	2022年1月（掛け金） 2023年1月（給付）		

出所：National Partnership for Women & Families, State Paid Family and Medical Leave Insurance Laws（2019年8月）（https://www.nationalpartnership.org/our-work/resources/economic-justice/paid-leave/state-paid-family-leave-laws.pdf）

期間延長がなされたが、それに加えて、子の誕生や養子縁組をした両親に対する有給家族休暇を二〇二一～二二年までに六カ月へ延長する提案や、高所得者でない所得層の現行の支給額を七〇％から九〇％に増額するための取組みも見られる。このように、よりトータルなWLIのサポートを希求しながら、アメリカは次のステップを目指している。

（3）連邦政府職員有給休業法：連邦制度初の有給休業

二〇一九年一二月、米下院で七三八〇億ドル規模の国防予算を定めるNDAA案が可決されて、連邦政府職員への最高一二週間の有給育児休業を付与する「連邦政府職員有給休業法（Federal Employee Paid Leave Act: FEPLA）」（二〇二〇年一〇月一日施行）が合意された。連邦制度として長く有給の休業法がなかった政府としては一定の成果を収めたことになる。

しかしながら、同法の対象は民間労働力の一％程度の一握りの連邦政府職員であり、民主党員が当初提案していた内容の、連邦政府職員のみならず「全労働者を対象」とすることや、「家族および自分の病気の際の取得」は除外される結果となった。アメリカの子育てに関する窮状に鑑みれば、今後すべての家族を対象とした方向でFMLAの有給取得が推進されて行く兆しはあるが、多額の予算が必要となるため、国家政策として実際にすべての家族を対象にできるか否かが今後の焦点と課題になる。WLIの政府の後押しは一挙にはいかずに相当な時間を要するが、少なくとも一歩ずつ進展の足取りを見せている。

4　パンデミックで変わるワークライフ・インテグレーション

(1) 子育て危機の悪化

二〇二〇年一月、絶滅危惧種と言われた働く親たちの窮状をさらに悪化させる出来事が起こる。全世界的で「戦い」とも言われるコロナウイルスのパンデミックの発生と蔓延化である。これにより生活は一変した。特にアメリカの状況は世界水準でも非常に過酷で、WHOによると世界最大の感染国となった[2]（二〇二一年五月時点）。二〇二〇年三月からコロナは深刻化し、学校や保育所も閉鎖となって、保育提供側ではわずか一一％のみが支援なしでも閉所せずにいられる状況で（NAEYC, 2020）、換言すれば八九％の保育提供が危機的状況にあった。アメリカ商工会議所財団（U.S. Chamber of Commerce

図表3－4　利用保育方法の割合

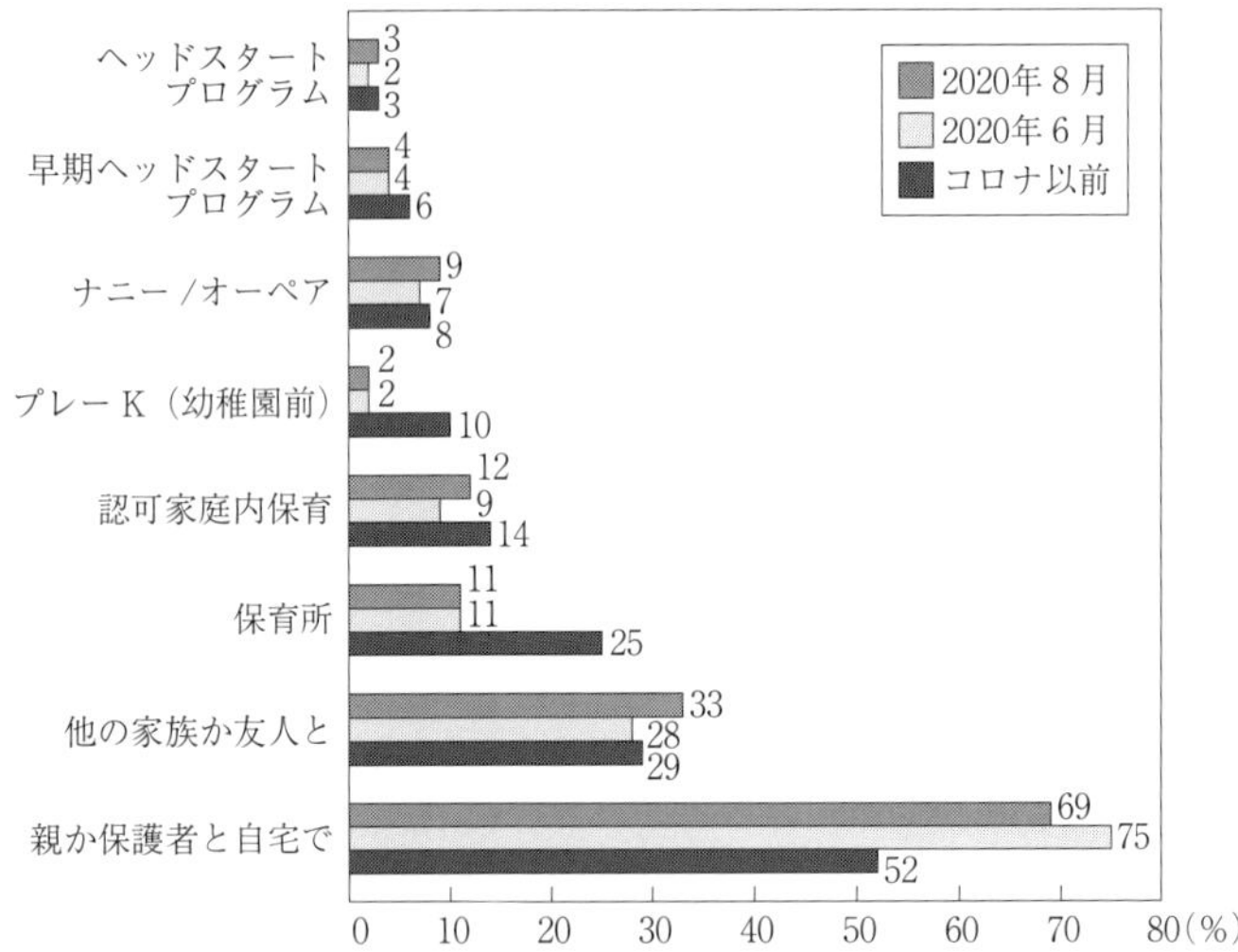

出所：U.S. Chamber of Commerce Foundation "Piecing Together Solutions: Returning to Work and the Childcare Dilemma" Vol. 04/Working Parents, Childcare, and COVID-19, October 2020, p. 3.

Foundation, 2020）によると、コロナ禍により多くの保育所が閉所となり、開所できた保育所は子どもとスタッフの安全のため、運営費用は増加したが、預かり人数制限のために収益が減少した。

多くの子どもたちと親たちの両方が家庭内に留まり、リモート生活を強いられ、親たちは家庭内での子どもの世話と仕事を切り盛りすることになった。上記財団が二〇二〇年六月と八月に行った調査によると、六七％の親はコロナ禍で保育方法の変更を余儀なくされ、その多数が保育の一時的な変更を行い、六三％は来年再度保育方法を変更しなければならないと考えている。

利用している保育形態でもっとも多いのはコロナ以前も以後も自宅内で親

か保護者によるものである。コロナ以前は五二％であったが、六月の緊急時は七五％、八月は六九％とコロナ以前よりも増加している。自宅でそれ以外の家族か友人による保育は、コロナ以前は二九％、八月は三三％であった。認可されている家庭内保育はコロナ以前から少ない割合の一四％でコロナ期も一二％である。頼みの綱である保育所はコロナ以前には二五％であったが、閉所かサービスの限定により一一％に減少してしまった。その他（ヘッドスタートプログラム、早期ヘッドスタートプログラム、ナニー／オーペア、プレーＫ）は一〇％以下と極めて少ない（Ibid., 2020）（図表３－４）。

六一％の親たちは職場復帰し、二六％は復帰予定で、一三％がしそうにないか、わからないといった状態であった。職場復帰していない親の五〇％は保育を理由に挙げ、また、三〇％の親は学校がオンライン教育を採用するなら職場復帰できないと答えている。コロナにより生活は一変したが、働く親たちはこのような保育の苦境に直面した。問題は、少なからぬ親が職場復帰の見通しを持てておらず、かつその半数が「保育を理由に挙げている」ことである。また、オンライン授業で子どもが自宅にいることになると、自宅外で働く労働者で他に保育方法がない者は職場復帰ができない（Ibid., 2020）。コロナ禍の状況では、自分のみで仕事と生活のバランスを取るＷＬＢには大きな限界があった。非常時・緊急時には社会支援が不可欠であり、ＷＬＢを超えた包括的なＷＬＩの必要性を痛感することになったのである。

（２）家族第一コロナウイルス対策法

そのような状況下で、コロナウイルス支援・救済・経済安全保障法（Coronavirus Aid, Relief and

Economic Security: CARES）が二〇二〇年三月六日に成立し米国連邦法となり、これにより教育機関をはじめ、米国経済のさまざまな面で金銭的補償および支援を提供することになった。また、同法下での第二弾として家族第一コロナウイルス対策法（Families First Coronavirus Response Act, 以下ＦＦＣＲＡ）が成立し（同年三月一八日）、予算規模一九〇〇億ドルをかけて保育サービスを利用できなくなった親たちに失業給付を付与することになった。

米国労働省によると、家族第一コロナウイルス対策法の内容は以下のとおりである（U.S. Department of Labor, Wage and Hour Division, 2020）。従業員はＦＦＣＲＡ下でコロナウイルス関連の理由により、有給の病気休暇か拡大ＦＭＬＡを取得できる（二〇二〇年一二月三一日までの適用）。同法は労働省の賃金労働時間部（ＷＨＤ）により管理、施行される。具体的な有給休暇は、次の通りである。

・従業員はコロナウイルスに罹患し診断を受けているか、隔離されて働くことができない場合、通常の賃金で二週間（最大八〇時間）の有給病気休暇。

・従業員が（連邦、および州、または地方自治体の医療提供者の命令または助言により）隔離対象者の世話をして働けない場合、あるいはコロナウイルスで学校や保育提供者が閉鎖されたか利用できないために（一八歳以下の）子どもの世話をする場合、あるいは財務長官・労働長官と協議して保健福祉長官によって指定された状態と実質的に同様の状態を経験しているために働けない場合、従業員の通常の賃金率の三分の二で二週間（最大八〇時間）の有給病気休暇。

・さらに、（少なくとも三〇暦日雇用されている）従業員が、学校や保育者がコロナウイルスにより閉鎖か利用できず子どもの世話をする必要がある場合、従業員の通常の賃金率の三分の二で、追加で最大一〇週間の有給ＦＭＬＡ。

隔離されたか、コロナに感染した場合には、通常の賃金レートか適用される最低賃金のいずれかの高い方で、一日あたり五一一ドル、（二週間にわたる期間中）総額五一一〇ドルを受給できる。また、隔離者の世話などで休暇を取る従業員は、通常のレートの三分の二または適用される最低賃金の三分の二（一日あたり二〇〇ドル、総額二〇〇〇ドル）（二週間にわたる期間）受給できる。さらにコロナで保育施設が閉所になったか、あるいは保育業者がいなくて子の世話をする場合には、通常のレートの三分の二または適用される最低賃金の三分の二（一日あたり二〇〇ドル、集計で一万二〇〇〇ドル）で一二週間にわたり受給できる（U.S. Department of Labor, Wage and Hour Division, 2020）。

このＦＦＣＲＡは政府がＷＬＩ支援を行った形ではあるが、いくつかの課題を抱えている。一つには、失業給付の認定は実施母体である州により異なる点である。第二に、失業給付が付与されなければ、保育サービスを見つけなければならないが、それは至難の業である。実際アメリカの働く親たちの六〇％が保育や学校が閉所・閉校で代替が得られず、コロナ以前よりもほぼ倍の時間を家庭内での子どもの教育と家事に費やすことになった（Krentzu et al., 2020）。第三点は、従業員数が五〇人未満の中小企業は、この恩恵にあずかれない可能性がある。休暇取得によって企業の存続可能性が危険にさらされてしまう場合は、学校の閉鎖や保育利用不可能でも休暇取得の提供免除となる可能性がある。このような課題を抱えてはいるが、政府によるＷＬＩ支援はもたらされたのである。

（3）救済への動き

ジョセフ・R・バイデン大統領（当時は候補者）は、二〇二〇年七月大統領選挙中に働く両親と介護者を支援するために、以下の内容を含む七七五〇億ドルの計画を発表した。コロナ禍の窮状を乗り切るために、莫大な支援を断行する決意である。その内容とは、コロナ禍で私的資金でのみ運営されていて閉所の危機にある保育所の救済、そして女性就労を促進する三、四歳の幼稚園入園前「プレーK：四歳児クラス」の国家制度の提案である。

また、幼い子を持つ親で一二万五〇〇〇ドル未満の所得世帯を対象に子ども一人あたり八〇〇〇ドルから最大一万六〇〇〇ドルの育児税控除も提案し、これにより州の収入の中央値の一・五倍未満の所得世帯は補助金給付のある保育サービスを選択でき、育児費用は収入の七％以下となる見込みである。さらに、最低所得者については費用負担が無料となる（Miller, Goldmacher and Kaplan, 2020）。これらの政策が実際に実施されるか、また実施されたとして一定の効果が出るかはバイデン政権の動向により判明することになる。

（4）新たなるワークライフ・インテグレーションへ

アメリカの子育て危機の経験は以下の重要な点を教示した。

第一点は、個人、企業でＷＬＢを進めてきたアメリカではあるが、ＷＬＢの限界が明確になっているという点である。子育ては危機にあり、働く親たちは絶滅危惧種と言われるほどの窮状に瀕している。民間部門の従業員で有給の家族休暇を取得しているのは、わずか二〇％である（U.S. Department of Labor, U.S. Bureau of Statistics, 2020）。前述のママゾニアンのケース同様に、保育サービスの充実を求める声も大きい。企業がけん引役としてＷＬＩ支援を行うことは極めて重要である。ＩＴ業界での取組みによって時代の潮流が変わる部分は大きい。

第二点は、子育ての窮状を打開する方向で政府のイニシアチブが強くなったことである。子育て危機は二〇二〇年の大統領選でも政策焦点になり、連邦制度で全労働者を対象として有給の育児休業や保育サービスを有さないアメリカでは、その役割は州か自治体に委ねられ管轄となるか、企業に委ねられて企業がけん引役となることが多い。

アメリカの有給の家族休暇については共和党と民主党のスタンスによって推進手法が分かれる。共和党は有給家族休暇推進を国家防衛の枠組みで行い、施策は税控除を提唱する傾向がある一方、民主党はあらゆる階層の人々を対象とし、政府支出を伴う全国的連邦政策を目指す。家族支援の有給化はそれが大統領選を意識した動きであれ、コロナ禍によってであれ、窮状打破の推進力となったことに間違いはない。先進国で唯一、国家レベルでの有給休業制度を有していなかったアメリカが、連邦政府職員を対象に初の有給休業が開始させ、コロナ禍の渦中に支援策を講じ、窮状打破の一歩を踏み出したのである。

第三点は、ＷＬＩを行う企業の水準についてである。従業員ニーズを理解し、ストレスを減少させ、働きやすさをもたらす労働条件や環境を創り出すことが要求されている。ＩＴ企業や先進的マインドを持つ企業では、そのようなＷＬＩ支援を整えて、優秀な人材を確保しようとし、一般的な企業水準を上回るＷＬＩ支援や働きやすい職場環境や文化を有している。

そして最後にＷＬＩを推進する主体が個人、企業、そして政府であるということである。以前のアメリカでは、個人をベースとして企業社会の枠組みの中でＷＬＢを推進した。しかし、子育て費や教育費、住宅費などの生活費は膨大で、個人の生活を圧迫するものである。アメリカは世界一の経済大国であり、テクノロジー、教育、文化など多分野で世界をリードしている。その社会を支えるＷＬＢのベースには経済安定が不可欠であるが、実際にはＷＬＢを支える経済基盤が圧迫される窮状があった。

そのため、個人、企業の努力だけでは限界があり、社会全体としてＷＬＩを考える際には、あらゆる労働者が恩恵を得るために政府の介入が必要であった。ベースとなる法整備は七転び八起きのトライアルの連続であった。それは政党の攻防によるものであった。しかし突破口は予期せぬコロナウイルスのパンデミックによる社会混乱によりもたらされた。ＷＬＢの限界はコロナ禍によって増幅され、政府の介入を余儀なくした。それでもなお、子育て危機は窮状を極めた。学校や保育所は閉校・閉所となり、リモートワークを中心とした生活となった。しかし、保育サービスの代替を得ることは極めて困難であった。

子育て危機やコロナ禍といった苦境によって、政府の支援介入が見られ、それまでのＷＬＢの限界は社会全体でのＷＬＩへと移行の兆しを見せている。職場組織や政府の支援により、保育改革、新たなるＷＬＩへの転換が不可欠である。そのような時代にこれまでのＷＬＢから政府の後押しをともなった、「個人、企業、政府」という三位一体での、より包括的なＷＬＩが一層求められている。

[付記]　本研究は、科学研究費基盤研究(C)(二一K〇一八九二)の成果の一部である。

注

(1)　原文は以下の通り。"how a lack of day care support can derail the careers of talented women who otherwise might be promoted to more senior jobs."

(2)　感染者数は二〇二一年五月二一日時点で累計三三〇八・五万人。世界最大の感染国となり、二〇二一年一月半ばには世界全体の感染者の二五%超がアメリカに集中した。

参考文献

厚生労働省(二〇一四)「平成24年　地域児童福祉事業等調査」。

国民健康保険中央会(二〇一七)「出産費用の全国平均値、中央値」(https://www.kokuho.or.jp/statistics/birth/2017-0620.html　二〇二〇年九月二七日アクセス)。

内閣府政策統括官(共生社会政策担当)(二〇一〇)「インターネットによる子育て費用に関する調査報告書」(https://www8.cao.go.jp/shoushi/shoushika/research/cyousa21/net_hiyo/pdf/gaiyou.pdf　二〇二〇年一月二〇日アクセス)。

中村艶子(一九九九)「米国企業による家族支援の意義」『同志社アメリカ研究』(同志社大学アメリカ研究所)第三五号、七一~八三頁。

中村艶子(二〇一七)「アメリカのワーク・ライフ・バランスと経営」平澤克彦・中村艶子編著『ワーク・ライフ・バランスと経営学』ミネルヴァ書房。

日本政策金融公庫「教育費負担の実態調査結果」(平成27年度)(https://www.jfc.go.jp/n/findings/pdf/kyoui

kuhi_chousa_k_h27.pdf)。

日本政策金融公庫（二〇一九）「平成30年度 教育費負担の実態調査結果」(https://www.jfc.go.jp/n/findings/pdf/kyouikuhi_chousa_k_h30.pdf)。

渡辺峻（二〇〇九）『ワーク・ライフ・バランスの経営学』中央経済社。

Amazon (2020) "Company adds new benefit to support full and part-time permanent Amazon and Whole Foods Market employees, offering 10 days of subsidized child or adult care into early 2021." June 2, 2020 Amazon offers backup family care to 650,000+ U. S. employees (aboutamazon. com) (accessed on November 10).

Ansel, Bridget (2016) "Is the cost of childcare driving women out of the U.S. workforce ?," Washington Center for Equitable Growth, November 29, https://equitablegrowth.org/is-the-cost-of-childcare-driving-women-out-of-the-u-s-workforce/. (accessed on November 1, 2019.)

Baldiga, Maura, Pamela Joshi, Erin Hardy, Dolores Acevedo-Garcia (2018) "Data-for-Equity Research Brief," Institute for Child, Youth and Family Policy Heller School for Social Policy and Management Brandeis University, November, p. 7.

Black, Sandra E., Diane Whitmore Schanzenbach, and Audrey Breitwieser (2017) "The Recent Decline in Women's Labor Force Participation" (Washington: The Hamilton Project, 2017), available at https://www.brookings.edu/wp-content/uploads/2017/10/es_10192017_decline_womens_labor_force_participation_blackschanzenbach.pdf.

Blau, Francine D. and Lawrence M. Kahn (2013) "Female Labor Supply: Why Is the United States Falling Behind ?," *American Economic Review : Papers & Proceedings* 103(3): 251-256, available at https://pubs.aeaweb.org/doi/pdfplus/10.1257/aer.103.3.251.

Bright Horizons (2018) *The Business Impact of Dependent Care Gaps.*

Child Care Aware® of America (2017) "Parents and the High Cost of Child Care", 2017_CCA_High_Cost_Report_FINAL.pdf (childcareaware.org) (accessed on November 1, 2019.)

Child Care Aware® of America (2019a) "The US and the the High Price of Child Care," https://cdn2.hubspot.net/hubfs/3957809/2019%20Price%20of%20Care%20State%20Sheets/Final-TheUSandtheHighPriceofChildCare-AnExaminationofaBrokenSystem.pdf?utm_referrer=https%3A%2F%2Fwww.childcareaware.org%2Four-issues%2Fresearch%2Fthe-us-and-the-high-price-of-child-care-2019%2F (accessed on November 1, 2019.)

Child Care Aware® of America (2019b) Interactive map.

Clement, J. (2020) Statistica, Aug 31, Internet usage in the United States - Statistics & Facts | Statista.

CollegeBoard (2021) "College Costs: FAQs" https://bigfuture.collegeboard.org/pay-for-college/college-costs/college-costs-faqs

Employment Development Department State of California (EDD) (2020) *Overview of California's Paid Family Leave Program 2019* (*DE2530*), DE 2530 Rev. 3 (7-20) (INTERNET).

Haller, Sonja (2019) "Amazon's 'Momazonians' demand back-up day care, say it's costing them promotions" USA TODAY March 6.

Hoffower, Hillary and Taylor Borden (2019) "How much it costs to have a baby in every state, whether you have health insurance or don't" Business Insider Dec 10, https://www.businessinsider.com/how-much-does-it-cost-to-have-a-baby-2018-4#:~:text=The%20cost%20of%20having%20a%20baby%20isn%27t%20cheap%20%E2%80%94%20in, provided%20before%20and%20after%20pregnancy. Dec 10, 2019, および https://ny-benricho.com/life/maternity-expenses/. (accessed on September 25, 2020).

Kashen, Julie (2019) "Let's Expand Paid Leave Following Second "Year of the Woman" The Century Foundation February 05, https://tcf.org/content/commentary/lets-expand-paid-leave-second-year-woman/ (accessed on August 25, 2020).

Krentzu, Matt, Emily Kos, Anna Green, and Jennifer Garcia-Alonso (2020) "Easing the COVID-19 Burden on Working Parents" Boston Consulting Group May 21.

Kubota, So (2018) "Child care costs and stagnating female labor force participation in the US" https://drive.google.com/file/d/18ywB-GrgYcYtocKIBJ7v9ttbUE8UnA2e/view (accessed on September 25, 2020).

Lockwood, Nancy R. (2003) "Work/Life Balance: Challenges and Solutions," 2003 *Research Quarterly* 2, Society for Human Resource Management, p. 2.

Mercer (2019) "The pressure is on to modernize time-off benefits: 6 survey findings" 16 January.

Miller, Claire Cain, Shane Goldmacher and Thomas Kaplan (2020) "Biden Announces $775 Billion Plan to Help Working Parents and Caregivers" *New York Times,* July 21, https://www.nytimes.com/2020/07/21/us/politics/biden-workplace-childcare.html (accessed on August 25, 2020).

National Association for the Education of Young Children (2020) *Child Care in Crisis : Understanding of the Effects of Coronavirus Pandemic,* March 17.

National Partnership for Women & Families (2020) Paid Leave, https://www.nationalpartnership.org/our-work/economic-justice/paid-leave.html (accessed on November 20, 2020).

Palmer, Annie (2020) "Amazon offers 10 days of subsidized backup day care for all U. S. employees until October" CNBC JUN 2 2020 Amazon offers 10 days subsidized backup day care for U. S. employees (cnbc. com) (accessed on August 10).

Skrzycki, Cindy (2005) "Lobbyists Play Tug of War Over Family Leave," The Washingtong Post, April 26.

The Society for Human Resource Management (2018) *2018 Employee Benefits : the Evolution of Benefits.*

Soper, Spencer and Rebecca Greenfield (2019) "Holdout Jeff Bezos Confronted by Amazon Moms Demanding Day Care." Bloomberg March 4, 2019 Holdout Jeff Bezos Confronted by Amazon Moms Demanding Day Care - Bloomberg, (accessed on November 20, 2020).

Taylor, David G. (2011) "Congress isn't going for family leave funding" *Politifact, The Poynter Institute, October 25.*

Timsit, Annabelle and Lila MacLellan (2019) "How the biggest names in tech stack up on backup childcare benefits" The Lives of Working Parents Barklays, March 14, 2019, Amazon competitors with backup childcare: Google, Facebook, Apple, Microsoft — Quartz at Work (qz. com)

U.S. Chamber of Commerce Foundation (2020) "Piecing Together Solutions: Returning to Work and the Childcare Dilemma" Vol. 04/Working Parents, Childcare, and COVID-19, October.

USDA (United States Department of Agriculture) (2017) Center for Nutirition Policy and Promotion, (Mark Lino, Kevin Kuczynski, Nestor Rodriguez, and TusaRebecca Schap) *Expenditures on Children by Families, 2015* Miscellaneous Report No. 1528-2015 January 2017 (accessed on September 20, 2020).

U.S. Department of Labor, U.S. Bureau of Labor Statistics (2016) *American Time Use Survey,* June 24.

U.S. Department of Labor, U.S. Bureau of Labor Statistics (2019) *Women in the labor force : a databook : BLS Reports.*

U.S. Department of Labor, U.S. Bureau of Labor Statistics (2020) *National Compensation Survey : Employ-*

ee Benefits in the United States, March 2020, Table 31. Leave benefits: Access, private industry workers, March 2020.

U.S. Department of Labor, Wage and Hour Division (2020) "Families First Coronavirus Response Act," https://www.dol.gov/agencies/whd/pandemic/ffcra-employee-paid-leave (accessed on September 20, 2020).

Van Dam, Andrew (2019) "Working parents are an endangered species. That's why Democrats are talking child care." Washington Post, February 26.

Vox. com Chavie Lieber@ChavieLieberChavie. Lieber "Moms at Amazon are fighting for child care. The company would benefit from listening." Mar 5, 2019, https://www.vox.com/the-goods/2019/3/5/18252174/amazon-moms-child-care-back-up-day-care (accessed on September 20, 2020).

第4章　労働時間と生活時間の調和を目指して

山本大造

イントロダクション

日本の会社で働く正社員の労働時間が長いことは知られている。それが、ワーク・ライフ・バランスの実現に障害になっていることも。「働き方改革関連法」によって労働時間の上限規制が設けられたが、労働時間短縮への効果は限定的だといえるだろう。もちろん時短は不可欠だが、それだけで家庭責任が公平になることはない。この章では、労働時間や生活時間の観点から何が大切なのかを考えてみたい。

1　ワーク・ライフ・バランスと労働時間

(1) ワーク・ライフ・バランスの重要な視点

「男女共同参画基本計画」[1]の策定に関わり、第四次基本計画では計画策定専門調査会の会長も務めた鹿嶋敬は、その第一部「基本的な方針」の「目指すべき社会」に掲げられた「男女が自らの意思に基づき、個性と能力を十分に発揮できる、多様性に富んだ活力ある社会」にある「自らの意思」の尊重が、きわめて重要な概念だとしている（鹿嶋、二〇一九、一八八～一九〇頁）。近年、ワーク・ライフ・バランス（以下、適宜WLBと略記）への関心は、働く人一人一人が自由意思に基づいて働き方、生き方を考え実践することへ向かっている[(2)]。

しかし、長時間労働を前提とした働き方は、家事や育児、あるいは社会活動といったライフの部分を縮小させる。そこに性別役割分業意識が加わると、「男性は仕事、女性は家庭」という考え方を正当化させることにつながる。ひるがえって、女性が働こうとすると家庭責任の負担から、パートなど「自分の都合の良い時間に働ける」非正規の働き方を選択し、男性はワークに比重が割かれる。こうした働き方は、自らの意思に基づく自由な選択だといえるだろうか。

（2）年間労働時間の国際比較

実際、国際比較で見ると、日本の年間総実労働時間はいまだ長いといえる。労働政策研究・研修機構（JILPT）は、毎年、OECDのデータをもとに労働統計の国際比較を明らかにしている。それによれば、二〇一八年、日本の雇用者の一人あたり平均年間総実労働時間は、一七〇六時間となっている。これは、韓国（一九六七時間）、アメリカ（一七九二時間）よりも短いが、ドイツ（一三〇五時間）、イギリス（一五一三時間）よりも長い（JILPT、二〇一九、二四四頁〔第6-1表〕）。

日本とドイツの間には、年間総実労働時間で四〇一時間の差がある。これを労働週にすると約一〇週分、労働日に置き換えると約五〇日分となる。約五〇労働日というのは、暦月にすると約二・三カ月に相当する。[3] しかし、二〇一七年の一人あたり国民所得を比較すると、日本の二万八二〇〇ドルに対して、ドイツは三万三五〇〇ドルと約一八・八％多いのである（ＪＩＬＰＴ、二〇一九、三二頁〔第１－４－２表〕）。

（3）労働時間の二極化傾向

この日本の年間総実労働時間一七〇六時間というデータは、厚生労働省「毎月勤労統計調査」が根拠となっている。[4] つまり、事業規模五人以上の調査産業計で、「一般労働者」と「パートタイム労働者」の両方を含めた平均値である。ＪＩＬＰＴ（二〇一九、一四九～一五〇頁〔第３－８表〕）は、ＯＥＣＤのデータをもとに「就業者に占める短時間労働者の割合」の国際比較を示している。ここでいう「短時間労働者」とは、「主たる仕事について通常の労働時間が週30時間未満の者」をいう。二〇一八年、日本のそれは、男女計で二三・九％、女性だけに限定すると三八・三％にもなる。先述の国際比較で日本よりも年間総実労働時間が長い韓国の「短時間労働者」の割合は男女計で一二・二％、女性一八・二％、アメリカは男女計で一二・七％、女性一七・二％であった。つまり、「毎月勤労統計調査」の年間総実労働時間は、パートタイム労働者を含む「短時間労働者」の割合の高さによって、押し下げられている可能性がある。

実は、同じ「毎月勤労統計調査」で、「一般労働者」の総実労働時間（一六七・五時間）を年換算すると二〇一〇時間になる。「パートタイム労働者」のそれは、一〇二四・八時間である（八五・四時間×一二カ月）。その差は、九八五・二時間にもなる。

こうした傾向は、一九九〇年代には、すでに指摘されていた。たとえば、森岡孝二（一九九五、八二頁）は、週六〇時間以上の男性の長時間労働者と、週三五時間未満の女性パートタイム労働者の増加傾向をとらえ、「労働時間の性別分化をともなった二極分化にほかならない」と指摘している[5]。厚生労働省が二〇〇八年三月に改正した「労働時間等設定改善指針（労働時間等見直しガイドライン）[6]」でも、「労働時間が長い者と短い者の割合が共に増加し、いわゆる『労働時間分布の長短二極化』が進展している」ことを指摘している。

さらにいえば、性別で偏った雇用形態だけでなく、産業、職種、適用される労働時間管理技法によっても、労働時間の長さはまちまちであろう。それを理解しつつも、日本の年間総労働時間の推移を推計したものが図表4-1である。年によって、データの取り方が一貫しないので、数値は厳密ではないかもしれないが、おおよその傾向は指摘できる。図表4-1は、事業所を対象とした厚生労働省「毎月勤労統計調査」に、労働者本人を対象とした総務省「労働力調査」を重ねてある。本人調査は、男性「雇用者」で「正規の職員・従業員」の平均を示しているので、パートタイム労働者を含めた「毎月勤労統計調査」よりも年間総労働時間は長い。

まず、一九八〇年代の半ばに比べて、年間総労働時間は年々減少してるといえよう。「時短元年」といわれた時期、一九八七年に改正された労働基準法で週四〇時間労働制が本則として規定される以前は、年間総労働時間は二〇〇〇時間を超えていた。その後、事業所調査では一九九〇年代に入ると二〇〇〇時間を割り込むようになり、二〇〇九年以降は年間一七〇〇時間台にまで労働時間の短縮が進んでいるように見える。しかし、本人調査による男性正社員の年間総労働時間は、減少が見られる

図表４-１　年間総労働時間の推移（1985～2019年）

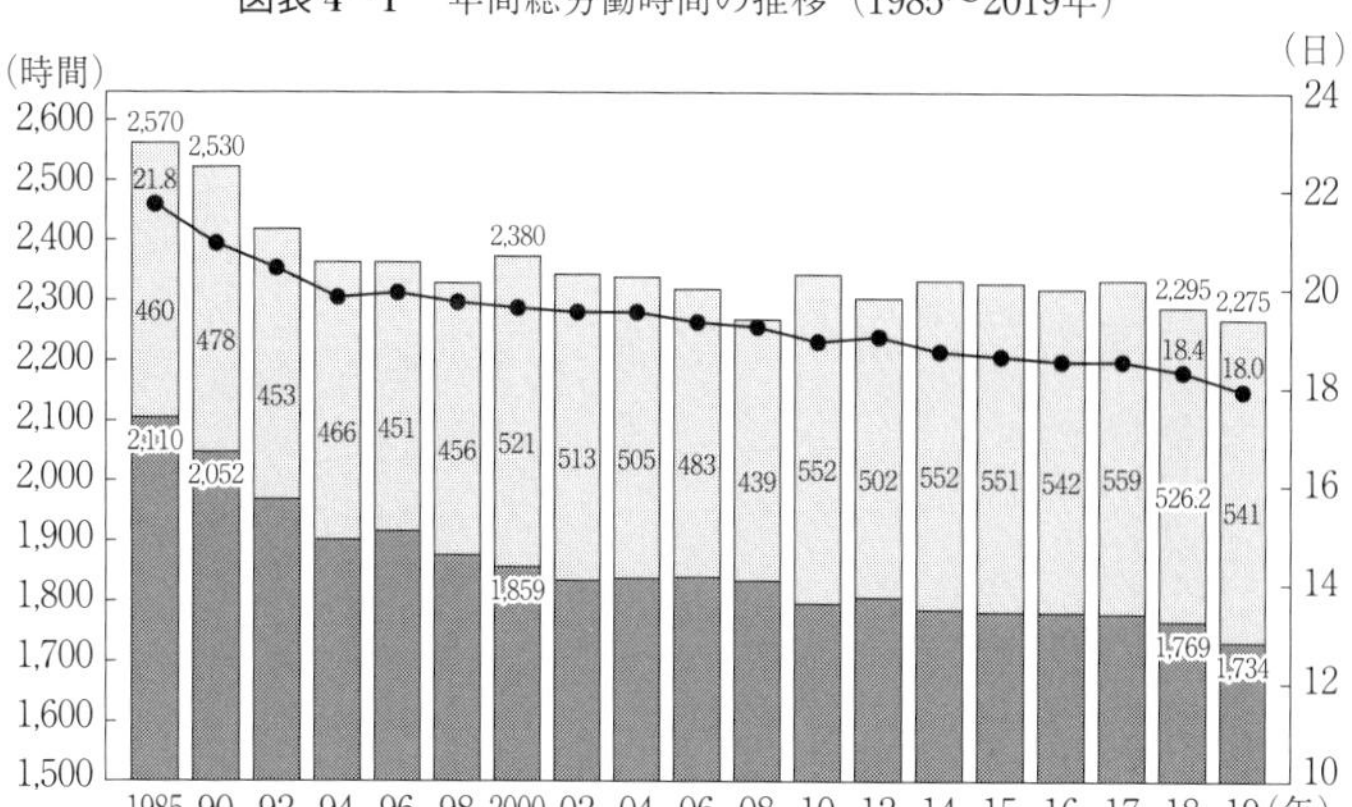

□労働力調査（数値は『労調』－『毎勤』）　■毎月勤労統計調査　─●─月間出勤日数

出所：『労働力調査』の数値は，年平均データより第10表男性「雇用者」「一般常雇」週間就業時間に50（週）をかけたもの（2012年まで）。2014年からは，基本集計第Ⅱ-８表男性「雇用者」「正規の職員・従業員（12）」（総数）の平均週間就業時間に50（週）をかけたもの。『毎月勤労統計調査』の数値は，各年次版「常用労働者１人平均月間実労働時間（産業大分類・産業調査計：30人規模以上事業所）」に12（カ月）をかけたもの（1998年より第２表）。2016年より，参考資料「常用労働者１人平均年間実労働時間及び年間出勤日数の推移」を参照。2018年より全国調査>年次>実数原表>企業規模30人以上（０），男女計（T），雇用形態計（T）。「月間出勤日数」は，『毎月勤労統計調査（事業規模５人以上）』（1998年より第２表）より筆者作成。

ものの、二〇一九年でも二二〇〇時間を超えている。

次に、労働時間の減少は、月間出勤日数の削減とも重なっている。一九八〇年代の半ばから「週休二日制」の導入・普及が進んだことと関係がありそうだ。そして、「労働力調査」と「毎月勤労統計調査」の差は、四五〇時間超～五五〇時間超で推移しており、縮小しているとは言い難い(7)。

それに長時間労働者の割合の多さも、日本の労働時間をめぐる問題の一つである。図表４-２は、総務省「就業構造基本調査」をもとに、おおむね一年を通じてフルタイムで働いている

「正規の職員・従業員」に占める週あたり四九時間以上働く雇用者の割合を示している。

図表4－2に示している週あたり「六〇時間以上」働く雇用者とは、週あたりの時間外・休日労働が二〇時間以上働いていることになり、後述する時間外労働の上限規制（複数月平均八〇時間）を超える働き方である。また、週あたり「四九～五九時間」とは、上限規制の一般則（一カ月四五時間）に前後する働き方である。そして、週あたり「五〇時間以上」とか「六〇時間以上」といった働き方を続けることは、もし脳血管疾患等を発症した場合、業務との関連性が「強まる」または「強い」と評価される一つの目安ともなっている(8)。つまり、図表4－2に現れているのは、労働者の健康や生命に関わる働き方なのである。もちろん、いわゆる「過労死」につながる症状が発症しなくても、健康リスクは高くなる。使用者は、一カ月の時間外労働が八〇時間を超えて、疲労の蓄積が認められる労働者が申し出れば、医師による面接指導を実施しなければならない（労働安全衛生法第六六条の八）。

図表4－2からもわかるように、男性正社員のうち週四九時間以上働く者の割合は、約四割にも及ぶ。そのうち、週六〇時間以上働く者の割合は、一五％を超える。明らかに男性正社員のうち長時間労働者は多いが、女性正社員の二〇％超も週四九時間以上働き、約七％は週六〇時間以上働いている。参考までにアメリカの長時間労働者の割合を示しているが、女性正社員の長時間（四九時間以上）労働者の割合はアメリカのそれよりも多いといえる。

日本の年間総労働時間が長いのは、こうした時間外労働の長い労働者の割合が高いことに加え、年次有給休暇（年休）の取得率が低いこととも関係している。図表4－3は、年休の付与日数、取得日数、取得率の推移を示している。いずれも二〇一七年調査以降、上昇傾向にあるとはいえる。二〇二

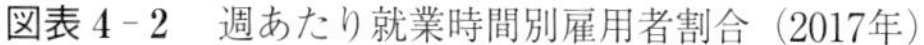

図表4－2　週あたり就業時間別雇用者割合（2017年）

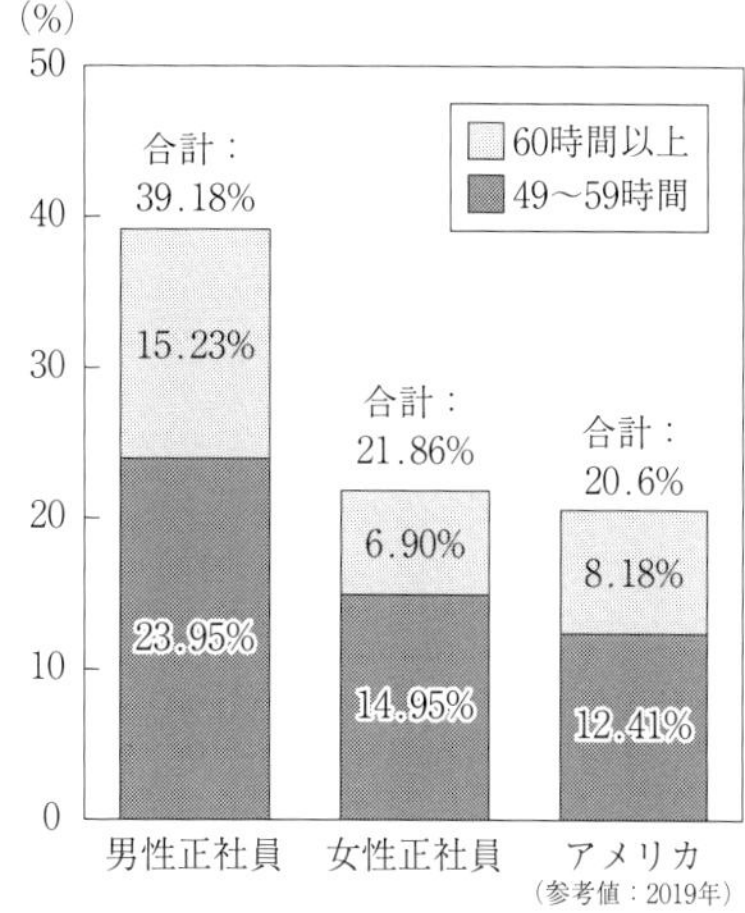

（日本：2017年）
非正規／雇用者数割合
男性：22.3%
女性：56.6%

注：「正社員」は，年200日以上，週35時間以上就業のものを対象とした。正社員に占める週49時間以上の雇用者割合は，「年間就業日数200日～249日」以上を1年間就業しているものとみなして，男女別に「週間就業時間」区分35時間以上，「正規の職員・従業員」欄から推計している。非正規割合も，「就業構造基本調査」第4表より算出している。

出所：総務省「平成29（2017）年 就業構造基本調査」第4表（2018年7月13日公開）より筆者作成。アメリカは，参考値（2019年）として次を参照した。U.S. Bureau of Labor Statistics “Labor Force Statistics From the Current Population Survey” 19. 非農業部門（2020年1月22日公表）http://www.bls.gov/cps/cpsaat19.htm より（2020年12月24日閲覧）。

図表4-3　年次有給休暇の取得率の推移（1990～2020年）

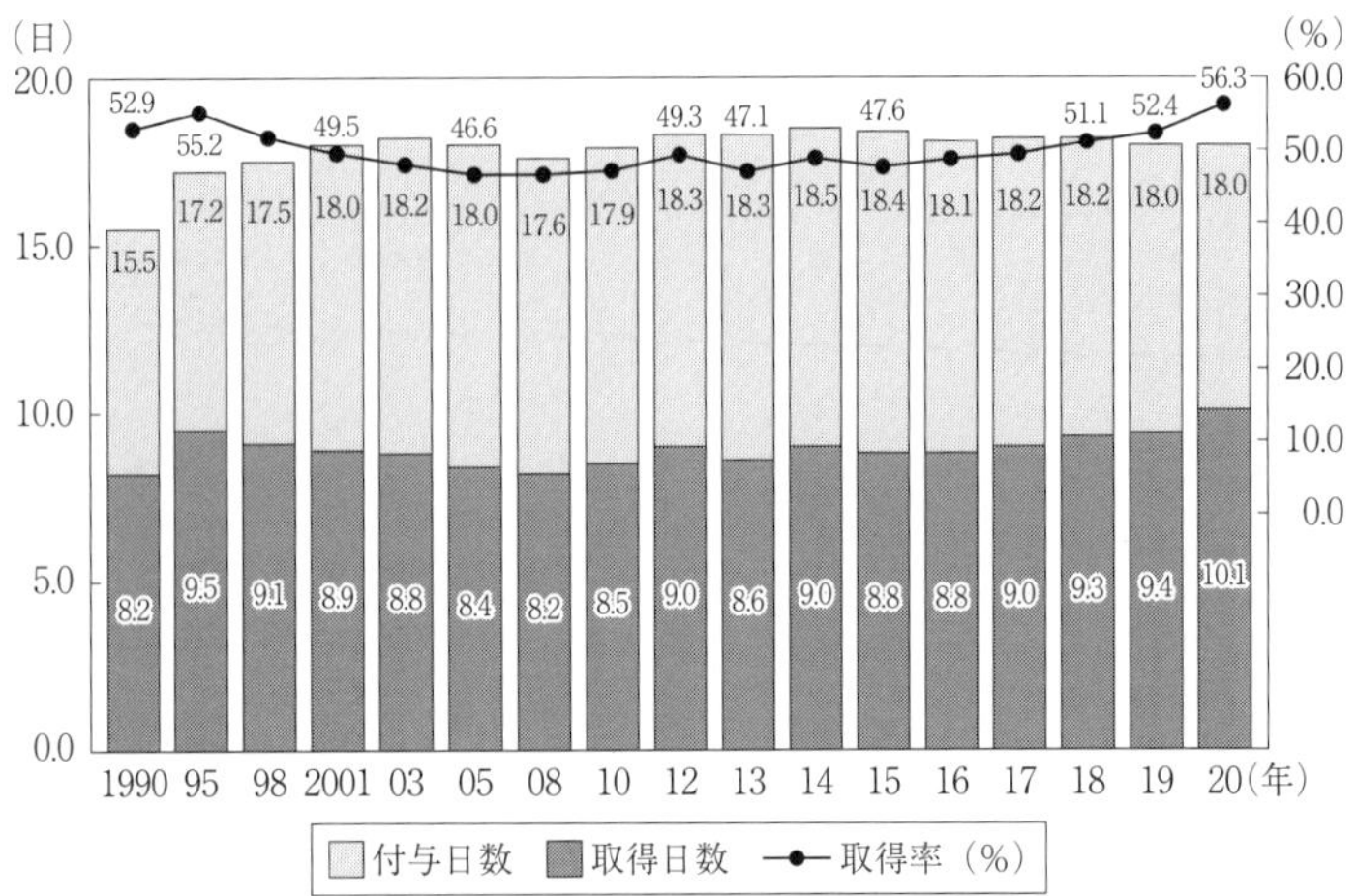

注：図表中の年は，調査年次。実際は，前年または前年度，1年間の付与日数，取得日数，取得率を示している。

出所：厚生労働省「就労条件総合調査」各年版 第5表（時系列11表～13表），「調査産業計」より筆者作成。

〇年調査で、それぞれ「過去最多」「過去最高」となっているが、取得率でいうと一九九五年調査の五五・二％とわずか一・一％の差でしかない。

それに、性別、企業規模や産業によって年休の取得率は異なる。同じく二〇二〇年調査では、女性の取得率が六〇・七％なのに対して、男性の取得率は五三・七％であった。一〇〇〇人規模以上の大企業の取得率は六三・一％なのに対して、三〇～九九人規模の中小企業は五一・一％であった。もっとも取得率の高い電気・ガス・熱供給・水道業は七六・八％、次いで郵便局や農協・漁協を含む複合サービス事業は七二・七％なのに対して、宿泊業・飲食サービス業は四一・二％、卸・小売業は四四・七％と開きがある。[9]

（４）望ましい労働時間短縮の形

ＷＬＢを確保するためには、年間総労働時間を短縮するだけでは不十分である。ましてや、「二極分化した」労働時間を平均化した年間総労働時間の形の上での減少では、あまり意味がない。人々の暮らしは、毎日の積み重ねだからだ。各自然日、各暦週、各月、各年での労働時間を短縮して初めてＷＬＢが確保できる。

それに、家族形成期、子育て期、家族の介護やケアといったライフステージごとで、それぞれの必要に応じた生活時間が確保できなければならない。特に子育て期にある人にとっては、「出勤時間は決まっているのに、いつ帰れるかわからない」ような残業の多い働き方は、日々の生活にとって大きな障害となる。子どもや親世代、病気を抱えた家族は、突然熱発したり、体調が変化することも多い。家族をケアするためにも、本来与えられた年休はいつでも取得できるようになっていないといけない。だが、これまでのような働き方では、「二極分化」構造の中で、労働時間が高止まりしていてＷＬＢの確保を困難にさせていた。

2　ワーク・ライフ・バランスと「働き方改革」

（１）「働き方改革」への期待と上限規制の内容

二〇一八年六月に「働き方改革関連法」が可決成立して、労働基準法が改正され、労働時間管理に関するルールも変わった。改正項目は多岐に及ぶが、主な改正点は、①時間外・休日労働の上限規制、

②年休の確実な取得に向けた使用者の義務、③高度プロフェッショナル制度の創設、④フレックスタイム制の精算期間延長、⑤勤務間インターバル制度普及に向けた努力義務が挙げられるだろう[(10)]。

それらのなかでも、①時間外・休日労働の上限規制は、「労働基準法七〇年の歴史の中での大改革」といわれている。それまで、時間外労働の限度は、厚生労働大臣告示で「目安」は示されていたが、三六協定（特別条項付協定を含む）を締結していれば、使用者に罰則が適用されることがなかったからである[(11)]。それが「働き方改革関連法」によって、労働基準法の本則に格上げされ、上限を超えて働かせた場合、使用者に罰則が適用されることになった[(12)]。

上限規制は、労使に「働き方改革」を周知させ、労働時間短縮に向けた意識づけを行う効果はあるだろう。しかし、労働政策審議会の建議にあるような「過労死等ゼロ」、ＷＬＢの実現、「女性や高齢者が働きやすい社会に変えていくため」に、長時間労働の是正につながるかといえば、頼りない内容になっている[(13)]。

図表４－４は、時間外・休日労働の上限規制をまとめている。

図表中、左の欄には、労働基準法第三二条による一日、および週の労働時間の本来の制限を示している。つまり、「使用者は、労働者に、休憩時間を除き一週間について四十時間を超えて、労働させてはならない（第１項）」。「一週間の各日については、……一日について八時間を超えて、労働させてはならない（第２項）」。その右欄は、一九九八年の労働省告示による時間外労働の限度基準である。三六協定は、この限度基準の範囲内で定めることが労使双方に求められていた。ただし、時間外労働の限度基準には、一日についての限度は設定されていなかった。その右側に、二〇一九年度から（中

図表４－４　時間外・休日労働の上限規制と労働時間の総枠

期間	本来の制限（労働基準法第32条）	告示による限度基準[2]	上限規制（一般則）	上限規制（臨時的特別な事情がある場合）[3]	労働時間の総枠
１日	８時間	なし	なし	なし	なし
１週間	40時間	15時間	なし	なし	55時間～なし
１カ月[1]	171～177時間	45時間	45時間（休日労働含まず）	100時間未満（休日労働含む）	216時間～277時間未満（休日労働含む）
（複数月）		２カ月81時間 ３カ月120時間		平均80時間（休日労働含む）	平均254時間（休日労働含む）
１年	2,085時間	360時間	360時間（休日労働含まず）	720時間（休日労働含まず）	2,805時間～3,045時間（休日労働含めて＋最長960時間）

注：１）週40時間の原則をもとにして，対象期間の労働時間は，40時間×対象期間の暦日数／７日で計算できる。
２）「労働基準法第三十六条第一項の協定で定める労働時間の延長の限度等に関する基準」1998年厚生労働省告示第154号による。本表では，２週間，４週間の限度時間を省略している。
３）１年につき６カ月以内。

出所：守屋貴司他編著（2018）『価値創発（EVP）時代の人的資源管理』ミネルヴァ書房，137頁，表９－１より。2018年７月６日公布「働き方改革関連法」による労働基準法改正をふまえて，一部修正して引用。

小企業は二〇二〇年度から）適用されている時間外労働の上限規制の一般則を示している。限度基準の告示は、ガイドライン的な性格で強制力はなく、仮にそれに違反しても罰則が適用されるようなものではなかった。上限規制は、法律の本則に格上げされることとなり、強制力をともなうものとなった。労使で締結する三六協定は、この上限規制を遵守しなければならない。しかし、上限規制では、限度基準の告示にあった一週間～四週間、二カ月、三カ月の複数月に対する基準がなくなり、一カ月および一年の時間外労働が定められるだけとなった。

さらにその右側には、特別条項

付三六協定の上限を示している。三六協定に特別条項（エスケープ条項、繁忙期設定などともいう）が付加できるのは、「当該事業場における通常予見することのできない業務量の大幅な増加等に伴い臨時的に」上限規制の一般則を超えて「労働させる必要がある場合」、一カ月単位で年六回、一年について六カ月までに限られることになっている。

そして、上限規制の内容でいうと、一般則では一カ月四五時間、一年で三六〇時間に制限されている。図表4-4からわかるように、これらの制限は労働省告示の限度基準の内容を引き継いだものといえる。そして、いずれも休日労働を制限しているわけではない。

休日労働を含めた時間外労働が制限されているのは、特別条項付三六協定の上限による。特別条項を付加しない場合も、この上限規制が適用されることになる。つまり休日労働を含む時間外労働の制限は、実質的に一カ月一〇〇時間未満、二カ月～六カ月の各期間を平均して八〇時間以内となる（労働基準法 第三六条第六項二号および三号）。なお、特別条項付三六協定に基づく一年を通じた時間外労働は、七二〇時間以内に制限されている。

要するに、時間外・休日労働の上限規制をふまえた法律による労働時間の総枠は、図表4-4の右端の欄の通りとなる。一日および一週間についての規制は、三六協定を締結すればなくなる。一カ月については、上限規制の本則までならおおむね二一六時間（一カ月が三〇日の月の法定労働時間一七一時間＋四五時間の時間外労働）～二七七時間未満（同三一日の月の法定労働時間一七七時間＋休日労働を含めた一〇〇時間未満）となる。複数月の平均なら、休日労働を含めた総枠は平均二五四時間以内となる。[14] さらに、これを一年間に展開すると、時間外労働を含めて二八〇五時間（法定労働時間二〇八五時間＋七二〇時間）から、時間外労働に加えて休日労働を含めた総枠は三〇四五時間（二〇八五時間＋九六〇時間）にも及ぶ。

休日労働を含めた時間外労働の上限が九六〇時間になるのは、少し注意が必要である。特別条項付三六協定が一年に六カ月までしか適用できないことと関係がある。そのため、年間で計算した法定労働時間（二〇八五時間）に七二〇時間の上限を加えた二八〇五時間が上限であると誤解してしまっても不思議ではない。

しかし、七二〇時間という年間の上限規制には、休日労働は含まれていない。上限規制の一般則にも、休日労働は含まれていない。休日労働を含む規制は、単月で一〇〇時間未満、複数月平均で八〇時間以内が上限となる。厚生労働省のリーフレット（厚生労働省、二〇一九、四頁）には、こうある。「特別条項の有無に関わらず、一年を通じて、時間外労働と休日労働の合計は、月１００時間未満、2～6か月平均80時間以内にしなければなりません[15]」。つまり、特別条項を締結する六カ月は時間外労働と休日労働で八〇時間、特別条項を付加しない残りの六カ月については、時間外労働が一カ月四五時間に加えて、休日労働を三五時間まで協定しても法令違反に当たらないということになる。極端にいえば、法律による時間外・休日労働の上限は、八〇時間×一二カ月におかれているのである。

（２）「働き方改革」の限界

もちろん、労働時間の規制の総枠は実際の労働時間と異なる。使用者は、突発的な事態や臨時的な事案に対応するため、あらかじめ余裕を持った協定時間を設定したいと考えるかもしれないが、実際に労働者を働かせることを予定した労働時間の設定というわけではない。いわば「保険的な性格」を持たせる意図なので、労使の話し合いによって協定時間を上限より短く設定することも可能である。

ただ、時間外労働の上限規制の内容は、それまでの告示レベルの内容を踏襲したものになっているので、法律によって労働時間の短縮につながることは考えにくい。時間外・休日労働を含めた上限三〇四五時間は、まさに労働者の健康や命を脅かす水準でもある。[16] 上限規制の範囲内で協定時間を定めるにあたって、その責任は使用者ばかりでなく、もう一方の協定当事者の労働組合（労働者代表）にもある。仕事のセーフティ・マージンを多くとるのか、働く者の命と健康のセーフティ・マージンを確保するのかが問われるが、いずれにしても上限規制の内容は「ＷＬＢの実現」にはほど遠い。

そのため、実際の労働時間の短縮は、労使の自主的な取組みによるところとなる。経済産業省が「ダイバーシティ経営企業１００選」で紹介しているような、自主的に労働時間の短縮に取り組んでいる企業もある。また、「働き方改革」のキーワードによって、人材の定着や主体的なＷＬＢ確保の取組みとして、労働時間短縮を行っている企業もある。

しかし、労働市場全体で見れば、ＷＬＢ施策や労働時間短縮への取組みを積極的に行っている企業とそれほどでもない企業が存在することになる。世帯単位で見れば、配偶者やパートナー、家族がいずれの企業に雇用されているかはかなり偶発的になる。たとえば、妻がＷＬＢ施策を積極的に採用している企業に雇用されているが、夫が残業や休日出勤の多い働き方をしていれば、世帯単位の労働時間は長いものになり、夫の長時間労働は妻を雇用している企業のＷＬＢ施策によって可能になっているという不公平が残ることになる。[17] 言い換えると、長時間労働は、ＷＬＢ施策をとっている企業の負担によって可能になっているともいえるのである。本来は、こうした不公平が生じないように、法律でもって公平な競争条件を確保しなければならないが、「七〇年ぶりの大改革」であったはずの上限規制は、その役割を果たしているとは言い難い。

二〇二〇年は、「働き方改革」に「新型コロナウイルス」の感染拡大防止という意味が加わり、ホワイトカラー職場のテレワーク（在宅勤務）が進んだ。連合の「テレワークに関する調査2020」（二〇二〇年六月三〇日発表）によると、回答者のうち八一・八％、中でも三〇歳代の女性の八九・六％は、今後とも「テレワークの継続を希望する」と回答している。回答者は、「通勤がないため時間を有効に利用できる（七四・六％）」ことをテレワークの第一のメリットとして挙げているが、WLBの観点からも、テレワークの積極面を評価しているようである。しかし、「仕事とプライベートの時間の区別がつかなくなること（七一・二％）」をはじめ、「通常の勤務よりも長時間労働になること（五一・五％）」を指摘する回答者もいる。そして、テレワークでも時間外・休日労働の発生とそれらに対する不払い＝いわゆる「サービス残業」が一定数発生していることも確認できる。賃金不払い残業については、申告「しなくても良いと思った」という回答者（二二・一％）もいるが、多くは「申告しづらい雰囲気（二六・六％）」や「時間管理がなされていないこと（二五・八％）」、他に職場の予算や制度の違法性を指摘する回答者もいる。

この連合の調査にコメントを寄せた黒田祥子は、「緊急導入による準備不足で通常通りに仕事が回らず、長時間労働になりがちだった」と課題を指摘している。テレワークの導入についても、労使のモニターとコンプライアンスの徹底は欠かせない。

3　家事・育児負担とワーク・ライフ・バランス

（1）家事・育児時間の国際比較

図表4－5は、ＯＥＣＤがまとめた無償労働時間の国際比較を示している。日本は、労働時間の長さに対して、家事・育児等（表中の無償労働）にあてる平均時間は、それほど長くない。調査年次にばらつきはあり、国際比較に耐える厳密な数値では無いかもしれないが、日本の標準的な一日あたりの無償労働時間は、合計二六五分で、ＯＥＣＤ平均よりも一三三分、約二時間余りも短い。

だが、もっとも注目すべきなのは、日本の男性の無償労働にあてる時間の短さ、そして女性との負担割合のいびつさである。日本の男性の平均家事時間は一日あたり一四分、育児時間は同じく七分に過ぎず、女性との負担割合は、おおむね八五：一五となっている。[18]

どの国も女性の無償労働にかける時間と負担割合が多いとはいえる。しかし、表中で、もっとも男性の無償労働の負担割合が大きいのは、スウェーデンである。[19] スウェーデンの男性は、家事時間だけでも一日あたり九三分を費やし、育児にも一九分かけ、無償労働の負担割合は、女性のおおむね五六に対して四四となっている。アメリカやイギリスでも家事労働の三五％超、育児時間の三〇％弱は男性が負担している。日本の男性の負担割合の少なさが、いっそう引き立つ結果となっている。

図表4-5　性別，標準的な1日あたりの生活時間の国際比較

国　名 (調査年)	性別	無償労働時間(a) (分／1日)	無償労働時間(a)の男女別負担割合	日常の家事時間(b) (分／1日)	家事時間(b)の男女別負担割合	子供の世話時間(c) (分／1日)	子供の世話(c)の男女別負担割合
日　本 (2016)	男性	41	15.5%	14	8.6%	7	17.9%
	女性	224	84.5%	148	91.4%	32	82.1%
韓　国 (2014)	男性	49	18.6%	22	14.5%	11	20.0%
	女性	215	81.4%	130	85.5%	44	80.0%
中　国 (2008)	男性	91	28.0%	48	23.6%	13	28.3%
	女性	234	72.0%	155	76.4%	33	71.7%
メキシコ (2014)	男性	131	28.4%	87	24.0%	14	22.6%
	女性	331	71.6%	275	76.0%	48	77.4%
フランス (2009/10)	男性	135	37.6%	97	38.2%	13	31.0%
	女性	224	62.4%	157	61.8%	29	69.0%
イギリス (2014/15)	男性	140	36.0%	75	36.2%	15	28.8%
	女性	249	64.0%	132	63.8%	37	71.2%
アメリカ (2018)	男性	145	37.6%	75	37.5%	16	28.6%
	女性	241	62.4%	125	62.5%	40	71.4%
スペイン (2009/10)	男性	146	33.6%	70	30.0%	23	35.4%
	女性	289	66.4%	163	70.0%	42	64.6%
ドイツ (2012/13)	男性	150	38.3%	81	36.8%	11	30.6%
	女性	242	61.7%	139	63.2%	25	69.4%
スウェーデン (2010)	男性	171	43.7%	93	43.7%	19	38.0%
	女性	220	56.3%	120	56.3%	31	62.0%
OECD平均	男性	136	34.2%	75	31.4%	14	28.0%
	女性	262	65.8%	164	68.6%	36	72.0%

注：図表中の「無償労働時間」には，「日常の家事時間」のほか，「買い物」「世帯員の世話・介護」「子どもの世話」「世帯構成員以外の世話・介護」「ボランティア」「家事労働のための移動時間」「その他」が含まれる。なお，「子どもの世話」にデータが無い場合は，「世帯員の世話・介護」を示している。図表中の「OECD平均」には，中国，インド，南アフリカを含んでいない。

参考：佐光紀子『「家事のしすぎ」が日本を滅ぼす』光文社新書，2017年，16～20頁も参照した。

出所：OECD Gender data portal (2020) "Time use across the world" 2020年8月8日更新分 (https://stats.oecd.org/Index.aspx?DataSetCode=TIME_USE#　2020年11月14日閲覧) より筆者作成。

図表4-6　有業者，平日（仕事がある日）の平均行動時間

（単位　時：分）

	男性					女性		
	正社員法定労働時間	正社員柔軟な勤務	正社員長時間労働（週49～59時間）	正社員超長時間労働（週60時間以上）	専業主婦世帯末子6歳未満	正社員法定労働時間	パートタイム	共働き世帯末子6歳未満
起床時刻	06:42	06:42	06:31	06:36	06:50	06:19	06:02	06:16
出勤時刻(a)	08:21	08:01	07:42	07:46	08:15	08:27	08:52	08:49
帰宅時刻(b)	19:01	20:12	20:14	21:26	20:37	18:10	16:31	18:00
就寝時間	23:31	23:54	23:44	24:02	23:46	23:26	23:14	23:05
仕事関連時間（a→b）（時間：分）	10:40	12:11	12:32	13:40	12:22	09:43	07:39	09:11

注：図表中の「正社員」は，週間就労時間「35時間以上」のものとした。「法定労働時間」は週間就労時間が「35～39時間」のものとした。「柔軟な勤務」とは「始業時間などを選択できる（裁量労働・フレックスタイムなど）」の適用対象者。世帯類型は，「総数」で「夫婦と子供の世帯」。「出勤時刻」とは，原則として通勤の開始時刻をいう。「帰宅時間」とは通勤の終了時刻をいう。

出所：総務省「平成28年 社会生活基本調査（全国）」付属統計表各表，2017年9月15日公開（更新）より筆者作成。

（2）日本人世帯の仕事時間と生活時間

図表4-5の日本のデータ元になった総務省「平成28年社会生活基本調査」を見ると、男女、週の就業時間、雇用形態による平均帰宅時間および通勤時間を含めた平均仕事関連時間の違いがわかる（図表4-6）。

図表4-6でみて、仕事がある平日の平均起床時間は、女性パートタイム労働者が早く、専業主婦世帯末子六歳未満の男性で遅いが、その差は四八分である。しかし、法定労働時間内で働く正社員男性の平均仕事関連時間と同じ女性のそれは約一時間の開きになる。平均帰宅時間がもっとも早いのは、女性パートタイム労働者で一六時三〇分頃には帰宅している。女性は男性よりも早く帰宅して、家事や子育てを担っている様子がここからもうかがえる。なお、図表4-6では、男性のみしか示していない

が、裁量労働制やフレックスタイム制の適用対象者は、法定労働時間内で働く者よりも仕事関連時間が長く、週あたりの労働時間が長くなれば、それだけ仕事関連時間も増えて平均帰宅時間が遅くなっている。週六〇時間以上働く男性の平均帰宅時間は、ほぼ二一時三〇分近くである。彼らに、帰宅してから二四時過ぎの就寝時間までの約二時間三〇分余りの間に、家事や育児を期待するのはかなり難しいといわざるを得ない。

「平成28年社会生活基本調査」をまとめた総務省（二〇一七a、四頁）によると、一週間の男性の家事関連時間を二〇一一年調査と比べると、二五〜四四歳、五〇〜六四歳などで増加し、女性の一〇〜二九歳、三五〜六四歳で減少している。一週間の家事関連時間は配偶者の有無によって異なり、配偶者のいる男性は未婚の男性と比べて二〇分長く、配偶者のいる女性は未婚の女性に比べて約四時間長い。つまり、男性も結婚すると多少は家事を手伝うようになる傾向があるが、女性は結婚すると家事責任が大幅に増えることがわかる。

同じく総務省（二〇一七a、一〇頁）は、一九九六年からの二〇年間で、子どものいる世帯の一週間の夫婦の家事関連時間は、末子が六歳未満の男性で四五分増加していてもっとも増加が大きく、妻は四分減少しているという。ただし、その場合、夫の一週間の家事時間は一時間二三分であるのに対して、妻は七時間三四分と依然として大きな差がある。

さらに総務省（二〇一七b、五〜七頁）によると、一週間の無償労働は男性一時間一六分に対して、女性は四時間一一分になっている。一週間の家事時間の中では、男女とも「食事の管理」がもっとも長く、男性の家事時間の三〇・八％（一二分）、女性では五〇・〇％（二時間二八分）を占める。六歳未満の子どものいる世帯では、育児時間にも男女差がある。一週間の育児時間のうち妻は、約半分（一時間四〇分：四九・五％）を「乳幼児の身体の世話と監督」に使うが、夫の場合は四分の一程度（一一分：二四・四％）にすぎない。夫の育児は「乳幼児と遊ぶ（四四・四％：二〇分）」がもっとも多く、それも土曜日（四二分）、日曜日（四八分）に大きく偏っている。その分、妻の育児時間は土曜日、日曜日で多少軽減できているが、平日に三時間三八分、日曜日でも二時間一七分（夫：平日二九分、日曜日一時間二三分）とあいかわらずその差は大きい。

（3）家事負担の不公平感

もちろん、これらはあくまでも平均であって、世帯によって事情はさまざまであろう。鹿嶋（二〇一九、一六八頁）は、厚生労働省「平成28年度 全国ひとり親世帯等調査」をもとに、「ひとり親の困っていること」を指摘している。厚生労働省（二〇一七、別添2、八七頁、表23－(2)）によると、母子世帯の「困っていること」の第一位は「家計（五〇・四％）」、そして「仕事（一三・六％）」、「自分の健康（一三・〇％）」と続く。父子世帯の「困っていること」の第一位も「家計（三八・二％）」であるが、一二ポイントほどの開きがある。父子世帯の「困っていること」として、次に回答が多いのが「家事（一六・一％）」である。「家事」は、母子世帯の回答では、二・三％で選択肢の中でもっとも回答割合が少ない。父子世帯でも三番目に回答割合が多いのが、「仕事（一五・四％）」であるが、家事を巡る男女の意識の差はここでも見ることができる。

さらに、配偶者の病気や資質など家庭の事情によって、家事負担を負わなければならない男性もい

図表4-7　勤労者世帯の経常消費支出と非消費支出の推移

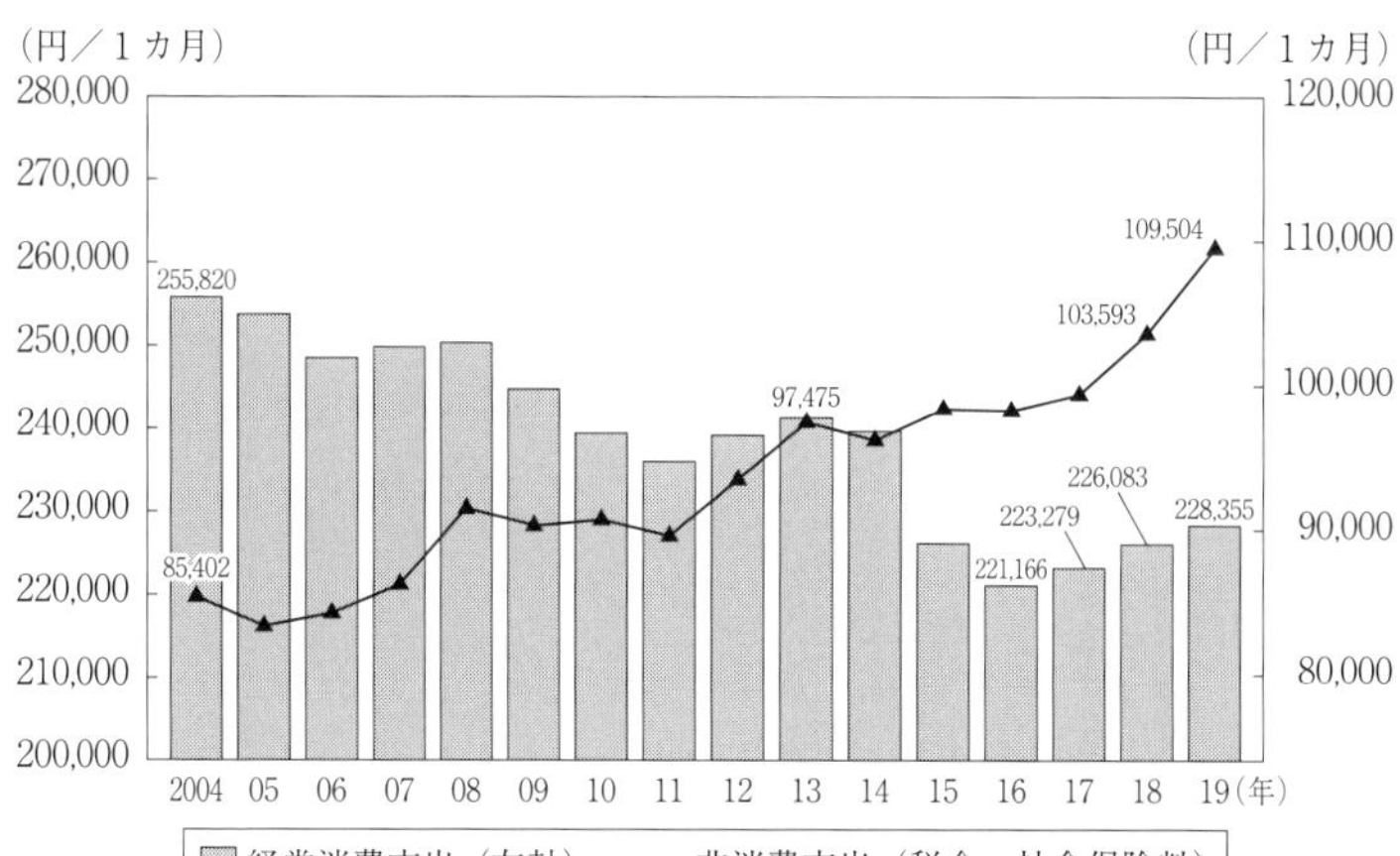

注：経常消費支出とは，消費支出のうち購入金額が高く，購入回数の少ない自動車，電気製品を除いた日常的支出の品目分類により再計算した支出額をいう。非消費支出とは，「勤労所得税，個人住民税などの直接税，社会保険料などの世帯の自由にならない支出及び消費支出に含まれない移転的支出」。

出所：総務省「家計調査」各年版 第1-2表「1世帯当たり1か月間の収入と支出（二人以上の世帯のうち勤労者世帯）」より筆者作成。

る。そうした男性にとって、日本の平均的な無償労働の負担割合は、日々の生活の中で「仕事か家事のどちらか」を「選べる」既得権益のようにも映る。

しかし、夫婦で「仕事か家事のどちらかを選べる」世帯は、明らかに少数派になっているだろう。実際、『平成30年版 厚生労働白書』（二二九頁、第二部第一章図表1-1-3）によると、「雇用者の共働き世帯」といわゆる「専業主婦世帯（男性雇用者と無業の妻からなる世帯）」の割合は、一九九七年から明らかに逆転し、二〇一七年には「専業主婦世帯」六四一万世帯（約三五％）に対して、「共働き世帯」は一一八八万世帯（約六五％）を占めるまでになっている。[20] この割合は、一九八〇年の世帯割合をちょうど反転させた形になっている。そして、多くの世帯では、女性に有償・無償の労働負担を負わせる形で日々の暮らしを成り立たせている。その背景には、近年の世帯収入の減少がある。

図表4-7は、勤労者世帯の経常消費支出と非消費支出の推移を示している。経常消費支出は、二〇一六年から増加傾向に転じているものの、その絶対額は二〇〇四年に比べてまだ小さく、さらにそれを上回る非消費支出の増加が見られる。図表の二〇〇四年から二〇一九年の一六年間で、経常消費支出は二・七万円減少しているのに対して、税金や社会保障費などの非消費支出は二・四万円も増加していることが分かる。合計すると、勤労者一世帯あたり、日常的に支出される金額は一カ月につき五・一万円も減少したことになる。

こうした世帯収入、可処分所得の減少傾向は、「仕事は夫、家事は妻」という性別役割分業を維持していく余裕をなくしている。現実に家計を助けるために働きたいが、家事・育児時間も確保する必要があるので、「自分の都合の良い時間」に働けるパートタイム労働を選択する女性が多いことは、もう周知の通りである。だが、それでは「女性活躍推進」も、自由な意思による働き方・生き方の選択にもつながらない。

4　ワーク・ライフ・バランスと公平性

一九八五年に「男女雇用機会均等法」が成立してから二〇二〇年で三五年にもなる。その間、性別役割分業意識の解消が必要なことは、その場面やトーンに違いはあっても、長らく指摘されてきた。

しかし、性別役割分業意識の解消は、労働時間の観点からも生活時間のいびつな構造からも実現したとは言い難い。

たしかに、「働き方改革」をキーワードに、労使で労働時間の短縮に取り組み、ＷＬＢ施策を積極的に採用している企業もある。だが、平均的な労働時間の長さは、そうしたＷＬＢの実現に前向きな企業ばかりでないことを教えてくれる。労働者のＷＬＢを確保しようとしている企業に、長時間労働に依存する企業が負担を負わせている構造である。

その構造が世帯に持ち込まれると、旧来の性別役割分業意識を墨守するように、長時間労働の男性が家事・育児負担を女性に負わせている構造を再生産させる。ただ、平均的な男性、女性という見方すら実は時代遅れになっているのかもしれない。世帯によっても違いがあり、家事負担を負わなければならない男性とそうでない男性でも、長時間労働を前提とすると不公平な競争条件におかれる。女性同士でもそうである。

本来なら、そうした競争条件の不公平感を解消することが、性別役割分業の克服の前提となるはずである。つまり、長時間労働を言い訳にさせないことが、「自由な選択」を担保する。そのためにも、世帯によって事情の異なる家事・育児負担への参画ではなく、共通のルールとしての労働時間こそ規制する必要がある。

しかし、期待された「働き方改革関連法」による上限規制は、それまでの告示基準を踏襲した内容であって、法律レベルでは労働時間短縮への期待はあまり現実的ではない。労働基準法のさらなる改正が必要であるが、当面のところは各企業の労使の取組みをさらに広げて労働時間を短縮していくしか方法がない。

そのさい、個別企業、産業ごとの労働時間の差異は、不公平な競争条件、一方が一方にフリーライドしている状態であって、その是正があって初めて自らの自由な意思に基づく働き方、生き方の選択が可能になることを重視するべきなのだ。言い換えると、「仕事ばっかりしているのはずるい」という共通認識が声になり、広く受け入れられてこそ、ＷＬＢの確保、自由な選択が可能になるのである。

注

(1) 男女共同参画社会基本法に基づいて策定された「男女共同参画基本計画」は、二〇〇〇年一二月に閣議決定された。以降、改定をかさねて、直近では「第5次 男女共同参画基本計画」（二〇二〇年一二月二五日閣議決定）が発表されている。この第五次計画は、「すべての女性が輝く令和の社会へ」というサブタイトルが付けられている。内閣府男女共同参画局ＨＰ〈男女共同参画とは〉基本計画（https://www.gender.go.jp/about_danjo/basic_plans/index.html　二〇二〇年一月一八日閲覧）を参照のこと。

(2) ＷＬＢ概念の進化とその社会的背景は、平澤・中村（二〇一七）の序章から第2章を参照のこと。また、ＷＬＢの多義性とさまざまな論点は、奥寺（二〇二〇）も参考になる。

(3) 次のように計算した。年間四〇一時間÷週あたり四〇時間＝一〇・〇二五労働週。一労働週＝五労働日。一カ月平均暦週＝約四・三六週。一〇・〇二五労働週÷四・三六暦週＝約二・三暦月。

(4) 厚生労働省「毎月勤労統計調査 平成30年分結果確報」（二〇一九年二月二二日発表）の「月間実労働時間数（総実労働時間）」一四二・二時間を一二（カ月）でかけた数値。「毎月勤労統計調査 平成30年分結果確報の解説」一〇頁にも同じ年換算データが示されている。https://www.mhlw.go.jp/toukei/itiran/roudou/

monthly/30/30r/dl/sankou30cr.pdf（二〇二〇年一一月二九日閲覧）でも参照できる。

（5）　森岡（一九九二）および森岡（二〇一一）も参照されたい。もちろん、森岡（一九九二、一三四頁 脚注四）は「パートあるいはアルバイトと呼ばれている人がすべて短時間就業者であるのではない」と正しく指摘している。総務省「労働力調査（2019年平均）」によると、勤務先での呼称が「パート・アルバイト」でも、週三五時間以上働く人は女性で二〇・六四％（二二三万人）、男性で三〇・七％（一〇五万人）いる（基本集計第Ⅱ‐8表、二〇二〇年一月三一日公開分）。

（6）　厚生労働省平成二〇年三月二四日告示第一〇八号、最終改正平成三〇年一〇月三〇日告示第三七五号。

（7）　森岡（一九九二、一三一頁）は、政府資料を参考に、年間総労働時間の推計における本人調査と事業所調査の差には「サービス残業時間」、つまり賃金不払残業が含まれていると見ている。「過労死」問題に先駆的に取り組んできた弁護士の川人博も、本人調査の数値は、事業所調査の数値よりも、「実態に近いもの」と考えている（川人、一九九二、一〇三～一〇四頁）。

　厚生労働省は、毎年「監督指導による賃金不払残業の是正指導結果」を発表している。この資料は、不払であった割増賃金が支払われたもののうち支払額が一企業で合計一〇〇万円以上の事案しか公表対象となっていないが、直近の二〇一九年度まで是正企業数等は減少傾向にある。しかし、労働基準監督署の監督指導を受けて支払われた割増賃金額の合計は、二〇一九年度で約九八億四〇〇〇万円、その平均額は一企業あたり六一一万円、労働者一人あたり一三万円と、賃金不払残業があいかわらず深刻な状況にあることを明らかにしている。厚生労働省ＨＰ内「監督指導による賃金不払残業の是正結果（平成31年度・令和元年度）」（https://www.mhlw.go.jp/bunya/roudoukijun/chingin-c_r01.html　二〇二一年一月一五日閲覧）参照。

（8）　厚生労働省「脳血管疾患及び虚血性心疾患等（負傷に起因するものを除く。）の認定基準について」改正基発〇八二一第三号二〇二〇年八月二一日通達（別添）。この認定基準では、「業務の過重性の評価に当たっては、労働時間、勤務形態、作業環境、精神的緊張の状況等を……総合的に判断する必要がある」としている（一頁）。労働時間の長さは、「過重性の評価の最も重要な要因」となっている。それによると、「発症日を起点とした1か月単位の連続した期間を見て」、「①発症前1か月間ないし6か月間にわたって、1か月当たり……おおむね45時間を超えて時間外労働時間が長くなるほど、業務と発症との関連性が徐々に強まる」、「②……おおむね100時間又は発症前2か月ないし6か月にわたって、1か月当たりおおむね80時間を超える時間外労働が認められる場合は、業務と発症との関連性が強いと評価できること……を踏まえて判断すること」になっている（七頁）。

（9）　厚生労働省「令和2年就労条件総合調査の概況」二〇二〇年一〇月三〇日発表、六頁（第5表）。

（10）「働き方改革関連法（案）」の成立過程やその概要についての検討は、守屋ほか（二〇一八、第九章、一三〇～一四三頁）も参照して欲しい。

（11）「労働基準法第三十六条第一項の協定で定める労働時間の延長の限度に関する基準」（一九九八年労働省告示 第一五四号、一九九九年四月一日より適用）。

（12）　労働基準法第一一九条。上限規制に関連する労働基準法第三六条六項違反への罰則として、「六箇月以下の懲役又は三十万円以下の罰金」が適用される。

（13）　労働政策審議会建議「時間外労働の上限規制について」二〇一七年六月五日（労審発第九二一号）、別添（報告）。この建議では、「長時間労働は、健康の確保だけでなく、仕事と家庭生活の両立を困難にし、少子化の原因や、女性のキャリア形成を阻む原因、男性の家庭参加を阻む原因になっている。『過労死等ゼロ』を実現するとともに、マンアワー当たりの生産性を上げつつ、ワーク・ライフ・バランスを改善し、女性や高齢者が働きやすい社会に変えていくため、長時間労働の是正は喫緊の課題である（一頁）」と明記されている。

（14）　一カ月が二八暦日もしくは閏年では二九暦日になる二月をさしあたり捨象して、（一七一時間＋八〇時間）＋（一七七時間＋八〇時間）を二で除すると二五四時間となる。仮に一月から三月を対象とする場合、暦日数は九〇日（閏年は九一日）となるため、対象期間を平均した一カ月の法定労働時間は一七一・四（一七三・三）時間、上限規制の八〇時間を加えると二五一・四（二五三・三）時間となる。一月もしくは三月と二八暦日の二月との平均なら、一カ月の法定労働時間は一六八・五時間、休日労働を含む時間外労働の上限を加えると約二四八・五時間となる。

(15)　労働政策審議会、前掲書（建議）、別添（報告）二頁に基づく取扱いとなっている。

(16)　川人（一九九二、九八頁）によると、「過労死で倒れた労働者の年間実労働時間を計算すると、年間三〇〇〇時間前後がほとんど」であるという。

(17)　佐藤（二〇一一、一五頁）は、「なぜ男性の子育て参画」が重要かについて、次のようにいう。「働きながら子育てを担っている女性を取り上げると、その女性の子育てと仕事の両立は、本人だけでなく、勤務先企業や職場の同僚などの理解や支援に支えられたものである。そうした状況において、例えばその女性の配偶者が、他の企業で長時間労働を行い子育てにいっさい関わらないとすれば、女性を雇用する企業や職場のみに子育て支援を負わせることになり、女性の雇用をできるだけ避けようとする企業行動を誘発し、その結果、男女の雇用機会均等を阻害することにもなりかねないのである」。子育てを含めた家庭責任においても同じことがいえる。佐藤・武石（二〇〇四、八～九頁）は、「男性の育児休業取得者が増えることは、……女性労働者の活躍の場の拡大につながり、結果として職場における男女共同参画を進めることにも貢献する」と指摘している。

(18)　筆者の生活実感からすると、夫婦二人の世帯でも、標準的な一日あたりの家事時間は一セット（それ以上分割できない最小単位）七・五分×三〇セット＝二二五分、つまり三時間四五分は最低でも毎日こなさなければならない。何セット必要かは日によって違い、家事の多い日なら六〇セット（四五〇分、七時間三〇分）は必要になる。家事時間一四分は、たとえば「ゴミを分別してまとめる」＋「ゴミを集積所に持って行く」だけでほぼ終わる。

(19) 図表4-5では省略したが、同じOECDのデータで、男性の無償労働時間がもっとも多いのは、デンマークである。デンマークの一日あたりの無償労働は、女性二四三分、男性一八六分で合計四二九分（七時間九分）、その負担割合は女性五六・六％、男性四三・四％であった。

(20) 総務省の「国勢調査」では、雇用者ではなく就業者でみた世帯類型割合がわかる。総務省「平成27年国勢調査 就業状態等基本集計結果 結果の概要」（二〇一七年四月二六日発表、一八頁、表V-1）によると、二〇一五年「夫が就業者」世帯のうち、「妻が就業者」の共働き世帯は六四・三％、「妻が非就業者」の専業主婦世帯は三五・七％で、雇用者の場合とほぼ同じ割合になっている。

参考文献

奥寺葵（二〇二〇）「経営システムにおけるワーク・ライフ・バランスの論理構造」千葉商科大学国府台学会『千葉商大論叢』第五八巻第二号（二〇二〇年一一月）、一六五～一八〇頁。

鹿嶋敬（二〇一九）『なぜ働き続けられない？　社会と自分の力学』岩波新書。

川人博（一九九二）『過労死社会と日本』花伝社。

厚生労働省（二〇一九）『時間外労働の上限規制わかりやすい解説』（https://www.mhlw.go.jp/content/000463185.pdf　二〇二〇年一一月一五日閲覧）。

佐光紀子（二〇一七）『「家事のしすぎ」が日本を滅ぼす』光文社新書。

佐藤博樹・武石恵美子（二〇〇四）『男性の育児休業』中公新書。

佐藤博樹（二〇一一）「ワーク・ライフ・バランスと働き方改革」佐藤博樹・武石恵美子編著『ワーク・ライフ・バランスと働き方改革』勁草書房。

総務省（二〇一七ａ）「平成28年社会生活基本調査―生活時間に関する結果―結果の概要（調査票Aに関する結果）」二〇一七年九月一五日発表。

総務省（二〇一七b）「平成28年社会生活基本調査―詳細行動分類による生活時間に関する結果―結果の概要（調査票Bに関する結果）」二〇一七年一二月二二日発表。

平澤克彦・中村艶子編著（二〇一七）『ワーク・ライフ・バランスと経営学』ミネルヴァ書房。

森岡孝二（一九九五）『企業中心社会の時間構造』青木書店。

森岡孝二（一九九二）「日本型企業社会と労働時間構造の二極化」『経済』一九九二年三月号（No.三三五）、一一八～一三五頁。

森岡孝二（二〇一一）「労働時間の二重構造と二極分化」『大原社会問題研究所雑誌』No.六二七（二〇一一年一月号）一～一八頁。

守屋貴司・中村艶子・橋場俊展編著（二〇一八）『価値創発（ＥＶＰ）時代の人的資源管理』ミネルヴァ書房。

労働政策研究・研修機構（ＪＩＬＰＴ）（二〇一九）『データブック国際労働比較２０１９』労働政策研究・研修機構。

第Ⅱ部　日本企業とワークライフ・インテグレーション

第5章　財界のワークライフ・インテグレーション戦略

奥寺　葵

イントロダクション

誰が「ワークライフ・インテグレーション」を推進できるのだろうか。それは、個人の意識改革も必要だが、主として政府や財界、企業である。本章では、政財界の政策を検討することの重要性を指摘したうえで、日本企業の取組みを規定する「働き方改革」に対する財界の見解を検討する。そして、「働き方改革」の主張が政財界の労働市場・労務戦略の根拠となっていることを明らかにし、そこに潜む課題を考察する。

1　ワークライフ・インテグレーションのとらえ方

従来、「ワーク・ライフ・バランス」（以下、ＷＬＢ）論では、「広義のライフにはワークが含まれる」ことを前提に、「ワーク」と「ライフ」は切り離してとらえられてきた。なぜ「ライフ」から「ワーク」を取り出して議論するのかというと、雇用されて働いている人々の「ライフ」の現状を考えると、「ワーク」のあり方が「ライフ」のあり方を規定する程度が大きい構造になっているからである（山口・樋口、二〇〇八）。それゆえに、ＷＬＢの議論では、経営への従属性が高い雇用労働を想定して「ワーク」を取り上げるのである。

さらに、現在の日本では、「ライフ」を構成する一要素であるはずの労働が個人や家庭にとって時間的にも心理的にも肥大化し、労働のあり方が労働以外の生活のあり方を規定するほどになっている。ＷＬＢ論は、そのような状況が個々人の労働観や価値観のみに起因するのではなく、「働き方の気配が強かった日本の労働者」（橋木、二〇一一、一八二～一八三頁）、すなわち「仕事専念型」を前提とする企業経営や社会構造に起因するという立場であり、「仕事専念型」社会の変革を目指す問題解決志向に立つものである（池谷、二〇〇九、一一〇頁）。したがって、ＷＬＢの具体的な内容は「働き方の見直し」、「働き方改革」であり、雇用形態から職場風土、労働者の業務内容・意識を含む観点からの働き方・働かせ方の変革に焦点を当てているのである。

他方、「ワークライフ・インテグレーション」（以下、ＷＬＩ）論ではその見方を転換させる。「ワーク」と「ライフ」を切り離さず包括的にとらえていく、という方向である。「ワーク」と「ライフ」の二項対立、相互相殺を超えた概念、というのがポイントである。具体的には、「ワーク」と「ライフ」を流動的に運営することによって、相乗効果が発揮され、生産性、成長拡大を実現することが目指される。そして、もっとも重要な効果は、個人の生活の質や充実感、幸福感が向上することであり、それらは企業組織、さらには社会全体の福利の増進につながるものであるとされる（矢澤、二〇一八、二一一頁）。

本来、「生きる営み」には、「生産活動」も「非生産活動」も混在しており、厳密に分けるのは困難である。それをどう分けるのか、どうするのか、今まさに（事務職を中心とした）テレワークの労働時間問題として大いに議論されている。「仕事や働き方、時間などの自己管理が求められる傾向は、形を変えて深度を増している」（荒川、二〇二〇、二〇四頁）状況であり、「生きる営み」が「生産活動」と「非生産活動」に分化している現代社会（近代資本主義社会）の状況を、あらためて「生きる営み」へと「統合」していくことが必要な時代になってきている。さらに、「生産活動」と「非生産活動」に分化した上で、価値は「生産活動」に回収されてしまってきたことへの違和感に人々は気づき始め、「生きる」ことの価値が問題になっていることとＷＬＩが通底しており、それは非常に深刻で巨大な現代社会の問題になっている。

以上のことを前提に、次節以降では、「働き方改革」に対する政財界の具体的な動向を検討することで、立場によるＷＬＩに対する力点の差異を明らかにする。

2　政府によるワーク・ライフ・バランス施策の展開

一九七〇年代から一九八〇年代には、女性労働者の「福祉」、「活用」という視点から、そして「男女の事実上の平等達成の条件整備」といった「正義」の視点も加えつつ、女性労働者のみの「職業生活と家庭生活との調和」の概念が法政策上に明示され、女性労働者について育児休業の普及促進や、再就職支援、能力開発等が行われた（伊岐、二〇一二、二四頁）。

一九九〇年代、女子差別撤廃条約及び家族的責任条約（ＩＬＯ第一五六号条約）の批准等を契機に、女性労働者のみについて「職業生活と家庭生活との調和」を図ることの問題がより強く懸念されるようになり、家族的責任を有する男女労働者の平等を前提とした男女双方についての「職業生活と家庭生活との両立」概念が育児・介護休業法上明確化された。育児休業の権利保障や、介護休業、再就職支援なども男女双方の政策とされたが、実際の利用者の大半は女性であり、男性の利用を促す機運はほとんどなかった（同前）。

一九九〇年代終わりに欧米の状況などから企業の経営戦略的視点が加わった「ファミリー・フレンドリー」の概念が流入し、企業表彰制度の基準に活用される等、わが国の政策に一定の影響を与えた。依然としてその関心は育児や介護責任といった「ファミリーライフ」ではあるものの、「ファミリー・フレンドリー」であるための条件には労働時間そのものの長さなどが問われるようになり、男性の家事・育児への参画にも目が向けられた（同前、一二四〜一二五頁）。

二〇〇〇年代初頭には、少子化の加速により、出産・子育てを阻害する要因を取り除く意味で職業生活と家庭生活との両立が強く求められるようになり、「ファミリー・フレンドリー」概念においても問題とされた長時間労働等をさらに取り上げる「働き方の見直し」の動きが加速した。二〇〇三年の「少子化社会対策基本法」、「次世代育成支援対策推進法」、二〇〇五年の「労働時間等設定改善特別措置法」等にその考え方が反映された（同前、一二五頁）。

二〇〇五年の人口減少社会突入を契機に、出生率向上や子育て支援対策だけでなく、人口減少の中でも持続的な社会を構築するため、特に女性の就業率の向上が強く意識されるようになり、労働市場改革の観点からも「働き方の見直し」が求められるようになった（同前、二五頁）。二〇〇七年一二月には政府・経営者・労働組合等の代表等からなる「ワーク・ライフ・バランス推進官民トップ会議」によって「仕事と生活の調和（ワーク・ライフ・バランス）憲章」および「仕事と生活の調和のための行動指針」が策定され、幅広い参加促進型ＷＬＢが強調された。さらに、労使の取組み・国民の取組み・国の取組み・地方公共団体の取組みが計一四項目にわたって列挙され一〇年後の数値目標が設置された（図表５－１参照）。

以上のことから、政府によるＷＬＢ施策の主要テーマの変遷をまとめると、以下のようになる。すなわち、当初は両立支援が中心だったが、女性が出産後も働き続けられる制度の充実等が叫ばれ、男性の育児も焦点になった。続いて介護問題や女性活躍がトピックとなり、近年「働き方改革」が主題となった。ＷＬＢの主要テーマが両立支援だった時、主な対象とされたのは仕事と生活の両立に困難を抱える人（特に育児中の女性）であった。反面、「ワークとライフに葛藤を感じない人には当事者意識を持ちにくいテーマ」だった感が否めない（内閣府 仕事と生活の調和推進室、二〇一九）。ＷＬＢのメインテーマが「働き方改革」になり、管理職ほか独身者もターゲットに含まれた。男性か女性か、家族的責任を有しているか否か、正規か非正規かを問わず、すべての労働者が当事者になったことで、ＷＬＢ実現の推進力が格段に増したといえるだろう。

加えて、「ワーク・ライフ・バランス憲章」および「ワーク・ライフ・バランス行動指針」は、政府や有識者に加え、経済界、労働界および地方のトップで「協議・合意」したものであり、社会全体を動かす大きな契機になるものとして意義づけられている(1)。近年のＷＬＢ施策を特徴づけるこの政

指針　数値目標及び現状値等（2020年９月時点）

新行動指針策定時(2010.6)又は最新値と比較可能な最も古い数値	現状値（最新値）	調査名等	2020年以降を終期とする当該目標を掲げている戦略等
74.6%（2009） 73.6%（2009）	82.5%（2019） 81.1%（2019） 77.6%（2019） 70.3%（2019）	労働力調査令和元年平均 労働力調査令和元年平均 労働力調査令和元年平均 労働力調査令和元年平均	成長戦略（R1.6） 成長戦略（R1.6） 第２期まち・ひと・しごと創生総合戦略（R1.12） 成長戦略（R1.6）
	0.9%（2009-2018年度の10年間平均）	国民経済計算，労働力調査，毎月勤労統計調査	—
	138万人（2019）	労働力調査令和元年平均	少子化社会対策大綱（R2.5）
40.5%（2010）	64.0%（2019）	働き方・休み方改革の取組及び仕事と生活の調和の実現に関する調査研究 企業アンケート調査結果	少子化社会対策大綱（R2.5）
	6.4%（2019）	労働力調査令和元年平均	第２期まち・ひと・しごと創生総合戦略（R1.12）
46.7%（2007）	52.4%（2018）	平成31年就労条件総合調査	少子化社会対策大綱（R2.5）
	59.2%（2018）	平成30年労働安全衛生調査（実態調査）	第13次労働災害防止計画（H30.2）
13.4%（2010）	16.7%（2019）	令和元年度雇用均等基本調査 ※平成30年から短時間正社員制度の調査方法変更。	—
	39.2%（正社員）（2018） 13.2%（正社員以外）（2018）	令和元年度能力開発基本調査	—
	53.1%（2010-2014）	第15回出生動向基本調査	第２期まち・ひと・しごと創生総合戦略（R1.12）
81万人（2010）	約111万人（2020） 約130万人（2019）	保育所等関連状況取りまとめ（令和２年４月１日） 令和元年（2019年）放課後児童健全育成事業（放課後児童クラブ）の実施状況	少子化社会対策大綱（H27.3） 新・放課後子ども総合プラン（2018年９月）
	7.48%（2019）	令和元年度雇用均等基本調査	第２期まち・ひと・しごと創生総合戦略（R1.12）
	1日当たり83分（2016）	平成28年社会生活基本調査	第４次男女共同参画基本計画（H27.12）

会議合同会議資料，2020年10月５日開催（http://wwwa.cao.go.jp/wlb/government/top/hy

図表５-１　仕事と生活の調和推進のための行動

		数値目標設定指標	2020年目標値（※）	行動指針策定時（2007.12）
Ⅰ就労による経済的自立が可能な社会	①	就業率（Ⅱ，Ⅲにも関わるものである）	20～64歳　80% 20～34歳　79% 25～44歳　女性　77% 60～64歳　67%	― ― 64.9%（2006） 52.6%（2006）
	②	時間当たり労働生産性の伸び率（実質，年平均）（Ⅱ，Ⅲにも関わるものである）	実質GDP成長率に関する目標（２%を上回る水準）より高い水準	1.6%（'96-'05年度の10年間平均）⇨遡及改定値1.8%
	③	フリーターの数	124万人 ※ピーク時比で約半減	187万人（2006）（2003年にピークの217万人）
Ⅱ健康で豊かな生活のための時間が確保できる社会	④	労働時間等の課題について労使が話し合いの機会を設けている割合	全ての企業で実施	41.5%（2007）
	⑤	週労働時間60時間以上の雇用者の割合	5%	10.8%（2006）
	⑥	年次有給休暇取得率	70%	46.6%（2006）
	⑦	メンタルヘルスケアに関する措置を受けられる職場の割合	100%	23.5%（2002）
Ⅲ多様な働き方・生き方が選択できる社会	⑧	短時間勤務を選択できる事業所の割合（短時間正社員制度等）	29%	46.2%（2005）
	⑨	自己啓発を行っている労働者の割合	70%（正社員） 50%（非正社員）	23.4%（2005）
	⑩	第１子出産前後の女性の継続就業率	55%	38.0%（2000-2004）⇨遡及改定値39.8%
	⑪	保育等の子育てサービスを提供している数	認可保育所等（３歳未満児）116万人-（2017年度末） 放課後児童クラブ122万人-（2019年度末）	― ―
	⑫	男性の育児休業取得率	13%	0.50%（2005）
	⑬	６歳未満の子どもをもつ夫の育児・家事関連時間	２時間30分	１日当たり60分（2006）

注：※行動指針における目標値。
出所：仕事と生活の調和連携推進・評価部会（第48回）仕事と生活の調和関係省庁連携推進
ouka/k_48/index.html　アクセス日：2020年12月19日）。

府・労働組合・使用者（以下、政労使）の「協議」による政策展開は、「協働」による効果的・効率的なＷＬＢ推進が期待される一方で、政労使が足並みを揃えることでＷＬＢ政策が極めて強力に推進される側面を有しているのである。

3　日本経団連とワークライフ・インテグレーション

本節では、大企業の労働政策を代表する日本経済団体連合会（以下、日本経団連）の見解を取り上げ、財界の「仕事や働き方、時間などの自己管理」のあり方、すなわちＷＬＩに対する考え方を検討する。日本経団連は、ＷＬＩという名称は用いていないものの、二〇〇二年の『「少子化対策プラスワン」における法的整備について』（日本経済団体連合会、二〇〇二）をはじめ、経営労働政策委員会報告やさまざまな報告書においてＷＬＩに関する自らの見解を明らかにしてきた。ここでは、日本経団連が二〇二〇年に発表した提言「。新成長戦略」（日本経済団体連合会、二〇二〇）を検討する。

（1）働き手の変化

日本経団連によれば、わが国の「企業は、従業員に対し長期安定的な雇用を保証することを最優先に考えてきた」が、近年、働き手のライフスタイルや価値観が変容しているとみられており、特に、若者には必ずしもひとつの企業に定年まで勤めることを想定せず、働き甲斐や仕事を通じた社会への貢献に重きを置いて就職先を選ぶ者が増えてきているというのである。したがって、企業には、多様な人材の「価値創造力」を最大限発揮できる環境の提供がより求められるようになってきているとされている。さらに、わが国の人口動向を見れば、外国人材の活躍だけでは埋められない規模の人口減少が進んでおり、「働き方の見直しによる生産性の向上、多様な個人の活躍」が課題であると指摘されている（同前、七頁）。

(2) 時間・空間にとらわれない「柔軟な働き方」への転換

日本経団連は、二〇一八年に「Society 5.0」[(2)]という提言をまとめた。現段階を「Society 5.0」時代と位置づけ、労働者は、「デジタル技術を豊かな想像力・創造力で使いこなし、時間・空間にとらわれない、柔軟な働き方を通じて価値を創造する」と提起している（同前、一二五頁）。労働者は働いた時間ではなく「生み出す価値」によって評価され、それに基づいて処遇される。企業はリモートワークと出勤、オンラインとオフラインを必要に応じて組み合わせ、「最も生産性の高い働き方」を追求する。また、労働者の健康確保を前提として、副業・兼業も奨励している。

このような主張の前提には、現在のわが国の労働時間法制が、工業社会、すなわち「Society 3.0」の時代に、工場労働を前提として形作られたが、その後、情報社会へと移行し、仕事の内容、求められる能力などが変化してもその基本的な枠組みは変わっていないという問題意識に基づいている。前述のような「Society 5.0」時代の新たな働き方に合わせて、労働者がそれぞれの方法で「想像力・創造力」を最大限発揮することを可能にする、新たな労働時間法制を、政労使が協力して確立することが不可欠であるとしている（同前、一二五頁）。

(3) 多様で複線的なキャリア形成に向けた人材流動化

日本経団連は、前項でみたような「柔軟な働き方」が普及するのにともなって、多様で複線的なキャリアが一般的になると、新卒一括採用や長期・終身雇用、年功序列制度は機能しなくなるため、企業は採用や雇用、処遇のあり方を見直すことが必要であると提起している。具体的には、新卒だけでなく中途採用も行い、バックグラウンドや経験、技能の多様性を確保する。そして、同時に、企業のデジタルトランスフォーメーション[(3)](Digital Transformation: DX)に伴い社内で新たに生まれる業務に人材を円滑に異動させるため、労働者が社内で新たな業務に就けるような再教育も必要になると主張する。DXに伴う産業構造の転換により、衰退し、失われる業種・職種がある一方で、新たに生み出され、成長する業種・職種もある。重要なのは、失われる雇用から新たに生まれる雇用へ、円滑に労働力の移動が図られるように支援する環境整備であるとされる(同前、二六頁)。

(4) 多様な人々の活躍促進

日本経団連は、サステイナブルな資本主義実現のカギは多様性の包摂と協創であるとして、企業には多様な人材の価値競争力を最大限引き出す環境の整備を求めている。政府は二〇二〇年までに指導的地位に占める女性の比率を少なくとも三〇%程度とする目標を掲げたが、未達に終わっている(図表5-1参照)。この点に関しては、企業や家庭、社会全体において男女間で働く環境に差異がなくなれば、男女の人口比率[(4)]から見ても、指導的地位に占める女性の比率も五〇%程度となるのが自然の帰結であると主張する。さらに、企業は組織の多様性、すなわち性別や年齢、国籍、経歴、障がいの有無等の多様性を積極的に推進するべきであり、そのメルクマールとして、取締役会における女性や外国人材、中途採用者等の比率の拡大を図る必要があり、具体的な目標として、二〇三〇年までに役員に占める女性比率を三〇％以上にすることを目指すという（同前、一二七頁）。

（5）「産みやすく育てやすい社会」に向けた集中投資

団塊ジュニアが出産適齢期を過ぎ、出生率も低位に転じるなかで、少子化・人口減少がますます深刻化している。出生率が低位にとどまれば、二一〇〇年のわが国の人口は五〇〇〇万人を下回ると予測されている。その上で、日本経団連は、最適な人口規模への着地を目指して減少率を緩和するために、「出生率回復」を優先課題に位置づけている。具体的には不妊治療への保険適用、待機児童問題の終結、男性の育児休業取得を促す環境整備、児童手当の拡充等は国に政策を求め、企業は、時間や空間にとらわれない多様で柔軟な働き方を取り入れ、仕事と子育ての両立を推進する必要性を説いている。また、産休や育休の取得によるキャリアの中断や遅れの回復が可能となるよう制度を見直し、男性が育休取得時に限らず育児を担うことが当然になるよう、職場の雰囲気を含めた環境の整備を進めようとしている（同前、一二八頁）。

4　経済同友会とワークライフ・インテグレーション

前節で検討した日本経団連が財界、とりわけ大企業の利害を代表しているのに対して、経済同友会は、経営者相互の親交を図るとともに、財界や企業の立場を離れて意見を公表するところにその特徴がある。経済同友会も、ＷＬＩについて幾つかの提言を行ってきた。本節では、経済同友会が「多様な人材の活用に向けて企業が取り組むべき諸施策を中心」に提言した『人材が集う企業へ～多様な働き方を尊重し、自ら考え選択できるしくみを』（経済同友会、二〇〇七）と、この提言を発展させ、「人の働き方とそれを規定する経営のありかた」に焦点を当て、その実現の条件となる社会の規制やルールについても変革すべきであるとした提言『21世紀の新しい働き方「ワーク&ライフ インテグレーション」を目指して』（経済同友会、二〇〇八）を中心に、ＷＬＩに対する見解を検討する。

（1）人材の流動化と雇用形態の多様化

経済同友会は、提言『人材が集う企業へ』において、経済のグローバリゼーションが進展する中で、「将来の国民生活に最も大きく、かつ長きにわたり影響を与えるのが少子高齢化の進展」であり、このような「構造変革のなかで持続的な経済成長を続けていくためには、人材の活用が重要なキーワードになる」という視点が明らかにされる。それに基づいて解決すべき問題として、①少子高齢化による労働力人口の減少、②多様な働き方の進展にともなって、企業と従業員との関係が「『拘束を受け入れるかわりに、保証される』という関係から、『対等な立場で、様々な選択肢の中で自己選択を行い、自己責任を持つ』という関係へ変化すること、③労働受給関係のミスマッチ、④格差問題が指摘されている。そして格差問題については、「問題の根本は、結果として生じた所得格差そのものよりも、チャレンジする機会が乏しいことで格差が固定することにある」とされる（経済同友会、二〇〇七、一〜五頁)。

このような認識を踏まえ、人材活用の方向性については、少子高齢化により労働力人口が減少するものの、長時間労働を強いたり、余暇を削ってまで労働時間を増やすことは好ましいことではないということを前提に、「資源の少ない日本が国際的な競争力を保つには、知的労働の集約による高い生産性と付加価値の実現が欠かせない。労働生産性を向上させるためには、個々人のスキルや能力の向上だけでなく、労働環境の整備や適材適所の人材配置により、個々人が高いモチベーションを保ちながら働けることが重要」(同前、六頁)であるとして、①雇用機会の増大、②人材の流動機会の向上、③多様な働き方を選択できるマッチング機能の向上、④WLBを実現し、安心と自己成長が可能な環境の整備を指摘している(同前、六〜七頁)。

(2) ワークライフ・インテグレーションのビジョン

経済同友会は、WLBは「仕事」と「生活」を対立的にとらえ、そこに二律背反があるかのような印象を与え、少子化対策・子育て支援策というイメージが強いが、むしろ、高齢者の活用、キャリアアップを志向する若年者等も含めた幅広い働き方全般の見直しととらえるべきであると主張している(経済同友会、二〇〇八)。そこで、提起されたのが、「ワーク&ライフ インテグレーション」である。経済同友会の見解による「ワーク&ライフ インテグレーション」とは、「会社における働き方と個人の生活を、柔軟にかつ高い次元で統合し、相互を流動的に運営することによって相乗効果を発揮し、生産性や成長拡大を実現するとともに、生活の質を上げ、充実感と幸福感を得ることを目指すもの」

図表5－2　バランスからインテグレーション（統合化）へ

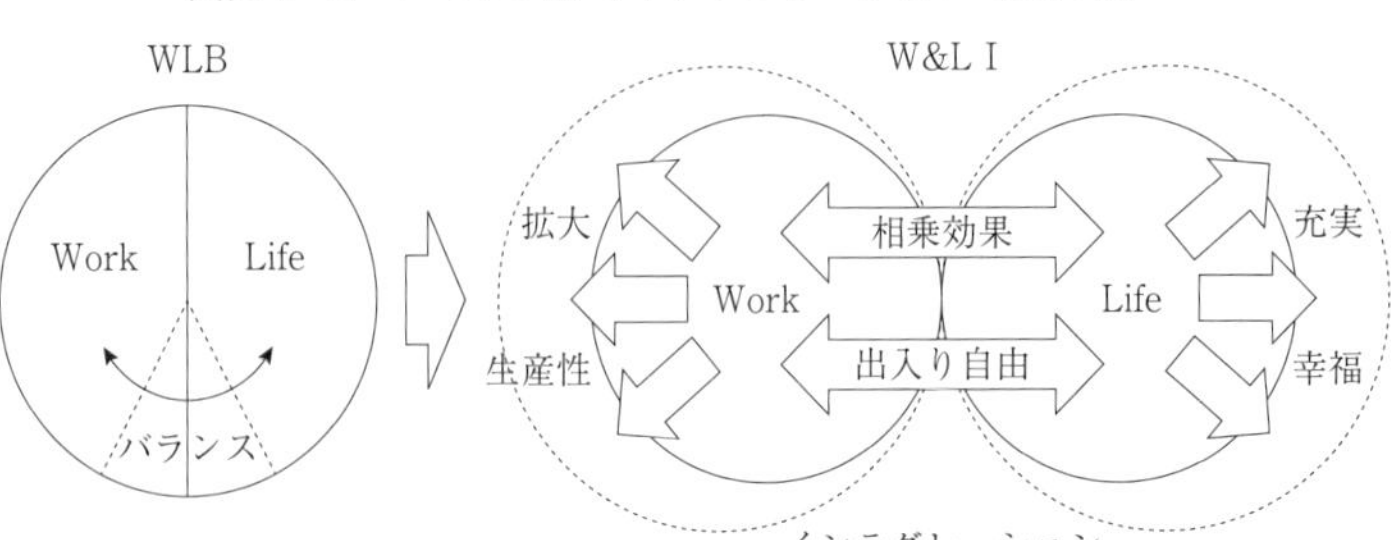

時間配分のバランス

①時間活用の効率化：在宅勤務，コミュニティーオフィス
②時間配分の変動化：出産・育児，介護
③キャリア形成の活性化：専門教育，上級学歴
④生活設計の多様化：マルチジョブ，シーズン型ジョブ
⑤活動組織のマルチ化：NGO，多国拠点

出所：経済同友会（2008）『21世紀の新しい働き方「ワーク＆ライフ インテグレーション」を目指して』14頁。

（同前、一四頁）である（図表5－2参照）。

(3) ワークライフ・インテグレーションにおける働き方の基本構造

経済同友会のWLIに関する見解に基づいて、新たな働き方の基本構造として①「職務・役割主義」、②「〝人財〟主義」、③「多様性主義」の三つを提唱している。

第一に、「職務・役割主義」とは、職務に基づく個人と会社の契約を前提にしている。具体的には、生産性を高めつつ、垣根が低く出入り容易なフレキシブルな働き方を可能にするために、職務無限定の「就社」ではなく、「職務・役割」（ミッション）に基づいて個人と会社が雇用契約する「職務・役割主義」に転換する必要性を説いている（経済同友会、二〇〇八、一七頁）。第二に、「〝人財〟主義」とは、人材の流動化を前提にしている。具体的には、グローバル競争の中で優位性を築き、持続的成長を図るため、流動化を前提に、人を「財産」とみて、汎用性・市場価値のあるスキル、グローバルで通用するコンピテンシーを育てる「〝人財〟主義」に転換する必要があるとしている（同前、一七～一八頁）。第三に、「多様性主義」とは、多様な人材の多様な働き方を認めることとしている。具体的には、「家族としての企業」から、出入り自由な流動性の高い組織風土を持つ「共同作業をする場としての企業」に生まれ変わることが求められている（同前、一八頁）。

こうした変革を遂行するために、WLIのビジョンの実現を目指して新しい働き方を実現する最大の鍵は、経営者が変革に向かってリードする「経営の姿勢」であり、「経営の意志」であるとしている。それは、職務・役割ベースの報酬制度の確立やそれにともなう「納得性のある目標設定、成果評価」の導入、さらには人材の流動化を阻むような福利厚生や退職金の見直しである。その前提として、「職務・役割に基づく契約」の拡大、さらには「就業形態間の垣根を低め、相互の流動化を一層、促進」するような労働法制の制定を求めている。つまり、「職務・役割ベースの契約に転換し、働き方や職務を労働者が自ら選ぶことができれば、企業による解雇への規制は、現在よりも緩めて然るべき」であり、具体的には、「『金銭的賠償制』と再就職支援義務の導入を検討すべき」だという論理である（同前、一九～二五頁）。すなわち、経営の意志を支え、実現するための社会的基盤として、人事制度と労働法制の規制緩和を示唆しているのである。

5　ワーク・ライフ・バランスの受容状況

ＷＬＢが実現するような社会を目指すという方向性がかつて政労使で共有されたものの、ＷＬＢをめぐるさまざまな施策は、人々にどのように受容されたのだろうか。

二〇〇七年に「ワーク・ライフ・バランス憲章」と「ワーク・ライフ・バランス行動指針」が策定されて今年（二〇二一年）で一四年になる。当時は、次世代育成支援対策推進法施行から間もない時期でもあり、仕事と育児の両立支援への関心が高かった。その中核的な課題は、出産・育児期の就業継続支援にあるが、最新の調査結果によれば、二〇一〇〜二〇一四年に生まれた第一子出生前後の母親の就業継続率は五三・一％（図表５－３参照）であり、行動指針が二〇二〇年の目標とする五五％（図表５－１参照）まであと一歩のところまで来ている。しかしながら、その割合には雇用形態による差があり、子どもを産んだことのある母親の出産後のライフステージ別（子どもの追加予定の有無、末子の年齢別）に就業状態を見ると、子どもの追加予定がある場合、二九・四％の母親が「正規の職員」（正社員）であるのに対して、一九・九％が「パート・派遣」（非正社員）として働いているに留まる（図表５－４参照）。二〇一七年一月施行の改正育児・介護休業法から有期契約労働者の育児休業取得要件が緩和されたが、こうした非正社員の就業継続支援の強化は重要な課題であるといえる。

他方、男性の家事・育児参加も徐々に進みつつあり、育児休業取得率も六歳未満の子を持つ父親の家事・育児関連時間も上昇傾向にある（内閣府　仕事と生活の調和推進室、二〇一七）。しかし、最新の

図表５-３　第一子出生前後の母親の就業継続率

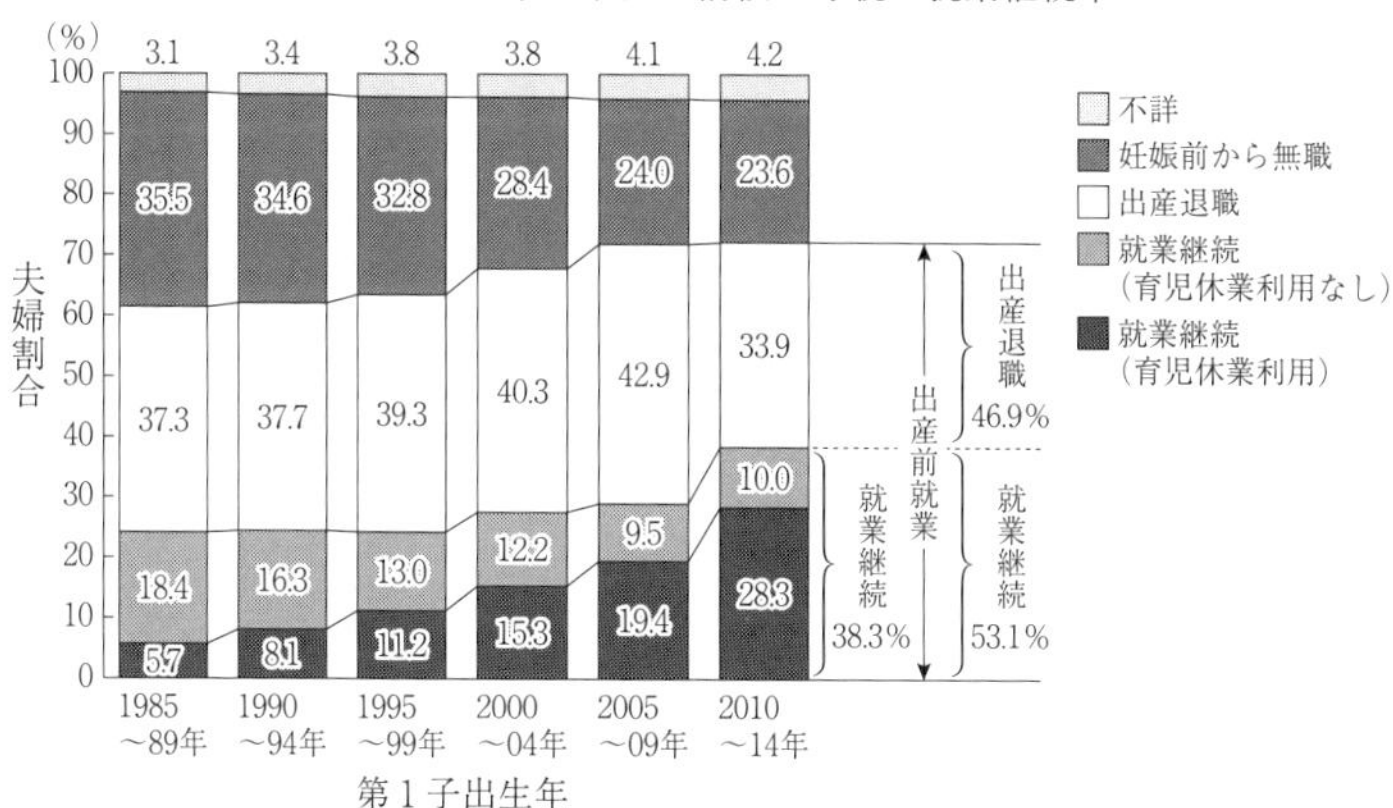

出所：国立社会保障・人口問題研究所（2015）『第15回出生動向基本調査』（http://www.ipss.go.jp/ps-doukou/j/doukou15/NFS15_reportALL.pdf　アクセス日：2020年11月28日）52頁。

図表５-４　子どもの追加予定がある妻の就業状態の構成（末子全年齢）

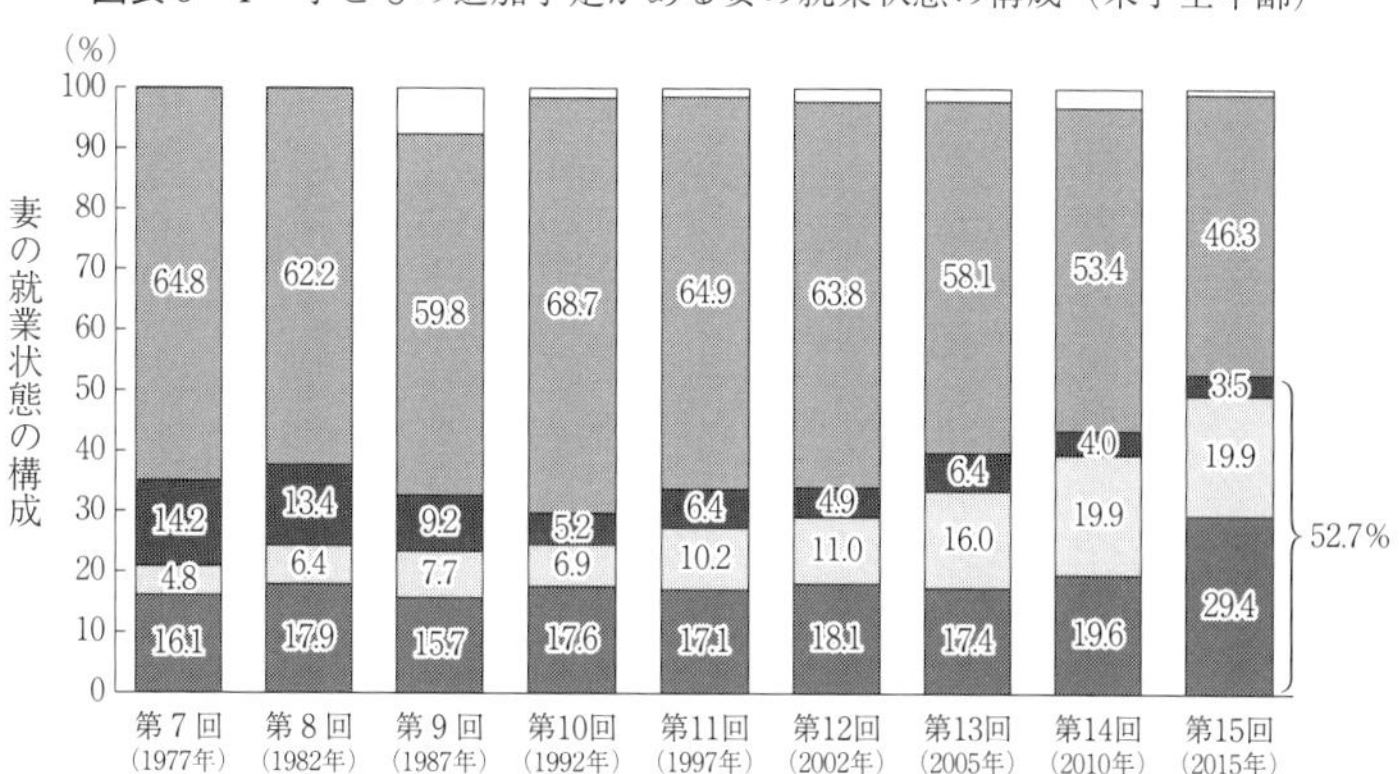

出所：国立社会保障・人口問題研究所（2015）『第15回出生動向基本調査』（http://www.ipss.go.jp/ps-doukou/j/doukou15/NFS15_reportALL.pdf　アクセス日：2020年11月28日）50頁。

図表5-5　父親の育児休業取得率の推移

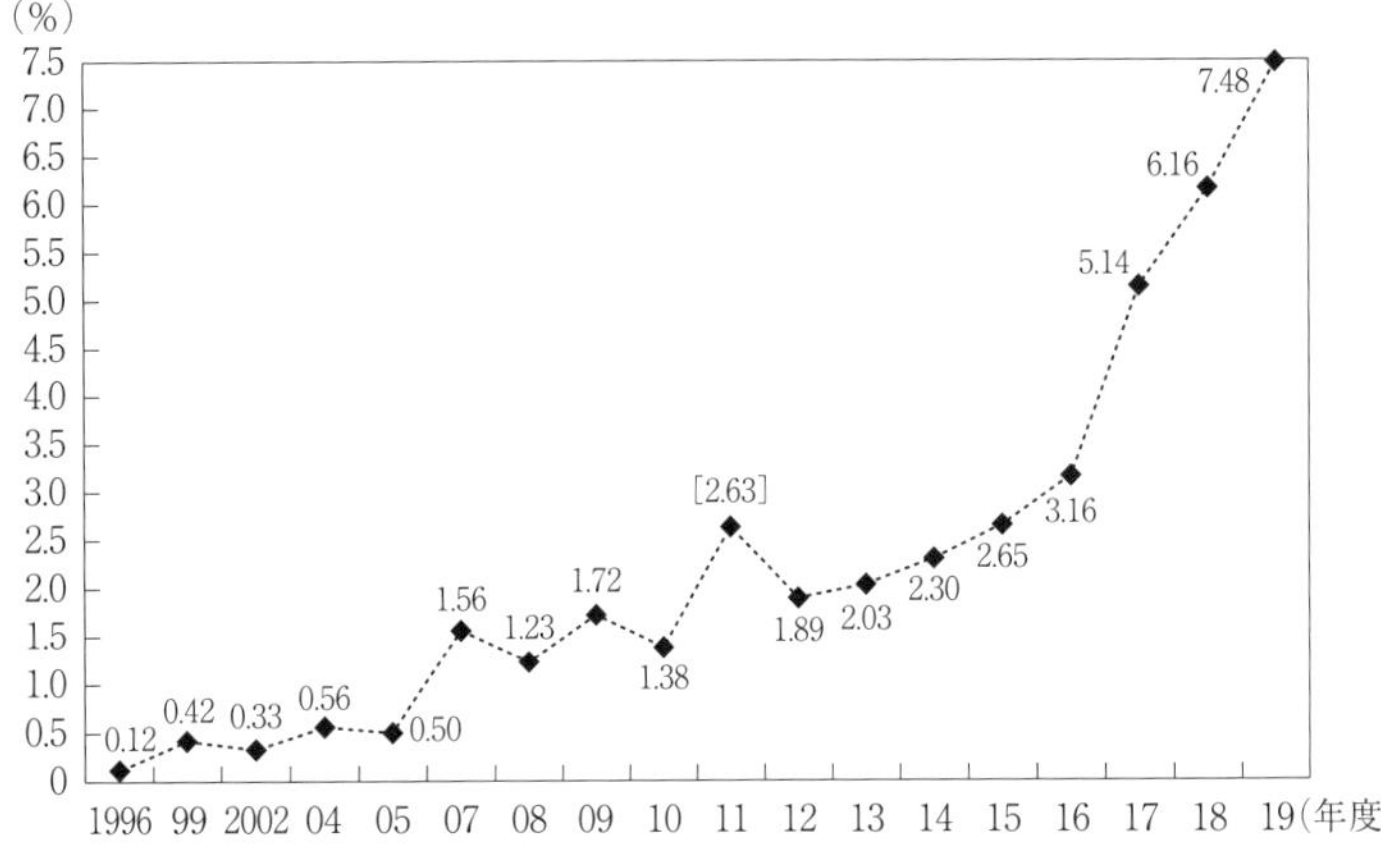

注：2011年度の［　］内の割合は，岩手県，宮城県及び福島県を除く全国の結果。
出所：厚生労働省（2020）『令和元年度雇用均等基本調査』（https://www.mhlw.go.jp/toukei/list/71-r01.html　アクセス日：2020年12月18日）。

図表5-6　6歳未満の子どもを持つ夫・妻の週あたりの家事関連時間の推移

（時間.分）

	夫					妻				
	平成8年	平成13年	平成18年	平成23年	平成28年	平成8年	平成13年	平成18年	平成23年	平成28年
家事関連	0.38	0.48	1.00	1.07	1.23	7.38	7.41	7.27	7.41	7.34
家事	0.05	0.07	0.10	0.12	0.17	4.08	3.53	3.35	3.35	3.07
介護・看護	0.01	0.01	0.01	0.00	0.01	0.03	0.03	0.03	0.03	0.06
育児	0.18	0.25	0.33	0.39	0.49	2.43	3.03	3.09	3.22	3.45
買い物	0.14	0.15	0.16	0.16	0.16	0.44	0.42	0.40	0.41	0.36

出所：総務省統計局（2017）『平成28年社会生活基本調査』（https://www.stat.go.jp/data/shakai/2016/kekka.html　アクセス日：2020年12月18日）。

調査結果によれば、父親の育児休業取得率は七・四八％（二〇一九年、図表5－5参照）、家事・育児関連時間は一日八三分（二〇一六年、図表5－6参照）と、二〇二〇年に育児休業取得率一三％、家事・育児関連時間二時間三〇分という目標（図表5－1参照）にはほど遠い結果となっている。

共働き世帯や単身世帯が増加したとはいえ、すべての世帯が同じように仕事と生活の調和に困難を抱えているわけではない。女性は第一子出産を機に四六・九％が仕事を辞めているという現実（図表5－3参照）や女性の就業に占める正社員が二九・四％という現実からは、特に子育て中は妻が主に家にいるという「働く夫と専業主婦」モデルは現在も十分有用であると考えられる。

WLBをめぐる現状として、政財界のWLBに対する積極的な取組みと、それを受け止める人々の実態には温度差があることが指摘できる。

6　政財界のワークライフ・インテグレーション観と今後の展望

(1) 政財界のワークライフ・インテグレーション

WLBが導入された契機は、政府にとっては政策課題としての少子化対策と男女共同参画の推進であり、財界にとっては労働力不足への危機感を背景にした積極的な人材活用であったことが見えてくる。そして就業形態の多様化とともに、賃金制度や評価制度の見直しが提起されているのである。すなわち、少子高齢化にともなう労働力不足などの問題を背景に、雇用・賃金制度の見直しを図ろうというのである。

政府が策定した「働き方改革実行計画」の中でも提起されている少子高齢化による労働力不足は、日本経済にとって大きな問題である。しかしながら、この実行計画では、少子高齢化や労働力不足の問題に立ち入らず、処遇制度の改革や育児・介護などの条件整備を強調し、人材の確保という問題への対処が行われている。少子高齢化や労働力不足という問題が経済成長を志向する企業活動の中から生じてきたとすれば、経済成長ではなく、「働く人の視点」から、生活の論理を基礎に「男性の育児・介護等への参加」を含めた「男性稼ぎ主」モデルの解体に向けた政策が望まれるであろう（平澤、二〇一七、一三三頁）。

日本経団連の提起するWLBは、従業員が育児やボランティアなどへの参加を可能にする効率的な働き方や多様な就業形態を意味しているのであり、それは国際競争力の維持・強化、さらにいえば生産性向上を前提とした雇用管理の方向と軌を一にしているといえる。生産性概念が、利潤概念に代えて提起されたものだとすれば、WLBは、収益に寄与する限りで認められることになる。少子高齢化の進展に伴う国際競争力の低下、さらに労働力不足を懸念しながらも、育児や介護などへの参加は、企業の収益に寄与する限りで認められ、そのために必要な効率的な働き方や就業形態の多様化は生産性の向上に寄与すべきものと位置づけられる（同前、一二八頁）。

他方、経済同友会は、少子高齢化の進展と、経済のグローバリゼーションの中で、国際競争力を維持するには、適正な配置による生産性の向上が求められているのであり、そのためには「人材の流動化と雇用形態の多様化」が必要だと見ているのである。ここでWLBは、多様な働き方を実現するための前提ととらえられているといえる（同前、一三〇頁）。かくして、経済同友会の構想は、グローバリゼーションと少子高齢化の進展を背景に、「ワーク&ライフ インテグレーション」という理念をもとに多様な就業形態の促進、さらにいえば労働力の流動化を図るとともに、それを保証するための「職務・役割主義」を基軸とする人事制度の構築と、労働法制の規制緩和を求めるというものである（同前）。

もちろん経済活力の維持と少子高齢化に対する対応は、わが国の今後のあり方にとって極めて重要な問題であり、子育てや介護などを可能にするような働き方の見直しという問題の提起は多くの積極的な面を含んでいると思われる。しかし、問題はこのような就労形態の多様化が新自由主義的な傾向と結びつき、『21世紀の新しい働き方』で提起されたような解雇規制の規制緩和、さらに『人材の集う企業へ』において示唆された正規社員と非正規社員との均等待遇を基盤とする正規社員の賃金の弾力化に象徴されるような正規社員の地位の解体と、このような改革が結びついていることである（同前、一三二～一三四頁）。

いずれにせよ、日本経団連や経済同友会の提起するWLBという問題提起は、育児や介護などを可能にする就業形態の多様化を媒介に、国際競争力の維持と労働生産性の向上を前提とする労働力の流動化とわが国雇用慣行の見直しに結びついて進められている。その意味で財界のWLBという提案は、わが国企業の新自由主義的な改革の根拠となっているといえる（同前、一三四頁）。さらには、政府主導で進められている「働き方改革」の議論においても、労働時間短縮や生産性向上、企業収益の改善、賃金の上昇といった数量的側面が強調され、職場における働き方のコンテンツ、たとえば働く人々の精神的な充実、人間としての成長等に関しては等閑視される傾向にある。なぜなら、WLBが企業戦略として取り入れられるということは、「企業側が良しとする新たな働き方」が想定されることにほかならないからである。言い換えると、ＷＬＢの推進が労働者にとって有益なのかという論点につながる。たとえば、ＷＬＢ推進のもとに、仕事の効率性を上げることで労働時間の短縮を達成しようとすれば、結果として労働密度を高め労働強化に帰結することは想像に難くない。さらに、所定労働時間内に仕事を終えることが良しとされれば、残業することが労働者個人の能力や努力の不足または「手際の悪さ」として見なされ、労働者の自己責任の強化をともなうことになる。このような風潮の中では、持ち帰り残業やサービス残業が増加し、労働時間の正確な把握さえより困難になるだろう。「効率よく仕事を終えれば、仕事がますます増えるのはどうしたことか」（日本労働弁護団、二〇〇六）と批判されるように、ＷＬＢの推進が結果として労働者にとってより厳しい労働条件・労働環境を生むことになるという可能性は十分にあり得るのである。

したがって、ＷＬＩ、すなわち「仕事や働き方、時間などの自己管理」は、①性別を問わず、②年齢を問わず、③個人の主体的選択・決定によって実現されるべきものとして共通理解がなされ、それに基づいて労働者個人に主体的な選択や決定が要求されるとしても、現実には労働と生活のバランスについて労働者個人が選択し決定できる余地は相当に限られることが予測されるのである。

ＷＬＢの現状を鑑みると、「働き方改革」が政財界の「協働」による政策であるために政策的推進力が強いこと、労働者にとってより厳しい労働条件・労働環境を生む可能性があること等の課題が指摘され得る。現状としては「働き方改革」の持つ積極的な可能性よりもむしろ、それが孕む危うさをこそ注視すべき状況にあると考察する。

（2）ワークライフ・インテグレーションの意義と展望

産業革命以降の変遷に鑑みれば、現代社会の特徴の一つが「非生産活動」（＝余暇社会）にあることに疑いはなく、その意味でＷＬＢという枠組みは今日にも有効であろう。しかし、「生産活動」における問題をはじめ今現実に日本社会で起きている社会問題をとらえるための枠組みとしてはＷＬＢはあまりに巨視的で、結果として現状認識の精度を欠くと考えられる。これに対し、ＷＬＩは生活における労働の肥大化と「仕事専念型」を前提とする社会構造に問題の所在をみるものであり、日本社会が抱える社会問題というレベルに焦点を合わせた問題認識の枠組みである。

では、ＷＬＢという枠組みではとらえきれず、ＷＬＩでとらえられるものとは具体的に何か。そこで、ＷＬＩにおける「ライフ」への意味づけの拡大に着目する。

現在の少子化対策は「子どもが病気になっても気にしないで労働に専念できる」ように、「便利な保育サービスを増やし、効率化する」という発想に基づくものであり、「サービスが充実して便利になればなるほど親密な人間関係が失われていって、人間関係に基づく安心であるとか、創造性というものが社会から失われていくことが、今の少子化対策の一方で起こってきている」ことが指摘されている（池本、二〇〇八、一四三～一六五頁）。重要なことは子育ての時間の量的確保だけでなく子育てをどういうふうにやったらいいか、というノウハウとか、協力して子育てできる仲間をどう作るか、という子育ての時間の質であり、一九九〇年代に重視されてきた「女性が働く権利」に加え、両性の「子育てをする権利」を認めたうえで、豊かな子育ての時間を保障していくことが求められている。

ＷＬＩに対してこのような意義が見出される一方で、現在進められている「働き方改革」が孕んでいる危うさを具体的に挙げると、それは、労働強化や労働者の自己責任の強化、新しく想定される働き方の強要という結果を招く危険性であり、「働き方改革」の具体像やそれに至るプロセスに対する意見の大きな相違という今後の展開の不確実性であり、また、政財界の「協働」による「働き方改革」政策の推進による影響力ないし強制力の強さである。このような「働き方改革」の危うさを克服していくためには、課題として以下の二つが指摘される。

第一に、ＷＬＩの理論的構築の必要性である。少なくとも日本においては、これまで見てきたように企業が経営戦略としてＷＬＢを導入してきたという色合いが強く、労働者の権利としてのＷＬＢを位置づけていくという傾向は弱い。

人によってＷＬＢがとれている状態は異なる。ライフ・ステージ、キャリア・ステージ、ライフ・イベント、ライフ・サイクルによって変化する。必ずしも仕事と生活が五〇：五〇でバランスがとれた状態である必要はなく、中長期的な視点から本人が納得する状態であることが前提となる（関口、二〇二〇、一二〇頁）。自らのキャリアを主体的に設計していくためにも、労働者の権利を包摂していくようなＷＬＩの促進と理論枠組みの構築が必要である。

第二に、「摩擦なき共存」の仕組みの構築である。労働者の権利を包摂するという観点からＷＬＩを積極的に意義づけ、その必要性を説くとき、問題になるのはその担い手として位置づけられてきた労働組合の弱体化である。「働き方改革」に関する労働組合の取組みは一部にはあるが[5]、労働組合が現時点で強い影響力を持っているとはいえない。むしろ、労働者階級という一定のまとまりを前提とし労働者の総意を汲みとっていることに取組みの正当性を見出してきた労働組合にとって、正規労働者と非正規労働者、長時間労働者と短時間労働者、子育てが終わった世代と子育て中の世代など、労働者間の対立構造が複雑化していくなかで、「摩擦なき共存」の仕組みが求められるべきであるが、現在の労働組合がそれを実現することは極めて難しい。たとえば、少数派であっても「生きる営み」に切実に問題を抱えている人たちがいる。彼ら彼女らを「働き方改革」の問題の当事者と位置づけるならば、「働き方改革」政策の抱える危うさはむしろＷＬＢについて政財界が先行し、当事者の声が政策に反映されていないという点にあると考えられる。かつて、「長時間労働や過労死、非正規雇用など、働く現場は深刻な問題が山積みなのに、『仕事と生活の調和』とは、なんとも能天気なスローガン、と感じる人も多いだろう」（『朝日新聞』二〇〇八年八月一〇日朝刊）といわれたように、「働き方改革」が掲げる目標と労働現場の現実との落差は極めて大きい。そのような中で、少数ではあっても組織的に展開されてきた当事者らの取組みは着目される必要がある。「生きる営み」に切実に問題を抱える当事者たちの声は、政財界「協働」で強力に推進されている現行の「働き方改革」に対して、オルタナティブを示していく可能性が内包されている。政策レベルであるが故に多くの危うさを内包する「働き方改革」は、「生きる営み」＝ＷＬＩの論理に基づいたそのような当事者たちの声、すなわち「働く人の視点」を通じた軌道修正なしには、現実に「仕事専念型」社会の変革、そして「男性稼ぎ主モデル」の解体へとつながる道筋にはならないであろう。

注

（1）　内閣府仕事と生活の調和推進室「仕事と生活の調和推進のための行動指針」　http://wwwa.cao.go.jp/

wlb/government/20barrier_html/20html/indicator.html（アクセス日：二〇二〇年一二月一五日）。

（2）日本経団連によれば、「Society 5.0」とは、創造社会であり、「デジタル革新と多様な人々の想像・創造力の融合によって、社会の課題を解決し、価値を創造する社会」であるという。また、「Society 5.0」は、人間だけでなく自然や技術にも想像をめぐらし、共生の道を探ることで、持続可能な発展を遂げていくもので、国連で採択された持続可能な開発目標（ＳＤＧｓ）の達成にも貢献できる概念であるとされる。日本経団連（二〇一八年一一月一三日）「Society 5.0――ともに創造する未来」（https://www.keidanren.or.jp/policy/2018/095_sasshi.pdf　アクセス日：二〇二〇年一二月一六日）。

（3）日本経団連によれば、デジタルトランスフォーメーションとは、デジタル技術とデータの活用が進むことによって、社会・産業・生活のあり方が根本から革命的に変わることであるとされる。また、その革新に向けて産業・組織・個人が大転換を図ることである。日本経団連（二〇二〇年五月一九日）「ＤＸ――価値の協創で未来をひらく」（http://www.keidanren.or.jp/policy/2020/038_gaiyo.pdf　アクセス日：二〇二〇年一二月一六日）を参照。

（4）二〇一九年一〇月現在、女性一〇〇に対して男性九四・八。

（5）たとえば、日本労働組合連合会（連合）は目指すべき「ワーク・ライフ・バランス社会」を「女性労働者の仕事と育児・介護の両立」にとどまらず、「男性か女性か、家族的責任を有しているか否か、正規か非正規かを問わず、すべての労働者にとっての仕事と生活のバランスの回復」を達成した社会であると定義している。連合「私たちの働き方改革宣言」（https://www.jtuc-rengo.or.jp/activity/kurashi/data/hataraki-kata_sengen.pdf?4925　アクセス日：二〇二〇年一二月二〇日）。

参考文献

荒川敏彦（二〇二〇）『「働く喜び」の喪失』現代書館。

伊岐典子（二〇一二）「ワーク・ライフ・バランスを考える」労働政策研究・研修機構編『ワーク・ライフ・バランスの焦点』労働政策研究・研修機構。

池谷美衣子（二〇〇九）「社会教育学研究の視角としての『労働と余暇』の限界性克服に向けた一試論」『教育学論集』第五集。

池本美香（二〇〇八）「少子化対策におけるワーク・ライフ・バランスへの期待」山口一男・樋口美雄編『論争日本のワーク・ライフ・バランス』日本経済新聞社、一四三～一六五頁。

経済同友会（二〇〇七）『人材が集う企業へ――多様な働き方を尊重し、自ら考え選択できるしくみを』(https://www.doyukai.or.jp/policyproposals/articles/2006/pdf/070410a.pdf　アクセス日：二〇二〇年一二月一七日)。

経済同友会（二〇〇八）『21世紀の新しい働き方「ワーク&ライフ インテグレーション」を目指して』(https://www.doyukai.or.jp/policyproposals/articles/2008/pdf/080509b.pdf　アクセス日：二〇二〇年一〇月一五日)。

関口和代（二〇一〇）「ワークライフバランス」岩出博編著『従業員満足のための人的資源管理』中央経済社。

橘木俊詔（二〇一一）『いま、働くということ』ミネルヴァ書房。

内閣府 仕事と生活の調和推進室（二〇一七）『カエル！ジャパン通信』vol. 91 (http://wwwa.cao.go.jp/wlb/e-mailmagazine/backnumber/091/091.pdf　アクセス日：二〇二〇年一二月一五日)。

内閣府 仕事と生活の調和推進室（二〇一九）「コラム 働き方改革で全社員がワーク・ライフ・バランスの当事者に」『カエル！ジャパン通信』vol. 121 (http://wwwa.cao.go.jp/wlb/e-mailmagazine/backnumber/121/121.pdf　アクセス日：二〇二〇年一二月一五日)。

日本経済団体連合会（二〇〇二）「『少子化対策プラスワン』における法的整備について」(https://www.keidanren.or.jp/japanese/policy/2002/079.html　アクセス日：二〇二〇年一二月一六日)。

日本経団連（二〇二〇）「。新成長戦略」（http://www.keidanren.or.jp/policy/2020/108_honbun.pdf　アクセス日：二〇二〇年一一月二〇日）。

日本労働弁護団（二〇〇六）『人間らしい働き方を求める宣言』日本労働弁護団第50回全国総会決議（http://roudou-bengodan.org/_backup/books/docs/kokusho_4.pdf　アクセス日：二〇二〇年一一月二〇日）。

平澤克彦（二〇一七）「ワーク・ライフ・バランスと財界の戦略」平澤克彦・中村艶子編著『ワーク・ライフ・バランスと経営学』ミネルヴァ書房。

矢澤美香子（二〇一八）「ワークライフ・インテグレーションに関する研究の現状と課題」『武蔵野大学心理臨床センター紀要』第一八号。

山口一男・樋口美雄編（二〇〇八）『論争日本のワーク・ライフ・バランス』日本経済新聞出版社。

第6章　人的資源管理とワークライフ・インテグレーション

木村三千世

イントロダクション

職業人は、ワークライフ・インテグレーション実現のための支援を受けながら、イキイキと仕事をして、充実した職業人人生を送ることによって、夢を実現したり、目標を達成する必要がある。本章では、モチベーションを引き出し、積極的に職務を遂行し、生産性を向上させて企業に貢献できる従業員を育てるための企業の施策を概観し、調査データ等を確認することによって、ワークライフ・インテグレーションを実現して柔軟な働き方を可能にするための企業の施策について学ぶ。

1　人的資源管理とは

「人的資源管理（Human Resource Management）」とは、組織の中で、人（ヒト）という経営資源が力を発揮できるように管理・活用することである。ヒト資源は単なる労働力ではなく、モチベーションにより労働力や生産性をコントロールできるうえに日々成長する。ヒト以外の経営資源は、ヒトがいなければ動かすことができず、経営も始まらない。このヒト資源は組織における成長する資産であり、財産であるといえる。

ピーター・F・ドラッカーも「人的資源、すなわち人間こそ企業に託されたもののうち最も生産的でありながら最も変化しやすい資源である。そして、最も大きな潜在能力を持つ資源である」と述べている（ドラッカー、二〇〇六、一〇二頁）。経営者の責任は、人的資源が持つさまざまな能力や可能性を効率的かつ有効活用することであると述べ、経営者が人的資源である労働者の動機づけができるかどうかが経営を大きく左右するとした。労働者の働きがいや生きがいを提供することによってワークモチベーションを高めるとともに、目標とするキャリアを獲得するための能力開発は重要であるといえる。

労務・人事管理では、生産性の向上を目的としてヒトの行動が研究されてきた。人材を労働力やコストとしてとらえ、会社の利益を最大化するために労働力の管理が探求された。そして現在は、生産性の向上を左右する従業員のモチベーションを向上させるために、ライフステージに応じて柔軟に働き続けられる環境を整えることが求められている。今後は労働の対価は労働へのやりがい等を報酬とすることも必要となる。

（1）バブル経済崩壊後の日本的経営

一九九五年五月、日本経営者団体連盟（日経連）が「新時代の『日本的経営』――挑戦すべき方向とその具体策」のなかで、人材を「長期蓄積能力活用型グループ」、「高度専門能力活用型グループ」、

「雇用柔軟型グループ」に分けて管理するということを提唱した（日本経営者団体連盟、一九九五）。

「長期蓄積能力活用型グループ」人材は基幹業務を担う従来の正規雇用労働者であり、管理職、総合職である。「高度専門能力活用型グループ」人材は、企画、営業、研究開発等の専門職の契約社員であり、「雇用柔軟型グループ」人材は、パート労働者、契約社員、派遣社員などの有期雇用契約であり、一般職、技能部門、販売部門に一時的に雇用する人材である。ここで提唱されているのは、必要な人材を必要なときに必要な数だけ雇用してコストを切り詰め、生産性を向上させるために労働力を必要に応じて柔軟に使い分ける施策である。この提言により雇用は多様化し[1]、現在では非正規雇用労働者が約四割を占めようとしている。

（2）アベノミクス時代

企業の成長・拡大が難しい時代となり、労働者の生涯にわたる雇用の保障が一人ひとりの社員と企業の関係を重要視する時代が到来し、「労働の対価は労働のやりがいで」といわれる時代にＥＶＰ（Employee Value Proposition）は不可欠である。ＥＶＰとして企業が従業員に提供できるものには、ワーク・ライフ・バランス（以下、ＷＬＢ）の実現、福利厚生の充実、資格補助などがある。現在企業で働く従業員が他の会社へ移るのを防ぎ、今後入社してほしい人材に「この会社に入社して働こう」と思ってもらうことがＥＶＰになる。働く人生をアップグレードさせるものである必要がある。モチベーションや満足度は大きく生産性に関係することから、モチベーションを向上させる施策を導入することが求められている。

健康で働き続けられること、ライフステージに合わせてやる気を持って柔軟に働けることが求められる。ライフステージに応じた働き方は、必要に応じて労働時間を調整する生涯にわたってのワークシェアリングであり、企業内での役割ワークシェアリングであるともいえる。

2　ライフキャリアとライフステージにおける課題

働き方改革が浸透したことにより、労働者一人ひとりが望むキャリアを獲得して、生き生きと生活しやすくなりつつある。しかし、キャリアは仕事だけで築くものではなく生活と有機的に関係している。生涯にわたるキャリアについては、アメリカの教育学者ドナルド・E・スーパー（Donald E. Super）の理論から確認することができる。

（1）スーパーのライフキャリア・レインボー

ライフキャリア・レインボー（図表6-1）は、一九五〇年代にスーパーが提唱したキャリア理論を視覚的に描写したものである（渡辺・ハー、二〇〇一、八三頁）。人が生まれてから死に至るまでの社会的役割等の視点から、ライフ・ヒストリーに埋め込まれた、子ども、学生、余暇人、市民、労働者、家庭人、その他のさまざまな役割（配偶者、親、年金受給者等）というライフロールを虹のように積み重ねたものとして図示している。そのライフロールである役割を使い分けながら生活しており、年齢やライフステージ、役割を組み合わせた経験の積み重ねにより、ライフキャリアは形成されていると

図表6-1　ライフキャリア・レインボーの7つの役割

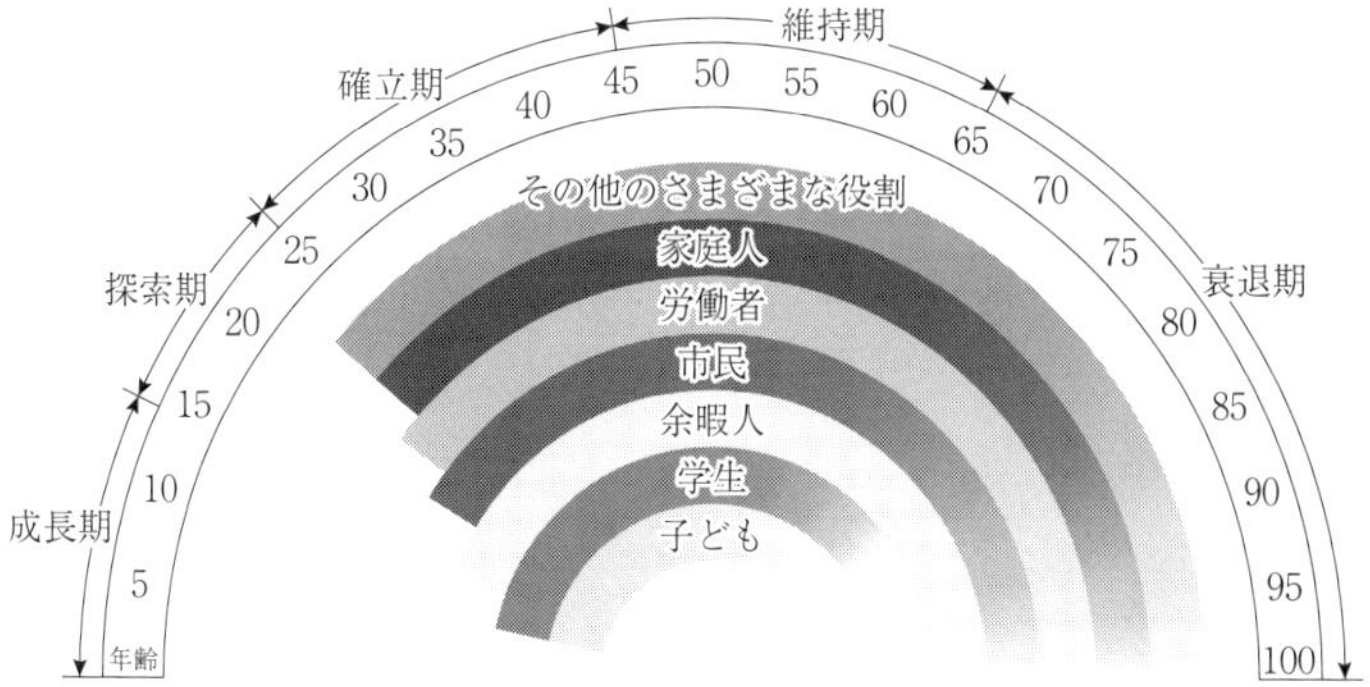

出所：渡辺・ハー（2001）の「生涯経歴の虹」に筆者加筆。

する。ここでは全人生は成長期・探索期・確立期・維持期・衰退期の五つの段階に分けられ、各段階で多様な役割を果たしてゆく。さまざまに経験を重ねることを人生全般ととらえるライフキャリアの考え方をキャリア理論に導入したものである。

成長期　定位家族(2)との相互関係や学校生活の人間関係によって、自己を形成するとともに自己を知る期間である。また、これからの人生で遭遇する「仕事やキャリア」に対しての関心や積極性を高める時期である。この間に身近な大人を観察し、両親の価値観も身につけながら、これらの体験によって、自己のキャリア観などを育てていく時期といえる。

探索期　引き続き学校生活、家庭生活、そして仕事において、挑戦と失敗を繰り返して成長する時期であるとともに、生涯の仕事を模索し、出会う時期でもある。多様なことに挑戦し、より多くの人たちと出会い、人間関係の構築の仕方を学んで自信をつけ、独り立ちする準備をする時期ともいえる。

確立期　定位家族から独立し、生殖家族を持ち、生涯の仕事について模索してキャリアビジョンが明確となる。仕事を継続することによって、その仕事におけるキャリアを確立し、専門性を高める時期である。

維持期　これまでに得た経験や地位を守りながら、さらに発展させていく時期である。保守的になりすぎると、粘土層といわれる厄介者となってしまう可能性がある。働き方改革は仕事の仕方に大きな過渡期をもたらし、今後、仕事の仕方は加速度的に変わっていくと考えられ、専門性を深めつつ新たな課題に果敢に挑戦することが求められるとともに、後輩を育成する時期でもある。

衰退期　精神的・肉体的な衰えから、仕事をはじめとする活動から引退する時期であるが、退職後に新しい役割を得るなどして、「セカンドライフ」が謳歌できる時期でもある。定年年齢の時期以降、健康面では個人差が大きくなるうえ、さまざまな別れ等が訪れるが、穏やかな生活ができる環境を整え、築いてきたキャリアによる実りのある秋が迎えられるように、若手のうちから準備を心がけたい。人生一〇〇年時代が到来していることから、セカンドライフにおいても、やりがいを持って遂行できる役割を得て、さらに活躍する人が増えている。

以上のように「キャリアは一生発展し続ける」という理念のもと、このライフキャリアを年齢・役割（ライフロール）・場面（ライフステージ）の組み合わせであるとするのがスーパーのキャリア理論である。人は生涯にわたり、社会生活や家族の中において、経験や役割を積み重ねていき、キャリアを形成してゆく。職業のキャリアもその他のロールキャリアもそれぞれが影響しあって成長する。現在、過去、未来に加え、各人が理想とするＷＬＢを考える際、参考にすることができる。

（2）ライフステージにおける課題

この五段階にライフイベントという節目が生じ、そのイベント後に新たなライフステージが展開される。このライフステージに応じた役割を担う必要があり、そのライフステージに柔軟に対応できる働き方が求められる。核家族化が進んでいる現在、育児や介護といったライフイベントはすべての従業員に起こりうる。五〇代まで育児が続く場合もあれば、介護が早い時期から突然始まることもある。育児・介護等で必要となる時間を捻出するために労働時間が調整できない場合は、離職を余儀なくされることもある。

そして現在、「人生一〇〇年時代」といわれる。定年退職後に次のステージとなるシルバー世代をも充実させる必要があるため、キャリア開発は生涯にわたる課題となっている。

3　求められる人的資源管理施策

近年、採用活動等において、重要視されているのが福利厚生や能力開発である。従業員のモチベーションを向上させるための施策が欠かせなくなっており、働きやすさの指標としてＷＬＢが問われることも多い。それを次の調査データから確認してみよう。

（1）労働者が求める働き方に関する調査

「多様な働き方の進展と人材マネジメントの在り方に関する調査[3]」（労働政策研究・研修機構、二〇一八）によると、従業員の労働生産性やモチベーションを高めるため、「あなたが重要だと考える企業側の雇用管理の取組は何ですか」という質問に対する上位一〇位までの回答は「人事評価に関する公正性・納得性の向上」（六四・五％）、「能力・成果等に見合った昇進や賃金アップ」（五六・九％）、「職場の人間関係やコミュニケーションの円滑化」（四一・四％）、「有給休暇の取得促進」（四一・三％）、「本人の希望を踏まえた配属、配置転換」（三八・三％）、「労働時間の短縮や働き方の柔軟化」（三七・六％）、「長時間労働対策やメンタルヘルス対策」（三四・九％）、「優秀な人材の抜擢・登用」（二三・七％）、「仕事と育児の両立支援」（二二・〇％）、「能力開発機会の充実」（一八・七％）であり、一五位以下には「仕事と介護との両立支援」（一二・四％）、「仕事と病気治療との両立支援」（六・七％）、「副業・兼業の推進」（六・四％）と続いている。以上において、「正当な評価」は当然のこととして、加えて「人間関係の良さ」、「生活との両立」が強く求められていることが示されている。

（2）働きがいのある職場に関する調査

モチベーションを向上させるためには働きやすさは重要である。「働きやすい・働きがいのある職場に関する調査報告書」（厚生労働省職業安定局、二〇一四）から企業の取組状況を概観してみよう。

人材育成の実施率

中小企業において実施されている人材育成は「従業員の自己啓発・資格取得に対する補助を行う」（七二・二％）、「勤務時間の自主的な外部研修の受講を勤務扱いにする」（五八・六％）、「社内の自主的勉強会・ＱＣ活動を促進する」（五二・九％）、「職歴・階層ごとにＯｆｆ－ＪＴを行う」（五二・九％）、「ＯＪＴを計画的に実施し、かつその成果をチェックする」（五二・八％）、

「本人の希望に応じて一定のスキルを学べる研修を行う」（四九・四％）、「部下の育成」を上司の評価項目としている」（四八・七％）、「メンター制を実施する」（一二・五％）となっている。個人のスキルアップを望む傾向にある昨今、コミュニケーションを促進する意味でも「メンター制の導入」は実施する意味があると考えられる。

働きやすさと働きがいを促進する制度

前述の制度について「実施されている」と回答したものと「実施されていない」と回答したものを比較し、「働きやすい」「どちらかといえば働きやすい」と回答した割合の違いをみたところ、すべての項目で「実施されている」と回答した方が一〇～二〇ポイント高くなっている。

人材育成に関する制度を実施している企業としていない企業では、制度がある方が、「働きがい」「働きやすさ」も約二〇ポイント高い結果となっている。働きがいを感じられる制度について見てみると、「自分の希望に応じ、特定のスキルや知識を学べる研修」（七二・八％）、「上司以外の決められた先輩担当者（メンター）による相談」（七一・八％）、「計画的なＯＪＴ受講とその成果のチェック」（六九・八％）、「社内の自主的勉強会やＱＣ活動」（六八・一％）、「勤務時間内の自主的な外部研修の勤務扱い」（六八・一％）、「職歴・階層別の研修」（六六・八％）、「自己啓発・資格取得に対する補助」（六五・三％）であった。やはり人材育成制度の実施は効果があるといえる。

今の会社で働き続けたい要因

前述の調査において、「働きやすい」群と「働きやすくない」群を比べた場合、「働きやすい」と回答したもののうち六三・四％が「今の会社でずっと働き続けたい」と回答し、その理由を問うたところ「今の会社や職場に愛着を感じているから」（三七・四％）、

「今の会社でやっている仕事が面白いから」（二八・三％）など、現在の会社や仕事に対して肯定的にとらえて、自ら積極的に定着したいと考えている。一方、「働きやすくない」と回答したもののうち三八・六％が「仕事を辞めたい」と回答している。

（3）大学生の就職意識調査

「2021年卒、マイナビ大学生就職意識調査」によると、大学生の就職観として、「楽しく働きたい」（三五・八％）、「個人の生活と仕事を両立させたい」（二四・三％）が挙げられ、近年、大きな変化はない。現在の学生は自己の将来のキャリアを重要視していることから、仕事のやりがいと自己のスキルアップの機会などに対する関心が高く、法定外福利として、職業生活支援を受け、充実した生活（WLB）が保障されていることを重視しているといえる[4]。

（4）企業の働かせ方に関する調査

「多様な働き方の進展と人材マネジメントの在り方に関する調査」（労働政策研究・研修機構、二〇一八）において「性別、年齢、国籍、雇用形態、職種等の観点からみた勤め先企業の社内人材の多様化の変化」について、五年前と現在の比較、現在と五年先を比較した場合を問うたところ、「5年前と現在の従業員の雇用管理の多様性の必要」について「大幅に多様化」（五・七％）、「やや多様化」（五四・四％）の合計は六〇・一％であったのに対し、現在と五年後を比較すると「大幅に多様化」（一四・一％）、「やや多様化」（五八・九％）の合計は七三・〇％となっており、今後多様化が進展すると考えられていることが示唆されている。

「現在、取り組んでいる雇用管理の実施状況」では、「長時間労働対策やメンタルヘルス対策」（八六・三％）、「仕事と育児の両立支援」（八二・八％）、「能力・成果等に見合った昇進や賃金アップ」（八二・二％）、「人事評価に関する公平性・納得性の向上」（七九・八％）、「優秀な人材の抜擢・登用」（七八・九％）、「職場の人間関係やコミュニケーションの円滑化」（七六・三％）、「経営戦略情報、部門・職場での目標の共有化、浸透促進」（七六・〇％）、「仕事と介護の両立支援」（七四・八％）、「有給休暇の取得促進」（七二・七％）、「能力開発機会の充実」（七二・四％）、「仕事と病気治療との両立支援」（七一・七％）、「採用時に職務内容を文書で明確化」（七〇・二％）となっている。

また、内閣府委託調査「育児や介護による生活の変化が働き方へ与える影響について」（株式会社インテージリサーチ、二〇二〇）によると、女性（二〇～三九歳）が仕事と育児を両立するうえでの課題でもっとも多いのが「体力的にきつい」（三六・三％）であり、「子どもと過ごす時間が少ない」（三五・三％）、「突発的な事態が起きた時の対応が難しい」（二〇・七％）、「仕事の負担が重い」（一八・七％）である。さらに男性（四〇～四九歳）は「勤務先に仕事と両立させている男性社員がいない」（一五・九％）こともあり、理解が進まず、「両立支援制度を利用すると収入が減る」（二一・四％）や「人事評価に悪い影響が出る可能性がある」（一〇・三％）となることが示されている。また、女性より男性が「労働時間が長い」が約二〇％となっており、育児中であっても職務遂行上、使用できる制度が女性より少なく、使用すればたちまち給与等に影響が出るなど、男性の育児参加について理解が進まない組織が少なくないことを示している。

働き方、働かせ方に対する意見をこれまで見てきたように働きやすさ等は、ＷＬＢの充実度に左右されることがわかる。このＷＬＢという言葉を知っている人が、一〇年前の調査では調査対象者の約半数であり、さらにＷＬＢについて「言葉も内容も知っている」人は二〇・八％であったが[5]、二〇一八年の調査[6]によると「言葉も内容も知っている」人は四一％となり、ＷＬＢが浸透していることがわかる。

4　現在の人的資源管理の施策

二〇一九年四月一日、働き方改革関連法の施行により、時間外労働、月四五時間以上の残業は原則禁止となる上限規定、年次有給休暇の確実な取得、「フレックスタイム制」の拡充、「高度プロフェッショナル制度」の導入、「勤務間インターバル制度」等が順次実施されている。人的資源管理として、労働時間管理、賃金・給与管理、キャリア・能力開発管理等、多様で柔軟な働き方に対応できる管理をすることが求められている。

(1)　労働時間管理の柔軟性

従業員のワークモチベーションを向上させるのは、自己の労働時間の裁量度が高いことである。裁量度の高い働き方を概観する。

フレックスタイム制　フレックスタイム制は、あらかじめ総労働時間を決めたうえ、労働者が始業・終業時刻、労働時間を自ら決めることによって、生活と仕事の調和を図りながら効率的に働くことができる制度である。働き方改革の一環として、二〇一九年四月にフレックスタイム制に関する法改正がなされた。労働者の事情に合わせて、生活と仕事を比較的柔軟に配分することができるため、生活と仕事とのバランスが取りやすいが、精算期間内において、通常の勤務より少しずつ時間外労働が蓄積しやすい。

短時間勤務制度　子どもが小学校に入学するまで、一日の労働時間を一〜二時間短くすることを認める制度である。小学三年生まで対象とする企業や勤務時間を八時半から一四時までとするスーパー時短勤務を設けている企業もある。短時間勤務従業員が通常勤務従業員と協働する場合、勤務時間内の業績に応じた評価が必要であるが、短時間勤務したことをマイナス評価としてはならないことなど、評価には十分留意する必要がある。

裁量労働制　裁量労働制とは、労働時間を実労働時間ではなく、あらかじめ定めた一定の時間を働いたとみなす制度のことである。「一日の労働時間は八時間とする」と決めると、六時間働いても、一〇時間働いても八時間働いたとみなされ、実労働時間に関係なく一時間休憩が付与される。制度の特徴として出退勤時間を労働者がコントロールできるが、残業代は支給されない。休日や休憩は通常の法的規制が適用され、原則として休憩は時刻を定め、一斉に付与する必要がある。この制度の利用は、情報処理システムの分析・設計を行う従業員や弁護士のような専門性の高い、法で定められた一九業種や業務の遂行の手段および時間配分の決定などに関して使用者が具体的な指示をすることが困難な業務を遂行している従業員に限られる。

裁量労働制であれば労働者の裁量で仕事に取り組み、予定を立てて柔軟に働くことができそうである。しかし、他部署との調整事項や打合せ・会議があったり、顧客対応が求められる場合、それらの影響を受けることから、通常勤務従業員よりも長時間労働になりやすいことが調査結果に示されている(7)。

テレワーク

テレワークはＩＣＴ等を活用し、いつも通勤している事業所・仕事場とは異なる場所で仕事をすることである。東京オリンピックに向けて、東京を中心にテレワークの実施が後押しされていたが、遅々として進まなかった。しかし、新型コロナウイルス感染症の拡大により、緊急事態宣言で通勤ができなくなったり、時間差通勤等も進み、大企業などが多くの業務をテレワーク対応としたことから在宅勤務を導入する企業が一挙に増加した(8)。

テレワークは、モバイル型、雇用型、在宅型、サテライト型、自営型等のテレワークに区分され、モバイル型テレワークは日常業務の中で定着しているといえる。ここでは、雇用型テレワークを主に取り上げ、コロナ禍における働き方の変化については別に検討する。

テレワークに対するプラス効果の意見(9)が二〇％以上あったのは、「通勤時間・移動時間が減った」（五三・四％〔前年四六・五％〕）、「自由に使える時間が増えた」（五〇・六％〔同四七・一％〕）、「業務の効率が上がった」（四三・五％〔同四六・三％〕）、「家族と過ごす時間が増えた」（二五・三％〔同三四・三％〕）、「突発的な事態（火災発生、交通機関の遅延、子供の発熱等）へ対応できた」（二三・二％〔一七・九％〕）であり、時間が効果的に使えたという意見が多い。

マイナス効果の意見が二〇％以上に上ったのは、「仕事時間〈残業時間〉が増えた」（二八・七％〈前年三四・七％〉）、「業務の効果が下がった」（二七・〇％〈同二八・二％〉）、「職場に通勤している人に迷惑をかけた」（二二・六％〈同二三・九％〉）、「職場に出勤している人とコミュニケーションが取りづらかった」（二一・六％〈同一五・一％〉）というストレスを生じる意見が多い。

テレワークとして、従業員の自宅で仕事をする在宅勤務や、自宅やカフェ、ホテルなどの企業のオフィス以外の場所で仕事をするモバイルワーク、さらに会社が用意した駅近のサテライトオフィス[10]やシェアオフィス、コワーキングスペースなどの賃貸サテライトオフィスで仕事をする場合があり、どこでテレワークを行うかにより、働き方や生活に影響を及ぼすことになる。

高度プロフェッショナル制度　本制度は、高度な専門的知識等を有し、職務の範囲が明確で、一定の年収要件（二〇二〇年は一〇七五万円）を満たす従業員が対象となる。労使委員会の決議および労働者本人の同意を前提として、年間一〇四日以上の休日確保措置や健康管理時間の状況に応じた健康・福祉確保措置等を講ずることにより、労働基準法に定められた労働時間、休憩、休日および深夜の割増賃金に関する規定を適用しない制度[11]である。この制度について、政府は「働き方の自由度を高める」と説明しているが、たとえ一部の高収入の専門職（金融商品の開発、ディーリング、アナリスト、コンサルタント、研究開発）のみを対象としても、労働時間規制が完全に外されるため、過労死遺族や野党などは「過労死を助長する」と批判している。

(2) 雇用の柔軟性

正社員転換制度

非正規雇用労働者の正社員転換や待遇改善等の雇用対策を総合的に推進するため、二〇一五年九月二四日、厚生労働大臣を本部長とする「正社員転換・待遇改善実現本部」を設置した（厚生労働省、二〇一六）。同本部では、二〇一六年一月二八日に開催された第二回会合において、その時点から五カ年の非正規雇用労働者の正社員転換や待遇改善のためのさまざまな取組みを「正社員転換・待遇改善実現プラン」として決定し、当該プランをもとに、二〇一六年三月までに各都道府県労働局においても、各都道府県の実情に応じた非正規雇用労働者の正社員転換や待遇改善のためのさまざまな取組みを「地域プラン」として策定している。

図表6－2は、りそな銀行の社員間転換制度である。パートタイマーのパートナー社員と正社員の間にスマート社員が位置づけられ、転換試験に合格すれば、正社員になることができる。一定以上の基準を達成する必要があり、転換を希望する全員が転換できるわけではないが、試験に合格すれば正社員の道が開け、努力しだいでさまざまな職務・職位に挑戦できる。

再雇用制度

定年後や、育児・介護等のやむを得ない事情によって退職した元従業員を再雇用することに加えて、キャリアアップ等のために企業を退職した優秀な元従業員に対してもジョブリターンの機会として「再雇用制度」を広げ、正社員もしくは有期契約社員として再雇用する企業が増えている。従来であれば、円満退職した元従業員が対象であったが、近年は転職した優秀な労働者も対象としている。応募は随時可能とする場合が多く、書類選考・面接等により選考される。

図表６-２　りそな銀行「社員・スマート社員・パートナー社員」の処遇

<table>
<tr><th rowspan="2">項　目</th><th rowspan="2">一般社員</th><th colspan="2">スマート社員</th><th rowspan="2">パートナー社員</th></tr>
<tr><th>勤務時間限定</th><th>業務範囲限定</th></tr>
<tr><td>業　務</td><td>制限なし</td><td>制限なし</td><td>制限あり</td><td>職種区分による</td></tr>
<tr><td>雇用形態</td><td>直雇用</td><td colspan="2">直雇用</td><td>直雇用（紹介予定派遣）</td></tr>
<tr><td>雇用期間</td><td>期限の定めなし</td><td colspan="2">期限の定めなし</td><td>有期雇用（入社時点）</td></tr>
<tr><td>異動（転勤）</td><td>本拠エリアに基づく（隔地間の異動もある）</td><td colspan="2">転居を伴わない</td><td>転居を伴わない</td></tr>
<tr><td>勤務時間</td><td>７時間45分（変形労働時間制）</td><td colspan="2">７時間45分（変形労働時間制）</td><td>５～７時間程度
※勤務日数も弾力的</td></tr>
<tr><td>時間外勤務</td><td>あ　り</td><td>な　し</td><td>あ　り</td><td>あり（制約あり）</td></tr>
<tr><td>職務等級制度</td><td colspan="4">同一の職務等級制度</td></tr>
<tr><td>昇級基準</td><td colspan="4">同一の昇級基準</td></tr>
<tr><td>登　用</td><td colspan="4">すべての役職へ登用可</td></tr>
<tr><td>能力開発</td><td colspan="4">基本的には同一体系</td></tr>
<tr><td>評価制度</td><td colspan="4">同一の評価制度</td></tr>
<tr><td>職務給</td><td colspan="4">時給換算で水準統一</td></tr>
<tr><td>一時金</td><td>適　用</td><td colspan="2">70％</td><td>少　額</td></tr>
<tr><td>退職金・年金</td><td>適　用</td><td colspan="2">一部適用</td><td>原則なし</td></tr>
<tr><td>福利厚生制度</td><td>適　用</td><td colspan="2">一部適用</td><td>原則なし</td></tr>
</table>

出所：筆者聞き取りにより作成。

副業・兼業　副業と兼業は区別して使われていない。一般的には収入を得るために携わる本業以外の仕事をすることを指している。従来、副業・兼業については、従業員が負っている機密保持義務や就業避止義務などの観点だけではなく、長時間労働になることによって健康管理上、問題であることや、社会保険等の取扱いが複雑になることなどから、多くの企業では本業以外の副業・兼業は就業規則等において禁止していた。

しかし、働き方改革により、柔軟な働き方のひとつとして副業・兼業を容認する企業が増加傾向にある。副業・兼業で得られる収入は本業の時給より下がることが少なくないが、現在の仕事以外の職種が体験できたり、趣味を活かすことができたり、多様な経験を重ねて本業に活かすことができるだけでなく、起業につながったりすることもあるため、やりがいをもって取り組む労働者が増え、副業正社員という制度を設ける企業もある。副業で始めた仕事が転職に結びつく場合もあれば、お試し転職として兼業を始める労働者もいる。場所を越え、業務や期間を自由に選んで働く人材をビヨンド人材といい、即戦力となる人材であるため、今後、増加すると考えられる。

副業・兼業を行う場合は、労働基準法で定められているとおり、法定労働時間および時間外労働のうち時間外労働と休日労働の合計で単月一〇〇時間未満、複数月平均八〇時間以内の要件があり、本業の時間外労働との通算の必要から届出制度を適切に行う必要がある。

企業内個人事業主制度　一定の業績を出し、個人事業主として独立する社員を支援する制度を進める企業がある。この働き方を推進している企業のひとつに「社員食堂」で有名になった株式会社タニタがある。(12)二〇一七年から「日本活性化プロジェクト」と称して、個人事業主となることを希望する従業員を企業から独立させて、これまでタニタで担当していた業務をそのまま請け負うとともに、興味のある他の業務も交渉して請け負うことができるうえ、他社の業務を請け負うことも可能になる。確定申告などは元従業員自らが行わなければならないが、タニタでは相談窓口が設けられているから心配はないという。働く時間や場所にとらわれず、主体的に仕事や人生をデザインできる方法であるといわれるが、一度退職してしまった元従業員との契約や仕事は、不況になっても本当に守られるのか不安定な要素は多い。

出　向　これまでの一般的な出向は、配置転換のひとつとして、中堅以上の従業員を企業の都合で関連会社等に異動させることが多かった。しかし、コロナ禍において、従業員の雇用を守るため、業績が悪化した企業に在籍したまま、一時的に人手不足の企業に出向させる企業連携の出向が出現している。これまでの職務を活かすことのできる職種であるが、系列などの関連のない企業への出向である。出向したことで視野や人脈を広げ、新たな事業の開拓に結びつくことが期待されたり、受け入れ企業は、普段は入社してこないような即戦力となる職務遂行能力の高い人材を受け入れることによって自社の活性化に役立てている。今後は出向インターンシップのような形で定着すると考えられる。

ワーケーション　新しい働き方のひとつとしてワーケーションという働き方も広がりを見せている。ワーケーションは、地方のホテルやリゾート地などの休暇先でテレワークを活用する仕事の取組みである。地方創生を促進するために企業のサテライトオフィスを地方に設け、関係人口を増加させるための方法としても注目されている。

ワーケーションに関する調査[13]において、「導入に興味があるか」という質問への回答は、「非常に興味がある」が二〇・四％、「少し興味がある」が三〇・〇％であった。一方、「あまり興味がない」「全く興味がない」がともに二三・八％であり、「既に自社で導入している」が二・〇％という結果であった。「非常に興味がある」「少し興味がある」と回答した人に、「実際に導入する場合の課題」を問うたところ、「休暇中の仕事の適切な評価が難しい」（七一・四％）、「休暇中の業務の勤怠管理が難しい」（七〇・五％）、「仕事環境の整備が難しい」（七〇・五％）、「きちんと仕事をしているのか不透明になる」（六六・七％）などの意見が得られた。ワーケーション中の従業員と通常勤務中の従業員の協働や適正な評価という点において効率のよい働き方としての課題が残されている。新型コロナウイルス蔓延により打撃を受けた観光地への経済対策として、ワーケーション実施のために環境省が補助金を出し、制度の活用を推進している。

（3）賃金・給与管理の多様性

従来の日本企業では、賃金・給与は年功序列に従った職能資格制度が導入されていたが、一九九〇年代から成果主義を導入する企業が増加した。しかし、成果主義は本人の能力だけによるのではなく景気などにも影響されることに加え、短期的な成果を競い社内のコミュニケーションがスムーズにいかないことから実施のためには課題が多く、一九九〇年代後半以降、従業員の役割による役割等級制度を用いる企業が増えた。

役割等級制度とは、経営目標を達成するために従業員が果たすべき役割を明確にし、役割に等級を持たせる制度である。役割の内容に応じて待遇を決定するが，各企業で役割の定義は異なり，企業の事情で調整することができる。職務等級制度と比較すると，日本企業には導入しやすい制度である。職務等級制度の場合，すべての職務について職務記述書を作成したり，組織改編のたびにアップデートしたりする必要があり，全社員が担当している仕事を確認し，現在の遂行状況から等級に当てはめて評価，実施する必要がある。

（４）主体的なキャリア開発・能力開発

企業における能力開発

企業における能力開発は，ＯＪＴ（On-The-Job Training），Ｏｆｆ－ＪＴ（Off-The-Job Training），自己啓発に分けることができる。ＯＪＴとは通常の業務の中で，上司や先輩社員等が計画的，実践的に指導をすることである。やって見せて，説明し，実際に体験させて確認し，さらに指導をする。フィードバックが早く，実践的であるため導入する企業は多い。Ｏｆｆ－ＪＴとは，職場を離れて行う座学などの研修のことで，まとめて知識を習得する研修や階層別の研修がこれに当たる。ＯＪＴとＯｆｆ－ＪＴを連動させて行うことで相乗効果がある。これらに対して，現在の職務には直接関係しないものもあるが，将来，必要になるであろうと思われることや，従業員自身が学びたいことを自発的に学ぶことにより能力開発することを自己啓発という。自己啓発制度として，企業が紹介する講座の修了証を人事部等に提出することによって講習費用の支援をする企業は多い。

図表6－3　もっとも重要と考える能力・スキル（複数回答）

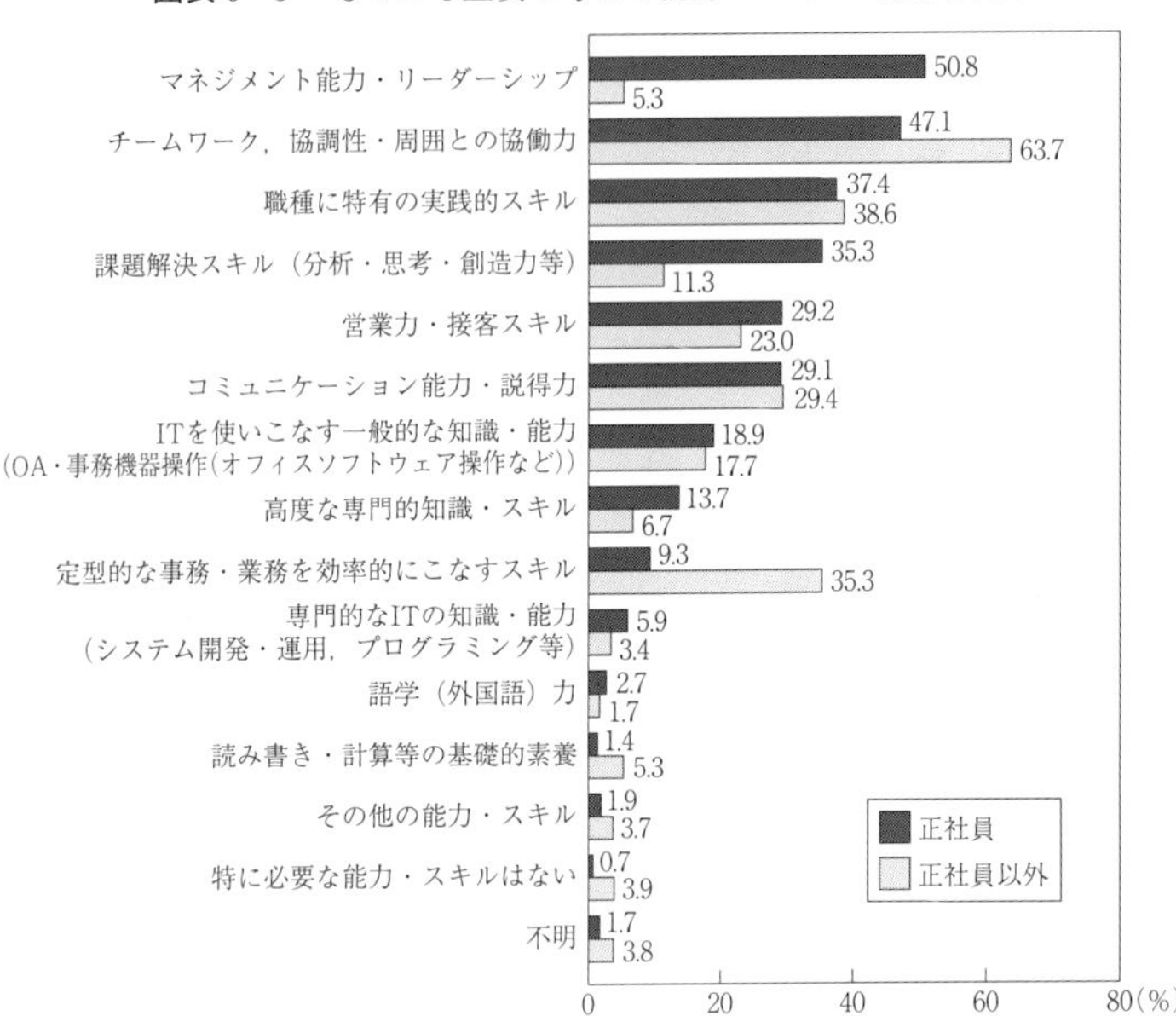

出所：厚生労働省（2020）。

能力開発の現状

令和元年度「能力開発基本調査」（厚生労働省、二〇二〇）によると、計画的なOJTを正社員に行った企業は六四・三％、正社員以外に行った企業は二六・五％であり、正社員にOff－JTを実施している企業は約七五％である。自己啓発を正社員に行った企業は、八二・四％であり、正社員以外に行った企業は五三・一％であった。正社員以外も正社員と同じように教育訓練等の機会を与えなければならないが現状は異なっている。

また、企業がもっとも重要だと思う能力・スキルは図表6－3のとおりであり、正社員に求める能力・スキルの上位三つは「マネジメント能力」（五〇・八％）、「チームワーク、協調性・周囲との協働力」（四七・一％）、「職種に特有の実践的スキル」（三七・四％）である。一方、正社員以外に求める能力・スキルの上位三つは「チームワーク、協調性・周囲との協働力」（六三・七％）、「職種に特有の実践的スキル」（三八・六％）、「定型的な事務・業務を効率的にこなすスキル」（三五・三％）である。いずれもチームワーク、協調性、協働力や職種に特有の実践的スキルや「コミュニケーション力・説得力」はすべての従業員に同じように求められていることが示されている。

同調査によると、正社員にキャリアコンサルティングを行っている企業は三九・三％、正社員以外にも行っている企業は二四・八％である。正社員にキャリアコンサルティングを行う目的の上位三つは「労働者の仕事に対する意識を高め、職場の活性化を図るため」（七七・六％）、「労働者の自己啓発を促すため」（六七・一％）、「労働者の希望等を踏まえ、人事管理制度を的確に運用するため」（五二・九％）であり、正社員にキャリアコンサルティングを行った結果、「労働者の仕事への意欲が高まった」（五三・〇％）、「自己啓発する労働者が増えた」（三七・五％）、「人事管理制度に労働者の希望等を的確に反映して運用できるようになった労働者が主体的に職業生活設計を行うようになった」（二六・八％）等の効果があったと回答されている。

従業員のモチベーションは、生産性を向上させる大きな要因であることから、ここでも労働者の仕事の意欲を高め、自己啓発する労働者の希望を的確に反映しようとする企業の姿を見ることができる。

5　ワーク・ライフ・バランスに配慮した福利厚生

従業員は多様な報酬を得るために働いている。報酬は労働の対価としての給与や賞与だけではなく、雇用保険、健康保険の法定福利、さらにはやりがいや達成感なども含まれると考えられるが、ここでは従業員が望む柔軟な働き方を実現するために、従業員のライフステージに応じて保障される法定外福利等の支援について概観する。

（1）福利厚生のねらい

日本企業において、終身雇用を大きな特徴としていた時代は、生涯にわたって従業員とその家族の生活まで保障することが当たり前であったが、バブル経済が崩壊して以降、福利厚生をはじめとするコストを削減する企業が増加した。そのため、現在では、他社より福利厚生が充実していることが人事戦略における優位性となっている。安心して働くことができ、働くことを通して成長できる良い組織だという評価を得て、優秀な人材を採用し、定着させるための施策となっているのである。

近年、少子化の影響で優秀な人材の獲得競争は年々激化していることから、特に多様化するライフスタイルに対応した福利厚生やＷＬＢ施策の充実を大きなアピールポイントとする企業は多い。従業員一人ひとりの価値観や嗜好、経験などを客観的に把握して、ライフステージに対応した福利厚生サービスを提供できることは、従業員のワークエンゲージメントを高める手段にもなっている。

企業における法定福利費は従業員一人一カ月あたり八万四三九二円、住宅関連、医療・保険、ライフサポート、慶弔関連、文化・体育・レクリエーション、共済、福利厚生代行費等の法定外福利費は二万四一二五円として調査結果に示されている（日本経済団体連合会、二〇二〇）。

ＷＬＢを実現するための施策が導入された当初は、生活に必要な支援の一つとして考えられていたが、現在、ＷＬＢは企業のＣＳＲ（Corporate Social Responsibility）として問われる時代となっている。このＷＬＢは仕事と生活を対立させる視点から考えられることもあるため、今後は、仕事と生活の融合として相乗効果が出ることに配慮したワークライフ・インテグレーション（以下、ＷＬＩ）が実現できるように取り組んでいく必要がある。

（2）多様な福利厚生

従業員の労働観や価値観が多様化していることに加え、従業員のライフステージごとに求める支援は異なるため、福利厚生に求めるものも多様化している。ユニークな支援として、第三子以降出生祝い金一〇〇万円を支給したり、保育施設費用補助をしたり、数日間の休暇と休暇手当をセットにして支給する企業もある。[14]また、従業員が自分に必要な福利厚生をメニューなどから選択することができるカフェテリアプランは、従業員にとってメリットが大きく、二〇一九年にカフェテリアプランとして計上された費用は、日経連の調査によると従業員一人一カ月当たり四六六〇円（前年度四八八一円）と報告されている（日本経済団体連合会、二〇二〇）。

近年、福利厚生に対するニーズは多様化している。このニーズに対応するためにカフェテリアプラン制度を設けている企業もあるが、従業員の多様化するニーズに各社における福利厚生施策では対応できなくなっていることから、規模の利益を利用した福利厚生サービスを提供している専門業者(15)にアウトソーシングする企業も増えている。

（3）女性の社会進出と男性の育児・家事進出支援

子育て中の女性の就業支援をコストとみている企業は少なくない。ＷＬＢにとってもっとも効果的である支援施策は、労働時間に柔軟性を持たせることである。労働時間の柔軟性を阻む要素として考えられるのは、「急な仕事が入ってくる」「取引先との顧客との対応が多い」「企画・判断を求められる仕事が多い」「他部署との連携・調整業務が多い」「会議や打合せの時間が多い」である一方、柔軟性を高めるのは「自分の裁量で仕事のペースやり方を変えられる」ことである。ここで支援となる制度を概観する。

育児休業　子が一歳（最長で二歳）に達するまで、申し出により育児のための休業の取得が可能な制度である。父母ともに育児休業を取得する場合は、パパ・ママ育休プラスの制度により、子が一歳二カ月に達するまで延長(16)される。また、産後八週間以内の産休期間に配偶者が育児休業を取得した場合は、パパ休暇として、特別な事情がなくても申し出により再度の育児休業取得が可能であり、子育てに専念するため一定期間の休職が認められる。育児休業は、子どもが一歳になるまでが一般的であるが、一歳を過ぎた次の春までとしたり、企業によっては三歳まで認めているところも増加傾向にある。さらに、二〇二一年以降には男性の育児休業についても一カ月取得できるように政府の方針が示されている。

育児期間における措置　三歳に達するまでの子を養育する労働者について、従業員が希望すれば利用できる短時間勤務の措置が義務づけられ、原則、一日六時間勤務を可能とするものである。本制度は職場復帰した育児中のほとんどの従業員が利用している[17]。

小学校就学前までの子を養育する労働者が請求した場合、一カ月二四時間、一年一五〇時間を超える時間外労働を制限している。また、小学校就学前までの子を養育する労働者が請求した場合、深夜業は制限される。

介護休業　介護休業をすることができるのは、対象家族一人につき三回まで、通算して九三日を限度として、原則、労働者が申し出た期間となる。対象となるのは、要介護状態にある対象家族を介護し、同一の事業主に一年以上雇用されており、介護休業を取得する予定日から起算して九三日を経過する日から六カ月を経過する日までの間に労働契約の期間が満了することが明らかでない男女労働者であり、日々雇い入れられる者は除かれる。

介護は育児と異なり、突然発生しうるものであり、先の予定が立ちにくいことから、突然離職する人が少なくない。そこで、介護離職を防止するための両立支援対策モデルが挙げられている。突然のことで不安に思う場合に備え、職場や介護施設に相談できる制度を設けることが必要となっている。

多様な休暇制度　新たなライフステージに差し掛かるとき、ライフイベントが生じる。このライフイベントと対峙するために支援が必要となることがある。WLIを実現するための支援として、看護休暇、配偶者出産休暇[18]、育メン支援休暇、不妊治療休暇、マタニティー休暇、学校行事参加休暇、アニバーサリー休暇[19]、長期勤続休暇等を設ける企業は増加傾向にある。

多様な支援　事業所内に設置した社員の子どもが利用できる事業所内保育所として一般の保育園では難しい病中病後の子どもの預かりも行う託児所を設けている企業もある。後に述べる資生堂では、事業所内保育所「カンガルーム」をさらに発展させて事業所内保育サポート「KODOMOLOGY」事業を立ち上げている。このようなサービスを利用して保育所のアウトソーシングも利用する場合もある。

このような企業による支援制度は、労働時間に関する制度と企業のコストとなる給付に関する制度に分けられ、労働時間に関する制度がまず整備された後、給付に関する制度が導入される傾向にある（木村、二〇一八）。

6　健康を保障する施策

近年の企業間競争はグローバル化が一般的なこととなり、職務は高度化するうえ、迅速な意思決定が求められる場面が多くなっている。このような背景によって、身心を健康に保つための施策は欠かせなくなっている。

メンタルヘルスケア　近年、長時間労働だけではなく、仕事の量やスピード、職場の人間関係などのストレス要因が増加していることから、メンタルヘルスケアが急務となり、二〇一五年一二月一日にストレスチェック制度[20]が施行された。年に一度、健康診断と同じようにストレスチェックをして一定規模以上の企業は労働基準監督署に届けなければならない。企業では、このように仕事をするうえで生じるストレスや悩みを相談できるカウンセリング制度を設けたり、ストレスを上手に緩和する方法を身につけるためのセミナーを開催したり、受講の費用を負担する制度を設ける企業は増えている。

サークル活動　近年では社内サークルとして、ランニングサークル、マラソンサークル、卓球サークルなどを始める会社も見受けられる。このような制度は従業員同士の親睦の機会を増やし、社内の風通しが良くなり、結束力を高め、離職率の低下につながる。場合によっては地域のマラソン大会等に会社のユニフォーム着用で参加することによって広告効果等も期待できる。

リフレッシュ休暇　法で定めている有給休暇とは別に、一定の勤続年数をクリアする等した従業員に企業が定めた期間の休暇を与える制度であり、一三・一％（一〇〇〇名以上企業の場合は四三・三％、前年一二・四％）の企業において導入されている[21]。長期勤続者に対して一カ月以上の休暇を与えたり、支援金を出す企業が増えており、年次有給休暇と組み合わせて取得を推進する企業もある。

7　資生堂の柔軟な働き方

一八七二年創業の株式会社資生堂（以下、資生堂）は「女性が働きやすく、活躍できる会社」[22]として、創業当初より評価されてきた。資生堂は女性用化粧品を主力商品とし、働く従業員数は、海外も含め約四万人であり、日本国内親会社従業員数[23]は四〇六六人（男性：一九八〇人、女性：二〇八六人）である。また、平均年齢[24]は三九・一歳（女性：三八・九歳、男性：約三九・二歳）である。

（1）資生堂の労働環境とその評価

現在の資生堂が「多様化する美の価値観に応え世界中の人々に自信や勇気、喜びや幸せをもたらすイノベーションに挑戦します」とミッションを述べているのは、「100年先も輝きつづけ、世界中の多様な人たちから信頼される企業になる」べく経営されていることに基因している。

このミッションを実現するための柔軟な働き方として、フレックスタイム制度、短時間勤務制度、半日単位の有給休暇制度、在宅勤務制度[25]、サテライトオフィス、裁量労働制度、副業・兼業許可制度、職種・コース転換制度、社員登録制[26]が設けられている。福利厚生は一般的な項目[27]に加えて、一九九八年からカフェテリア制度等が導入されたり、休暇についても有給休暇等に加え特別休暇や勤続年数に応じて取得できるリフレッシュ休暇[28]、連続休暇制度等が設けられている。保育設備・手当は後述する通り、充実している。

能力開発として資格・技能検定の取得奨励制度[29]、国内留学制度、海外留学制度、キャリアアップ支援制度[30]などが設けられている。中長期のキャリア目標については、年に一度、キャリア面談が実施され、自身の強みをどう伸ばすのか、成長課題をどのように克服していくのかを、上司・部下で話し合い、成長プランを策定する。資生堂美容技術の最高習得課程の資生堂美容大学院ともいうべき最長三年間のプログラム「資生堂ビューティーアカデミー」や学校法人資生堂学園と提携するBC技術認定[31]

支援プログラム、三〇～五〇日程度の派遣期間のBC海外短期派遣など、最高技術を習得できるプログラムが用意されている。

社内公募制度「ジョブエントリー」は、社員が自らの意思で希望する職務へチャレンジすることができる。これまでの職務経験や自己啓発を通じて形成してきたキャリアを積極的・主体的に拡げることを実現するための制度であり、年々応募者が増えている。さらに、FA制度[32]、企業内ベンチャー制度が設けられている。

外部評価として、東洋経済新報社が毎年実施している企業のCSRのランキング[33]によると資生堂の順位の推移は二〇一一年、二〇一二年は二〇位台であったが、二〇一三年以降少しずつ順位が下がり、二〇二〇年には一〇六位になっている。一方、日経BPの調査[34]による「女性が活躍する会社BEST100」総合ランキングとして二〇一三年は二位であり、二〇一四年から二〇一六年は一位となっており、それ以降は二〇一九年を除いて一〇位以内となっている。その評価ポイントは、働きがいとして「管理職登用度」「女性活躍推進度」、働きやすさとして「ワークライフバランス度」「ダイバーシティ推進度」で測定されている。

二〇一七年から上位管理職の女性比率向上のために、女性リーダー育成塾を開催しており、五四名が参加し、受講後、昇格意欲が四七％から八八％に上昇した。二〇二〇年一月の国内女性リーダー比率は三四％であった。二〇二〇年度以降、継続的に四〇％を目指し、中長期戦略「VISION 2020」の実現に向け、一〇〇年先も輝き続ける企業基盤の原型づくりに取り組み、二〇二〇年、管理職八五〇人中二六二人が女性であることなどから、同年一二月に総理大臣表彰を受賞した。

（2）すべての従業員が活躍できる柔軟な労働環境への道

資生堂では、育児や介護をしながら就業継続する社員の両立支援策として、一九九〇年以降、「仕事と育児や介護を両立し、就業継続ができる会社」を目指すこととし、一九九一年に育児時間制度、一九九三年に介護時間制度の短時間勤務制度を導入した。育児時間が適用できる期間について、法定では子どもが三歳未満であるところ、「小一の壁」に対応する両立支援制度を整えるために、二〇〇七年に短時間勤務者が帰宅した後の時間に対応する代替要員として「カンガルースタッフ体制」[35]を導入し、二〇〇八年には子どもが小学三年生まで対応できるようにした。介護については一回につき一年以内、通算三年取得できることとし、法で定めた期間を上回る制度とした。

二〇一四年には、国内の資生堂グループで働く従業員二万三八七〇人のうち、育休取得者は一四二一人（五・九％）、育児時間制度の利用者は一八八二人（七・六五％）、介護時間制度は一六名となり、多くの従業員が両立支援を活用することによって就業継続が実現できていた[36]。支援を受ける従業員が多くなると、会社帰りの来店者が多くなり繁忙となる一七時以降から閉店までに店頭の接客に入れるビューティーコンサルタント（以下BCとする）が非常に少なくなっていたにもかかわらず、さらに育休や子育て支援制度を利用する従業員が増加していた。制度を利用しない従業員は、同じような処遇で働いているにもかかわらず、妊娠・育児を理由に忙しくない早番ばかりを選択できる育児制度の時短勤務が許可される不公平に不満を抱く人もあり、不公平感のある職場を見直すための対策が取られた。

さらには、このような育児支援がなかった時代、つまり性別役割分業の時代にキャリアを築いた女性従業員は、さまざまな犠牲を払って仕事を続けてキャリアを積んできたことから、現職にある従業員との間には世代間ギャップが生じやすくなっていたともいえる。

そこで、両立支援制度を利用する女性が増加していた二〇一四年、時短勤務を活用しているＢＣに対して十分に面談をし、家族にも理解・協力を得る体制を整えたうえで、時短勤務のＢＣも遅番や土日のシフトにも入るように制度を変更したのである。利用しやすいが、気兼ねも生じやすかった制度が全社員の理解を得ることによって、やりがいとお互いさまの気持ちを共有できる制度となり、真の意味で働きやすい職場の実現となった。

（3）資生堂の事業所内保育施設「カンガルーム汐留」

資生堂の「カンガルーム汐留」は、二〇〇三年九月同社汐留オフィスに隣接する同社のビル内に開設された施設である（山極、二〇一六）。一九九〇年より取り組んできた仕事と育児の両立支援策の一つであり、子育て社員のサポートを目的の一つとしながら、社会啓発、「職」「育」近接の新しい働き方の探索、男性社員の育児への積極的参加促進も意図したＷＬＢの支援を進めていくためのシンボル的な施策と位置づけてられている。

対象は、生後五七日から小学校就学前の乳幼児で、看護師一人を含む七名が常駐しており、朝八時から延長すれば夜の八時まで使用することができる。保育料金は都内の認可保育園と同等の金額が設定され、利用者は地域水準に応じた保育投資を行い、特に経済的優遇はない。地域にも開放され、「企業が連携して子育て環境を改善していく」という考え方に賛同している企業にも開放されている。

この経験を活かして、二〇一七年、事業所内保育所の運営受託などを事業の柱としたＪＰホールディングスとの合弁会社「ＫＯＤＯＭＯＬＯＧＹ株式会社」を設立している。[37]「カンガルーム汐留」の設置・維持の費用は、運営開始から五年間は運営費の支給も受けられる財団法人21世紀職業財団から助成金を受け、設置時には設置費と保育遊具等購入費に関わる助成金を受けた。運営助成金は保育人数に応じて支給される。この助成金支給期間が終わると、企業内保育所は多額のコストがかかるＷＬＢ支援は、先に示した通り、時間的配慮に比べて実施することは難しい。このような事業所内保育施設の運営は、国の助成を受けたり、市町村や地域の企業と連携できなければ実現することはかなり厳しいといえる。

8　コロナ禍で変化した働き方

新型コロナウイルス感染症（以下、コロナウイルス）は働き方に多大な影響を及ぼした。ソーシャルディスタンスを保つために、オフィス以外から仕事にアクセスすることは日常的なことになり、一極集中は是正されつつある。

（1）テレワークの課題

「いつでもどこでも仕事ができる」と注目されているテレワークであるが、遠隔でやり取りされる情報のすべてが企業にとって貴重な経営情報であるため、経営情報の漏えい等のセキュリティ面が課題となり、コロナウイルス蔓延前まではテレワークを導入する企業は少なかった。ICT（Information and Communication Technology）が向上しても次に従業員の管理が課題となった。始業、休憩、終業を連絡・報告しても働き方が把握できないということである。さらに、従来であるとオフィスで仕事をしているときは、同時並行で多様な仕事を進めていたが、在宅となって、一つひとつの仕事の成果を緻密に問うことになり、仕事の質を上げるために長時間労働になる傾向がある。

厚生労働省の「テレワークにおける適切な労働管理のためのガイドライン」にも示されているように、このようなテレワークのデメリット[38]として「仕事と仕事以外の切り分けが難しい」（三八・三％）、「長時間労働になりやすい」（二一・一％）、「仕事の評価が難しい」（一六・九％）、「上司等とコミュニケーションが難しい」（一一・四％）、「書類や資料が分散する」（九・四％）、「共有情報等へのアクセスが難しい」（九・五％）、「成果を出すプレッシャーを感じる」（七・二％）、「健康管理が難しい」（六・〇％）、「孤独感や疎外感を感じる」（五・七％）などと続いている。共に仕事をしている同僚と何気なくかわすコミュニケーションが不足することにより人間関係が保ちにくくなり、仲間意識が低くなることからワークエンゲージメントや組織に対する帰属意識が低くなることが考えられる。

企業側の問題として「労働時間の管理が難しい」「進捗状況などの管理が難しい」「情報セキュリティ確保」「コミュニケーションに問題あり」等の不安が示されている（労働政策研究・研修機構、二〇一五、二三、五二頁）。たとえ、Ｗｅｂ会議ツール等を活用して打ち合わせをしても非言語的コミュニケーション部分は伝わりにくいうえ、Ｗｅｂ会議では雑談するには至らない。日本人労働者の場合、人間関係を重視する傾向にあるため、人間関係構築の支援も考えていく必要がある。

従業員が、いつ、どこからテレワークをしても普段通りの仕事ができるように、常に従業員一人ひとりが主体的に仕事を進められるコミュニケーションを取ることのできる組織づくりが不可欠といえる。

(2) コロナ禍前後の在宅勤務

労務行政研究所の調査(39)によると、コロナウイルスが蔓延する前から在宅勤務を導入していた企業は三一・三%であり、導入していなかった企業は六七・一%、その他一・六%であった。しかし、コロナウイルス蔓延のため、それまでに導入していた企業においても、八一・八%の企業においてはさらに制度を拡充している。一方、コロナウイルス蔓延前は在宅勤務を導入していなかった企業のうち、在宅勤務を導入した企業は二二・六%であり、一時的に導入した企業は七一・六%であった。二〇一九年まで、なかなか進まなかった在宅型テレワークであるが、コロナウイルス蔓延を機に取り組む企業が一挙に増えることとなった。アフターコロナにおいても働き方が変わることは間違いない。

9　ワークライフ・インテグレーション実現のための課題

厚生労働省が安全衛生優良企業、つまりはホワイト企業として認定した企業を公表する制度としてホワイトマークがある。安全衛生優良企業とは労働安全衛生法にしたがって労働者の安全や健康を確保する対策に積極的に取り組み、高い安全衛生水準を維持・改善している企業を指す。

（1）健康経営を目指して

ＩＣＴの浸透によりグローバル化が進展し、企業間競争が激化していることは周知のとおりである。労働者は大量の情報の処理や迅速な意思決定を行い、さらに無駄を徹底して省いて職務を遂行することが求められ、現在の労働者は超多忙である。仕事の負荷が強くなっているうえ、育児・介護等の生活責任により労働者が担うべき役割は増大し、ストレスは増加している。短期的な成果が求められること等、多様なストレスからメンタルヘルス不全に陥る労働者は増加している。

ビジネスの場では多様な雇用形態の労働者がさまざまな働き方をしていることから、上司、部下、同僚との人間関係も複雑化している。さらに、在宅勤務制度を活用する労働者も増加しており、他者とのコミュニケーション時間は限られ、人間関係が希薄になる傾向にある。ＳＮＳ（Social Networking Service）の浸透により、人間関係は広がってはいるものの希薄になっていることから緊張した人間関係によるストレスは増加していると考えられる。高ストレスの労働者に早期対応するためアルバイトを含む五〇名以上の事業場に、ストレスチェックが二〇一五年より義務化された。ストレスチェックは、メンタルヘルス不調に対する一次予防を講じてメンタル不調者の発生を防ぎ、健康的で働きやすい職場を実現するために設けられている。

多様な働き方が広がる中、高度プロフェッショナル制度のように労働時間管理が難しくなる雇用形態も増え、これらに備えて勤務間インターバル制度などを設ける必要に迫られている。勤務間インターバル制度とは、一日の勤務終業時刻から翌日の始業時刻までの間に一定の休息時間の確保を義務づけるものである。勤務終了から翌朝までの休息時間が短すぎると身心に悪影響をおよぼすため、勤務間インターバルとして一一時間以上の休息時間を空けることが求められる。九時から一七時まで所定労働時間として働き、一七時から二三時までが残業の場合、二三時から一一時間のインターバルを取って、翌日の始業時刻を一〇時とするなどが求められる。

そのような状況の中、人生一〇〇年時代が到来している。労働者は定年退職後も健康管理は重要な課題であるうえ、未婚化・非婚化・晩産化から、一人で複数の親の介護を行う「多重介護」や、育児と介護が同時進行する「ダブルケア」という課題も生じている。企業では、このような課題が山積する中、従業員には定年退職するまで生産性高く企業経営に貢献してもらわなければならない。

長時間労働などが続くと従業員の健康や生産性に悪影響を及ぼすだけでなく、健康を保障するための費用が生じたりする。そこで、経済産業省では、企業等における健康経営の取組みを促進するため、二〇一九年九月、「健康投資の見える化」検討委員会を開催し、健康投資やその効果の見える化に向けた検討を始めている。この健康経営の考え方は、一九八〇年代に米国の経営心理学者のロバート・H・ローゼンによって〝ヘルシー・カンパニー〟として提唱された（ローゼン、一九九四）。健康な従業員こそが収益性の高い会社をつくるという企業経営と労働者の健康管理を両立させるという考え方である。

(2) 柔軟な働き方の拡大

ＷＬＩは、仕事と生活のそれぞれの目標を達成することにより相乗効果が生じ、柔軟な働き方により人生を充実させることを可能とする。従業員のライフステージに応じた働き方を自律的に選び、自己実現を目指して働くことにより、生産性を向上させ、企業の目標も達成させる。育児を楽しみ、介護に向き合いながら職務を遂行し、従業員が求める働き方が選択できる。さらには、職場の慣習で長時間労働となることによって、「友人と会う時間がない」「家族といる時間がない」「スクール等に通う時間がない」という課題を解決し、プライベートの時間を確保し、仕事と生活を両立できるように、従業員が自らの労働時間をコントロールして納得できる働き方の実現を目指す。

柔軟な働き方を実践しているカルビー株式会社(40)では、「生活の充実こそが、仕事に好影響を及ぼし、またそれが生活のさらなる充実につながるという考えのもと、「ライフワークバランス」という言葉を用い、従業員が個々のライフイベントに左右されずに、家庭と仕事を両立し、活躍できるように、さまざまな制度や支援の拡充に努めています。これに加えて、ＩＴインフラの刷新・活用を行うことで、さらなる業務の効率・パフォーマンスの向上に取り組んでいます。ライフの充実とワークの生産性の向上・成果の最大化が相乗的に作用・循環することによる働きがいの実現、「ライフワークインテグレーション」をめざします」として、働きがいの実現を宣言している。

(3) ワークエンゲージメントを高めるために

従来の日本企業であれば、定年退職までの雇用を保障することを前提として、配置転換、転勤、能力開発、残業等を企業主導で行うとともに、労働者のキャリアも企業が決定していた。しかし、今後は、柔軟な働き方を選択する従業員は自律的に業務をこなしていくことが求められ、それぞれのライフステージに合った働き方を選択して働く時代が到来するのである。企業は、柔軟な働き方をする従業員の時間・業績管理が課題であり、従業員は柔軟に時間と仕事をコントロールし、蓄積するストレスや働き過ぎに留意しながらメリハリのある働き方をしなければならない。柔軟な働き方が浸透すれば、オフィスに出勤しても同僚がいつも出勤しているとは限らない。だからこそ、実際に対面する会議等において、コミュニケーションを取ることができる時間は貴重な時間となる。

さらに、雇用形態の自由度も増すことから、副業・兼業をする従業員も増加することが見込まれる。広く浅いコミュニケーションにより、人間関係が希薄になり、心を許せる関係がなくなるとストレスが蓄積しやすいことがこれまで概観した調査にも示されていた。今後、企業において、従業員の自律的な働き方が浸透するほど、福利厚生として従業員間コミュニケーションを促進する機会を作ることに加え、従業員の精神（こころ）が企業から離れないように惹きつけるワークエンゲージメント支援が一層必要となると考えられる。そのためにも、企業においてＷＬＩが実現できるように努めなければならない。

これまで述べてきたように、ＷＬＩを実現して、労働者が働く最終目標である幸福感を満たし、満足度を上げる必要がある。そのために企業は一人ひとりの従業員がライフステージに応じて、希望する働き方を選択してやりがいをもって働き、目指すキャリアを獲得できる支援をしながら、従業員の健康に留意して、従業員とともに成長・発展していくことを目指さなければならない。

注

（1）総務省の「労働力調査」に示されているとおりである。

(2) 一般的に人は、父、母と兄弟姉妹といった家族の中で生まれ、家族の一員として生活しながら、学校に通い、教育を受けて育つ。このような子どもの視点から見た家族を「定位家族」と呼び、親子関係によって支えられている。一方、成長した子どもはいずれ誰かと「結婚」して子どもを産み、家族を形成していく。このように結婚した男女から見た視点での家族は「生殖家族」と呼び、夫婦関係によって支えられている。

(3) 従業員一〇〇名以上の企業一万二〇〇〇社対象の調査報告。

(4) マイナビ「2021年卒マイナビ大学生就職意識調査」(二〇二〇年八月二三日閲覧)。

(5) 内閣府(二〇一二)。本報告において、「育児をする人」は三〇歳代が多く、男性は有業者、女性は無業者の比率が高く、配偶者や家族、地域からの人的サポートを受けているケースが多い。介護をしている人は五〇歳代に多く、男女ともに有業の人が多く、利用料など対価を支払って利用する行政の制度や民間のサービス等の利用が多いことが報告されている。

(6) エン・ジャパン「ワークライフバランス(2018年12月調査)について」(https://haken.en-japan.com/contents/enquete/1812/ 二〇二〇年一一月八日現在)。

(7) 労働政策研究・研修機構「裁量労働制等の労働時間制度に関する調査結果 労働者調査結果」JILPT調査シリーズNo.一二五、二二～二三頁。「専門業務型」「企画業務型」は、「通常の労働時間制」に比べて、一カ月の実労働時間が長時間になりやすく、さらに「深夜の時間帯に勤務」「土曜日に勤務」「日曜日や祝日に勤務」「自宅で仕事」「勤務時間外の連絡」について「よくある」割合が高い。

(8) 総務省「新型コロナウイルス感染症が社会にもたらす影響」「令和2年 情報通信に関する現状報告(令和2年版情報通信白書)」。

(9) 国土交通省「平成31年度(令和元年度)テレワーク人口実態調査」。

(10) ICT環境が整ったことから、利便性の良いところにサテライトオフィスを設ける企業は増加している。味の素人事部の菊池さや子氏は「『どこでもオフィス』として設けたサテライトオフィスなどでは、フリーアドレス制デスクや少人数打合せスペース等を設けて多様な働き方に対応するような配慮をしている。この「どこでもオフィス」を実施した結果、生産性が向上し、社員一人あたりの売上高は1割上昇し、帰宅時間も早くなった」という。一方、日本オフィス学会会長の松岡利昌氏は「オフィスで過ごす時間が貴重な時間となり、人がリアルに合わないとできないことを集中して行う場になる」と述べている（「どこでもオフィス」：NHK「おはよう日本」二〇二〇年六月一七日放送）。

(11) 厚生労働省「高度プロフェッショナル制度 わかりやすい解説」(https://www.mhlw.go.jp/content/000497408.pdf)。

(12) 谷田＋株式会社タニタ（二〇一九）等に紹介されている。

(13) 日本旅行「ワーケーションに関する調査」『観光経済新聞』二〇二〇年九月一九日。

(14) カフェテリアメニューとして、寮・社宅、賃貸物件入居補助、持ち家援助、食事手当・給食補助、保険、育児関連、介護、財産形成、ファミリーサポート、活動費、自己啓発費等を支援していることが報告されている（日本経済団体連合会、二〇一九）。

(15) ベネフィット・ワン、設立年月日一九九六年三月一五日、JTBベネフィット、設立年月日二〇〇〇年二月一〇日、東京都千代田区丸の内に（株）ジェイティービーベネフィット設立（株主：株式会社日本交通公社）。

(16) 平成二九年一〇月一日から改正育児・介護休業法がスタートしたことにより、育児をしながら働く男女労働者が育児休業などを取得しやすい職場づくりが推進されている。

(17) 東洋経済新報社『CSR企業総覧（雇用・人材活用編）』二〇二〇年版。

(18) 最長はビジョン株式会社の「ひとつきいっしょ」で全男性従業員が配偶者の出産時にひと月必ず出産休暇を取得しなければならない。また、セイコーエプソンは六〇日まで、ソニーは二〇日、住友生命保険ではひと月任意に休暇が取得できる制度が導入されている。

(19) 一年に数回、配偶者や子どもの誕生日、結婚記念日などさまざまな記念日に休暇を取得することができる制度。
(20) 厚生労働省「こころの耳」(https://kokoro.mhlw.go.jp/etc/kaiseianeihou/)。
(21) 厚生労働省「令和２年就労条件総合調査」。
(22) 資生堂オフィシャルＨＰ「有価証券報告書2019. 1. 1～2019. 12. 31 資生堂」。
(23) 東洋経済新報社「資生堂」『ＣＳＲ企業総覧（雇用・人材活用編）２０２１』一三〇頁。
(24) 同右。
(25) 二〇一七年四月より、制度利用の上限日数や勤務場所の制限を設けず実施。
(26) 有期契約社員から正社員への登用制度あり。
(27) 寮・社宅制度や住宅関連手当の支給、財形制度や自社株投資会制度、健康診断、成人病検診、慶弔見舞金制度、健康保険組合、自社商品割引購入、企業年金制度や積立型総合福祉共済制度等、有給休暇の取得率は一五日（東洋経済新報社『ＣＳＲ企業総覧（雇用・人材活用編）』二〇一九年版より）。
(28) 毎年四月一日現在において勤続年数満一〇年、満一五年、満二〇年、満二五年、満三〇年、満三五年に達した社員に連続休暇（有給）を付与。
(29) 通信講座修了者に対する奨励金。特定の技能資格保有者に手当支給。
(30) 企業内大学エコール資生堂、Shiseido Leadership Academy、マーケティングアカデミーがある。
(31) ＢＣ（beauty consultant）は、美容のプロフェッショナルとして専門的な知識に基づいた「カウンセリング力・技術力」を高め、「お客さまに満足いただくための『おもてなしの心』」を磨いて活躍する職務。
(32) 社内公募制が企業が職務要件などを提示して募集するのに対して、ＦＡ制度は従業員自身が経歴・実績や能力等を希望する部署に自ら売り込み、異動希望を出す人事異動制度のひとつ。
(33) 東洋経済新報社（二〇二〇）『ＣＳＲ企業白書２０２０年版』週刊東洋経済増刊四月二二日号。ＣＳＲ

（Corporate Social Responsibility）とは、企業が組織活動を行うにあたって担う社会的責任のことであり、従業員や消費者、投資者、環境などへの配慮から社会貢献までの幅広いことに対して適切な意思決定を行う責任のこと。

(34) 調査概要：二〇二〇年については、一月〜二月中旬に上場企業など国内有力企業四四四九社を対象に日経BPコンサルティングが実施。五四二社から回答。設問や採点基準は有識者（聖心女子大学教授・大槻奈巳、キャリアン代表取締役・河野真理子、法政大学教授・武石恵美子）と日経BPコンサルティング編集部による。

(35) カンガルースタッフは、育児時間を取得するBCが育児時間を取得している不在時に、顧客対応等を行う。顧客への対応活動（商品の陳列やお手入れ用のツール類の清掃など）を行う。そのために、雇用契約の前に〝お客さまのお買い物のお手伝いができる〟レベルを目指し、自身の整容、接客におけるマナー、美容に関する基礎知識やスキンケア、メイクアップを中心としたスキルなどを取得する約一〇〇時間の教育を受ける。

(36) 厚生労働省「短時間正社員制度導入支援ナビ」（https://part-tanjikan.mhlw.go.jp/navi/72/）。

(37) 二〇〇三年に事業所内保育所「カンガルーム汐留」を立ち上げるなど、働く女性の育児と仕事の両立に早くから取り組んできた資生堂と、認可保育所を中心に日本の子育て支援を展開してきた民間保育事業最大手のＪＰＨＤが共に企業資産を活用し、こどもの発達行動研究を展開する「KODOMOLOGY INSTITUTE」を立ち上げ、大学や民間企業などの外部機関と協業し、産前産後期や子育て期における新しい気づきや発見を生み出す。

(38) 厚生労働省「テレワークにおける適切な労務管理のためのガイドライン」。

(39) 労政時報特別調査「コロナ禍において企業はどう対応したか【前編】」労政時報第四〇〇二号、四九頁。

(40) カルビー株式会社公式ＨＰ。

参考文献

株式会社インテージリサーチ（二〇二〇）「仕事と生活の調和推進のための調査研究〜育児や介護による生活の変化が働き方へ与える影響についての意識・実態調査〜調査研究報告書（内閣府委託調査研究）」。

木村三千世（二〇一八）「ワーク・ライフ・バランスを実現するための日本型ワークシェアリングの再構築」科学研究費助成事業。

厚生労働省（二〇一六）「正社員・優遇改善実現プランの決定について」（https://www.mhlw.go.jp/stf/houdou/0000110955.html）。

厚生労働省（二〇二〇）「能力開発基本調査」。

厚生労働省職業安定局（二〇一四年）「働きやすい・働きがいのある職場づくりに関する調査報告書」。

全米キャリア発達学会（二〇一三）『D・E・スーパーの生涯と理論』図書文化社。

谷田千里＋株式会社タニタ（二〇一九）『タニタの働き方改革』日本経済新聞出版社。

ドラッカー、P・F／上田惇生訳（二〇〇六）『現代の経営〔下〕』ダイヤモンド社。

内閣府、二〇一二年「「仕事と生活の調和（ワーク・ライフ・バランス）の実現に影響を与える生活環境に関する意識調査（２０１１年調査）」について」。

日本経営者団体連盟（一九九五）「新時代の『日本的経営』――挑戦すべき方向とその具体策」。

日本経済団体連合会（二〇一九）「第63回福利厚生費調査結果報告」（https://www.keidanren.or.jp/policy/2019/114_honbun.pdf#page=16）。

日本経済団体連合会（二〇二〇）「第64回福利厚生費調査結果報告２０１９年度」。

山極清子（二〇一六）「ワーク・ライフ・バランス　資生堂の事例」（https://www.jil.go.jp/event/ro_forum/resume/060308/shiseido.pdf）。

労働政策研究・研修機構（二〇一五）「情報通信機器を利用した多様な働き方の実態に関する調査結果（企業調

査結果・従業員調査結果）」ＪＩＬＰＴ調査シリーズNo.一四〇。

労働政策研究・研修機構（二〇一八）「多様な働き方の進展と人材マネジメントの在り方に関する調査（企業調査・労働者調査）」ＪＩＬＰＴ調査シリーズNo.一八四。

ローゼン、ロバート・Ｈ／宗像恒次監訳（一九九四）『ヘルシー・カンパニー』産能大学出版部。

渡辺三枝子（二〇〇七）『新版キャリアの心理学』ナカニシヤ出版。

渡辺三枝子・Ｅ・Ｌ・ハー（二〇〇一）『キャリアカウンセリング入門』ナカニシヤ出版。

第7章　非正規労働とワークライフ・インテグレーション

石井まこと

イントロダクション

非正規労働は、日本では雇用者ベースでみると統計上約四割を占める主要な働き方の一つである。にもかかわらず、正規労働とのかけ離れた差別的待遇のため社会的評価は低いままである。また、その七割が女性で占められ、女性労働問題でもある。非正規労働で働き生活が安定するにはどのようにすべきだろうか。本章ではソーシャルな市場の拡大の重要性を論じ、ワークライフ・インテグレーションの視点から非正規労働問題を検討していく。

1　非正規労働の何が問題か

（1）女性非正規の急速な増加

二〇一九年の総務省「労働力調査」において雇用者（役員含む）に占める非正規の割合は三六・一%になる。その構成比は一九九〇年は一八・八%、二〇〇〇年は二四・二%、二〇一〇年は三二・〇

%と右肩上がりで増え、この三〇年の間で、労働市場における一大雇用形態にまで成長した。これは労働力の女性化と軌を一にしていることはよく知られている。一九九〇年から二〇一九年まで非正規は一二八三万人も増えたが、性別でみると男性が四五三万人に対し、女性は八八〇万と男性の二倍程度も増加している。この結果、非正規雇用者の約七割が女性になった。この意味において、非正規と女性労働とは密接な関係にある。そこでまず、非正規労働のワークライフ・インテグレーション（以下、WLI）を考えていくうえで、この女性非正規に対象を絞っていく。

さて、なぜこれほどまでに女性非正規が増加したのか。

日本の女性労働力率は二〇一九年全年齢ベースで五三・三%と一九五〇年以降でもっとも高くなっている。しかし、一九九〇年の同数値は五〇・一%であり、若干増加しているとはいえ、労働力の女性化は進んではいない（竹中、一九九四、五～六頁）。この間、男性は一九九〇年の七七・二%から二〇一九年の七一・四%へと低下傾向にあるが、労働市場への参加が一般的な男性と異なり、女性の労働市場参加は進んだとまでは言い難い。

ただし、年齢を六四歳まででみると、二〇一九年で男性が八四・二%に対し、女性は七〇・九%と差を詰めており、特に二〇一三年から急速に伸びており、政府の女性活躍政策は女性の労働力化を大きく後押ししたといえる。また、日本に典型的であった年齢別女性労働力率のM字型カーブは、その窪みであった二五～二九歳が二〇一九年で八五・一%、三〇～三四歳でも七七・五%となり、一九七〇年の四五・五%、四八・二%から飛躍的に上昇し、解消されつつある。

一方、この労働力率の向上は、非婚化や晩婚化の影響を受けた結果であることに注意が必要である。

現在M字型の窪みは三五〜三九歳のところへと移動し、M字型は残存している。また、M字型カーブが解消されても、男性より一〇〜二〇％ポイント低い労働力率は依然として労働市場への参入障壁が高いことを示している。現時点でも就労意欲がありつつも就労できない就業希望者が二三一万人（内閣府、二〇二〇、一〇八頁）もおり、これら労働者が雇用報酬を得ておらず、持続可能な経済成長のマイナス要因になっていると指摘されている(1)。

（2）女性非正規が増加する理由

さて、労働力の女性化はそれほど大きくは進んで来なかったが、六四歳以下の就労率は向上した。男性を上回るペースで労働市場に参入し、その多くが雇用者として労働市場に参加した結果、「雇用の女性化」が急速に進んできた。二〇一九年では、雇用者に占める女性の割合は四五・三％と一九九〇年の三七・九％から着実に増加している（厚生労働省、二〇一九、一二頁）。先にみた就業希望者も年々減少傾向にあり、労働市場への女性雇用者の参加が進んでいる。

この間の増加については以下の三つの特徴がある。

一つ目は、短時間労働者の増加である。非正規女性を多く集めている産業・職業を二〇一九年の総務省「労働力調査」でみると、もっとも多いのは卸売・小売業で、女性非正規は三五二万人、うち三一六万人がパート・アルバイトとほとんどが短時間労働者である。以下、医療・福祉（女性非正規二六八万人、うち短時間労働者二一五万人）、宿泊業・飲食サービス業（女性非正規一九九万人、うち短時間労働者一八七万人）と続く。

また、女性非正規が増加している業種は非正規雇用者割合の高い産業でもある。二〇一九年で卸売・小売業は五〇・六％、医療・福祉は三八・五％、宿泊業・飲食サービス業は八〇・〇％である。産業特性として、パート・アルバイトといった短時間労働者を必要とする企業側のニーズに対して、労働者側には「都合の良い時間に働けること」や「家事・育児・介護等との両立」といったニーズがあり、両者の合意が成立している。

二つ目は、基幹化と脱熟練化である。企業側が非正規を内部化していく工夫を九〇年代以降積み重ね、管理業務や指導・育成あるいは非定型な仕事ができるように非正規への教育訓練が進展し、基幹化が行われてきた。同時に機械化、標準化、細分化による脱熟練化を行い、成長業種の労働力不足を解消するため、非正規の活用が進んでいる（津崎、二〇〇九、五四〜五八頁）。これらは主として主婦パートをいかに雇用管理するかという課題のなかで生まれてきた流れである。九〇年代以降は若者の非正規化が進み、多様な労働者が非正規労働に従事するようになり、そのことが基幹化に影響を及ぼしている。これまで新卒正規女性は短期間で労働市場から退出したが、今日では派遣、契約、パートといった多様な就業形態で参加し続けることになる。

最後に、賃金が生計費を上回らないことである。基幹化が進み、旺盛な労働需要があっても、非正規の賃金は短時間労働者を除いても月収では税込みで二〇万円に届くことが難しく、単身で生計を成り立たせることは困難であり、さまざまな節約を強いられる。未婚者は同居やダブルジョブなどの方法で生計を維持し、既婚者は配偶者の収入をあてにせざるをえない。

（3）低賃金を納得させられる仕掛け

このように女性が主として非正規に同意するメカニズムは、賃金と家庭内活動のしやすさをトレードオフの関係でとらえる補償賃金仮説がもっとも有力である（佐口、二〇一八、一三六～一三七頁）。また、金（二〇一七）は、スーパーの主婦パートの賃金が、類似の職務をする正社員とあまりにもかけ離れているにもかかわらずなぜ成立しているのかを検証し、そこに「主婦協定」が成り立っていることを示した。この架空の協定は、生活に足場を持つ主婦に対して、パート労働とは、運動会やPTA活動といった子育て等にかかわる行事を優先しても許される家庭優先性の雇用形態であると語る。これに企業、労働組合、そして主婦自身の三者が寄りかかり、安定的に低賃金パート労働が確保できることが実証されている。

加えて、就労調整をして収入を一定の範囲に収める行動をとらせる所得税非課税や配偶者控除制度は、この主婦協定を合理化する役目も果たす。そして、低い最低賃金が非課税の範囲の就労時間を長くするとともに、正社員とほぼ同じ労働時間を働く「フルタイムパート」という日本独特のパート労働を生み出している。

（4）非正規シングル女性の増加と貧困

安く雇いたい雇用主と働く時間を私生活にあわせたい労働者の結びつきについて右に述べた。この安価な賃金には多様な要因が関係している。法的には低い最低賃金制度や労働基準法の改正や派遣労働法による労働市場の流動化を促進したこと、制度面では、勤続者の能力開発・生活保障を行う日本型雇用システムが依然として機能していること、さらに、税制面では低賃金労働を促す所得税・配偶者控除制度が挙げられる。

一九八五年男女雇用機会均等法により、限定的だが女性を日本型雇用システムの長期勤続労働者として位置づける外圧が働いた。しかし、長時間労働・勤務地移動をともなう総合職に女性の多くはとどまれず、日本型雇用システムに入って中から働き方を変えていくことにはならなかった。そのなかで一九九五年、日本経営者団体連盟（日経連）は雇用ポートフォリオ論を展開し、女性には柔軟な働き方として短期や中期の契約社員や派遣社員といった雇用形態が用意され、限定的に企業とコミットする非正規労働が増加する。一九九九年には女性深夜業の解禁や派遣労働の原則自由化で、女性の労働市場参加の間口は広がると同時に、女性シングル非正規を増加させることになった。地方においては、地域間移動をともなう労働移動が若者を中心に広がり、経済的保障の薄い非正規労働市場が拡大していった。

さらに、先にみた補償賃金仮説や主婦協定は、非正規シングルにも同様に効いてくる。長時間労働、企業中心の生活時間設計について企業の中では改善が進まないと判断した場合は、転職という形で、自分の都合のよい時間に働ける時間拘束の緩い仕事に移ることが多い。そうすると先の補償賃金仮説や主婦協定による低賃金を引き受けるため、親等との同居による生活費の節約の選択が現実的になる。その選択により、たしかに経済リスクは低くなる一方、親の加齢とともに介護負担が就労継続を難しくする可能性がある。また、親との人間関係の悪化で家に居づらくなっても経済的理由から出られず、心身不調で就労に支障が起きることもあるだろう。こうした「リスク世帯」（宮本、二〇一七、七五〜

七六頁）は外部からは観察不可能だが、非正規化による低賃金・不安定就労の広がりとともに増えていることが懸念される。家族から自立しようとすると住宅や食費の追加負担があり、すぐに貧困に陥ってしまう。母子家庭の貧困も同じであり、子育てと両立しながら自立できる労働市場はそれほど多くは存在していないし、能力による選別も進み、労働市場で自立することは困難であり、社会的な支援が必要になる。

また、女性非正規労働者の年収は、非課税・配偶者控除による就業調整者も一定数いるため、統計上低位に出てしまう。そこで、総務省「就業構造基本調査」をもとに就業調整をしていない年収二〇〇万円未満の低所得者数を男女別に調べると、二〇一七年で男性二九五・七万人に対し、女性は七二三・五万人と女性の低所得者層が圧倒的に多いことがわかる。

（5）個人と社会への悪影響

女性労働者の増加は生産・消費活動の両側面から経済成長を支え、女性の職場参加という面でポジティブな側面を持つ。一方、女性ワーキングプアを増加させるネガティブな面を同時に持っていることも事実である。女性非正規が成長してきたのは前者のポジティブな面によるが、ネガティブな問題を解決していかないと持続可能な働き方にはならない。

ポジティブといっても市場経済にとっての側面が大きい。非正規労働者は企業の基幹労働者として、正規労働者に近い仕事をするようになっており、市場経済からの期待はますます高まっている。しかし、その恩恵を非正規労働者は受けていないことは先に述べた通りである。もっとも多い非正規労働であるパート労働者の場合はほとんどが有配偶であり、家計全体でみるとプアな実態が見えにくく、女性が非正規を引き受けてしまう構造がある。

雇用システムのなかでは、女性は低位な待遇を引き受け、かつ仕事と家庭それぞれからのストレスにさらされており、経済的な貧困だけでなく心身の不調を抱えていくことになる。さらに、低位な労働条件で正社員に近い規律やふるまいを求められる。その結果、現在多くの部分を女性がアンペイドワーク（不払い労働）として担っている家事・育児等の再生産労働は機能不全を起こし、世帯の維持は困難になっていく。その表れは家族形成のイメージができない若者の増加である。

中澤高志（二〇一七、一五〇～一五四頁）の研究にあるように、手取り一五万円を超えないと、若者は親との同居をやめられないし、手取り二〇万円を得られる仕事でないと結婚・子育てには向かわないのであり、非正規労働の拡大は、この点でネガティブな影響を与える。

このように、非正規労働は市場経済を活性化し、やりがいや責任のある仕事を担うようになってきている一方、女性を中心に、労働者の健康を害し、自立を妨げ、ひいては社会を維持することを困難にさせている。こうした労働と生活がともに壊れていく持続困難なＷＬＩではない、労働と生活が多様な個人と社会にとって有益な、持続可能なＷＬＩのシナリオを検討する。

2　無償労働の有償化と有償労働の不払い化のはざま

(1) 非正規労働のワークライフ・インテグレーションとは

非正規労働問題について、ＷＬＩの視点から解決を考えていくのが本節である。まず、ＷＬＩについて、日本でもっとも早い提言として、経済同友会のものがある（経済同友会、二〇〇八）。ワーク・ライフ・バランス（以下、ＷＬＢ）のように仕事と生活を二項対立でとらえるのではなく、仕事と生活が相乗的な作用を及ぼすものとして、「ワーク＆ライフ インテグレーション」という概念を打ち出し、ＷＬＢの持つ本来の意味を表現するものとして使っている。そのなかで、現行では「安定しているが仕事偏重の正社員」と「生活を重視できるが不安定な非正規社員」という二極対立を温存した結果になっていることを問題視し、生活とビジネスが双方ともに発展することを提言している（経済同友会、二〇〇八、一四～一六頁）。

具体的には、非正規と正規の垣根を低くし、テレワークの活用やダイバーシティを促進し、生活重視労働者が不利にならないようにすることなどが掲げられる。ここでは正規・非正規あわせた変革が提言されていた。しかしながら、一〇年以上経て、多数の女性非正規が労働市場に参入してきているが、以上の理想としてのＷＬＩは進んでおらず、実態としては生活を重視することによってワーキングプア化が進むという皮肉な状態になっている。

その原因の一つは日本の雇用システムが持つ、正規と非正規を区分している正規雇用中心主義（佐口、二〇一八、二五頁）の強さとその慣性力である。もう一つの原因は、非正規の基幹化が進み、正規との区分が困難になりつつあることである。前者において慣性力と表現するのは、非正規の基幹化が進み、正規と非正規の壁が薄くなった結果、正規雇用中心主義が脆くなりつつあることを指している。非正規の基幹化は、ＷＬＩの観点からみると、生活に力点を置く労働者でも企業の主たる業務を担うことが可能になってきていることを示しており、経済同友会の示したビジョンとも符合する。ただし、そこには働く側ではなく、働かせる側の意向が強く働いていることに留意しなければならない。

非正規労働の主流は、大きくいうと非正規シングルと主婦パートの二つに分けられる。この二つの雇用形態は量的に拡大し、非正規の大部分を占める。その最大の問題点は所得の低さである。労働を続けることは困難であるにもかかわらず、雇用期限は限られ、労働条件を改善する見通しが見えてこない。要は労働者個人に就労条件を変える力がないことに起因し、企業側の自主的な労務管理の改善機能も十分でなく、社会政策（公助）や労働組合（共助）が期待されるが、その役割を果たせていない。

（2）労働の世界で起きていること

非正規に女性が配置されている構造は偶然ではない。女性が非正規に就いた理由をみてみよう。二〇一九年の総務省「労働力調査」において非正規形態を選んだ理由を尋ねたところ、もっとも多い回答は男女ともに「自分の都合のよい時間に働きたいから」であり、個々人の生活を中心に労働を組み込んでいこうとする働き方といえる。この傾向は非正規労働が急増してきた九〇年代以降も一貫している。

しかしながら、この間急速に非正規化が進んだ女性について、もっとも多い理由を年齢別にみると次のようになる。まず、一五～二四歳では「自分の都合の良い時間に働きたいから」であるが、二五～三四歳と三五～四四歳では「家事・育児・介護等と両立しやすいから」、四五～五四歳では「家計の補助・学費等を得たいから」で、五五歳以上で再び「自分の都合のよい時間に働きたいから」となる。このように若年層と高齢層の動機は私生活を拘束しない労働時間に求められるが、中年層においては最初、家事労働等の負担との両立が図られ、年齢が上がるとともに徐々に家計維持を重視する傾向がわかる。

以上のように、女性の非正規化は生活に力点を置いた結果であり、男性とは異なる。しかし、こうした労働市場への参加は、生計費の補塡になる一方、女性の経済的自立を大きく阻害する。女性の非正規労働では主婦協定や補償賃金仮説でみられるように低位な労働条件が容認され、最低賃金制度や税制もそれを支えてしまう。単身で経済的自立を図る女性労働者が貧困に陥ると、それは社会保障の問題ともなるが、生活保護受給のハードルは高く、貧困女性を労働市場へ戻そうとする。

こうして女性労働者は経済成長を支える原動力として増加してきた。その方向は、生活に軸をおいているため、企業がコストダウンのために行う非正規労働の拡大と、社会サービスも含むサービス業の広がりを担う多様な労働の拡大という二つの側面から活用されている。前者は、週三五時間を超えつつも非正規として雇用されている「フルタイムパート」であり、後者は週三五時間未満でまさに生活空き時間の範囲で無償活動時間を有償労働時間へと転換する。非正規労働者とて経済成長からの恩恵を受けて然るべきだが、そうなってはいない。ようやく、パートの厚生年金の適用範囲拡大や働き方改革のなかで、非正規労働における同一労働同一賃金の外圧がかかるようになったが、安心して非正規労働を選択できるところまでには到底及ばない。

(3) アンペイドワークと非正規

WLIで非正規労働をとらえるためには、再生産過程の労働をいかに評価するかという問題を避けては通れない。いわゆるシャドーワーク、アンペイドワーク（不払い労働）問題である。育児・家事・介護だけでなく近隣コミュニティの維持に関する自治的な活動は経済的には評価されにくい再生産過程であるが、有配偶の場合は女性が家事・育児等のアンペイドワークを多く担うことは生活時間調査の国際比較からも明らかである（内閣府、二〇二〇、四四～四六頁）。よって、有配偶の場合のWLIで行われる仕事を考えるためには、アンペイドワークと一緒に考えていかなければならない。

主婦が労働市場に参加することは、主として無償のケア・家事労働を市場労働の一部に置き換えていく流れでもある。彼女らは貨幣所得が必要ななかで労働市場に参加している。生活経済論[2]で指摘されるように、貨幣による生活の商品化が進み、生活必需品を市場から調達するために労働市場に参加せざるを得なくなっていると考えられる。しかし、そこで従事する労働は無償労働を基盤にしており、低く評価される。さらに、二一世紀に入り、ケア労働分野の市場化が広がり、有償ケア労働という形でそれまで無償で行われていた育児・介護などのケア労働は賃労働として有償化されていく。

図表７－１　労働の再編と非正規労働

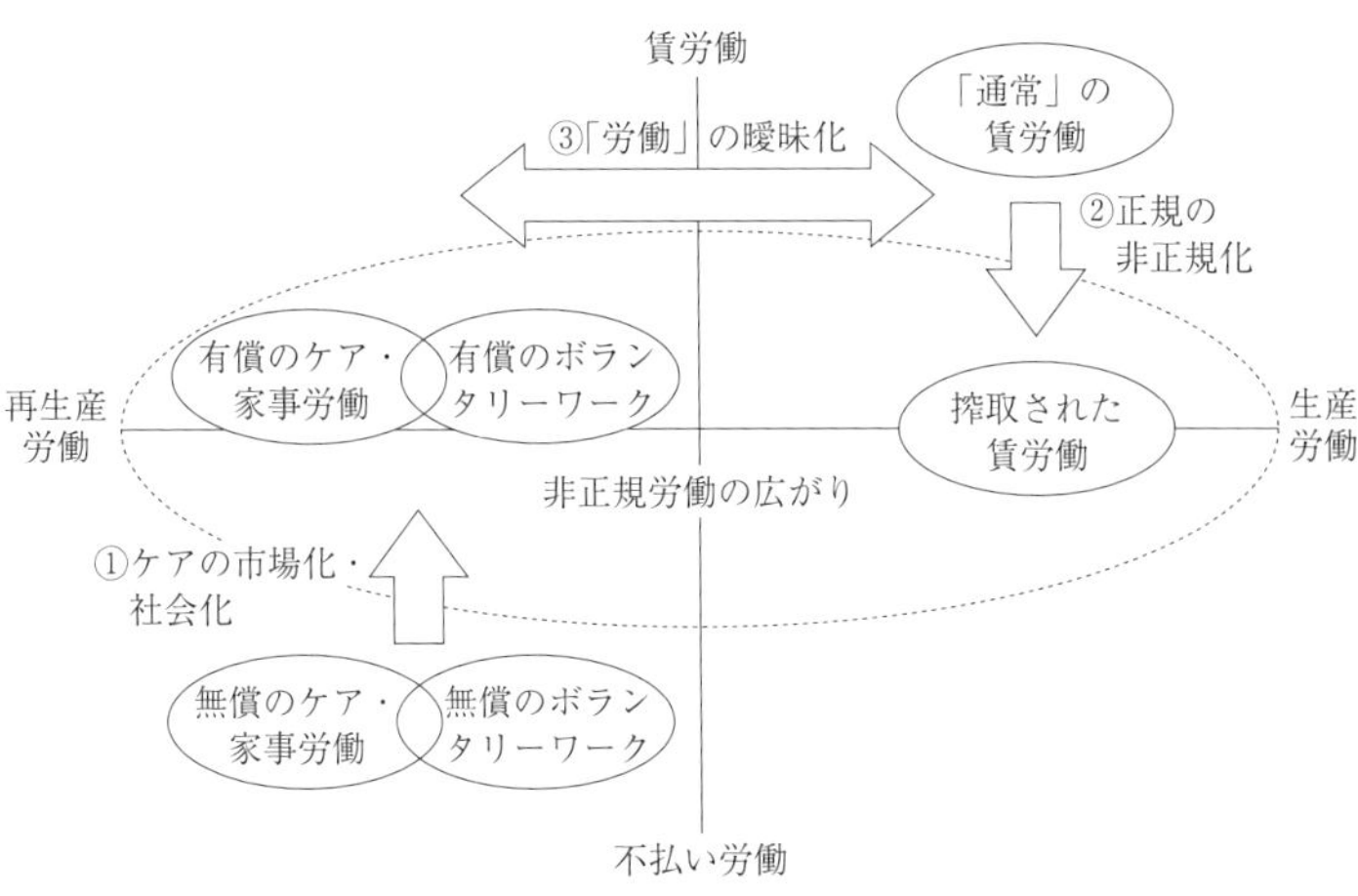

出所：仁平（2011，18頁）に加筆修正。

仁平（二〇一一、一七～一九頁）は「労働の再編」として、無償労働の有償労働化と同時に、逆の動きとして、特に若者の雇用でみられる正規から非正規への置き換え、有償労働の正当な対価が「不払い」されていく流れが起きていると指摘する（図表７－１）。これら再生産過程で起きている無償（不払い）労働の有償化と、生産過程で起きている有償労働の無償（不払い）化に加えて、第三の変化として、生産労働と再生産労働の垣根が曖昧になり、その結果、正規の労働者が得ている扶養する者としての生活賃金にも批判が起きていくとしている。いわゆる家族賃金への批判である。

筆者は家族賃金の解体では非正規労働の問題は解決が難しいと考えている。再生産過程に関する活動を社会的に有用な過程として承認することがないまま家族賃金を解体することは再生産過程の破壊につながると考えるからである。まずは再生産過程の社会的支援とそれを実現するための政策を模索しなければならない。仁平（二〇一一、三八頁）は、生存のために消費は必要であり、そのための生産労働が必要であるとしたうえで、生産労働、家事・ケア労働、コミュニティワーク等を含む「仕事」にかかわる社会の構想「完全従事社会」（福士、二〇〇九）にその活路を見出している。

福士のいう完全従事社会とは、「人々がそれぞれの生活実態に合わせて、自分にあった仕事を選択し、それらを組み合わせながら完全に従事することのできる社会」（福士、二〇一一、一二五六頁）である。なりわいや生活の営みに従事している人々を支えていく社会と解釈できる。[3]そこで大切なのは雇用労働のみではセーフティーネットにならないこと、ましてや雇用労働だけで誰もが生きがいを感じることはないということである。仁平や福士の議論の骨子は雇用労働を相対化してとらえ、個々人のライフコースを社会が支えていくことにあると考えられる。

3　雇用社会のなかのワークライフ・インテグレーション

(1)　雇用労働の相対化

ここまで雇用の女性化のなかで非正規雇用が広がったことを確認してきた。生活を中心におく女性はそのなかでいわば非正規という形でのＷＬＢという行動様式をとってきた。しかし、それは正規と非正規の待遇の二極化を進め、生活とビジネスの相互発展を危うくしている。経済同友会のＷＬＩの提言は、その解決に向けたものであった。

しかし、これまでみてきたように、雇用労働の枠組みでは、いかに安価な労働力を市場に参加させるかということが優先される。労働時間に関してのみ正規とは異なるルールを適用することが公認されているＷＬＩが存在しているに過ぎない。この仕組みだけで、生活の発展につながる真のＷＬＩには至らない。その最大の問題は生活に必要な消費財等を市場で購入するために労働市場に参加しているにもかかわらず、十分な収入が得られないことである。一方、非正規労働者にとって、オルタナティブの選択肢はなく、仕方なく働く選択をしている。特に労働需要が弱い地方圏ではなおさらである。

もちろん労務管理の工夫や労使協議や労使交渉によって休日がとりやすくなったり、賃金が上がったりすることはありうる。働きやすさや働きがいが増せば企業内での生活とビジネスの双方向的向上が実現する可能性もある。それらについては、他章での事例検討に譲る。もっとも早い解決策は「短時間正社員制度」を広げ、主婦パートや非正規シングルの生活問題を解決することである。ところが、この制度については現時点で育児・介護支援での活用を認める一部企業がある程度であり[4]、正規労働者の長時間労働を前提とするなかでの普及は困難である。

本節では、市場労働内部の仕組みに直接働きかけていくこととは別に、雇用労働を相対化して、生活を軸に考える非正規労働者の生活維持が可能な社会にするための政策を考えていくことに重点を置く。

（２）自由意思の活かし方

非正規労働は多様な働き方であり、非正規雇用はその一つの形態にすぎない。非正規雇用が「自由意思」（佐口、二〇一八、一一五頁）に基づく側面がある一方、雇用サイドは低コスト労働力として採用し、このことが一般化していることはすでに述べた。自由意思をどれだけ生活に寄り添わせることができるかが問題となる。

非正規雇用が労働者側から志向されるのは、多様なライフステージ、特に家族形成や家族介護といった無償のケア労働に対応しているためである。主婦パートもメインの男性稼ぎ主を支えることを引き受ける自由意思として存在し続けている。労働力の活用という面ではポジティブな面を持つが、男性のように就労場所を自由に変えることができないので、低賃金で黙々と仕事をしていく「アリ地獄」(本田、二〇一〇、四五〜四六頁)と化しており、自由意思を過大評価することはできない。良質の短時間雇用の場合、家族のリスクプーリング機能が高まり、男性の労働時間を減らす機能も持つとされるが(権丈、二〇一八、一七一〜一七二頁)、良質でない主婦パートが多く、有効に機能していない。働き方改革の一環として成立した二〇一八年の改正パートタイム・有期雇用労働法により同一労働同一賃金を後押しする法改正がなされたが、現状を変革するには十分でなく、企業内での非正規が置かれた労使関係上の低位な交渉力や、社会的に容認されている主婦協定が強く働くなかでは、リスクプーリング機能は限定的である。

雇用をめぐっては、それが組織労働であるため、労働者のニーズにきめ細かく対応することは困難である。そのなかで労働時間については、収益が確保できる範囲内で自由意思とのバランスをとっており、非正規雇用は短時間という意味では、労働者がＷＬＢを志向した結果といえる。しかし、生活と労働の質を向上させるＷＬＩという点では課題を抱えたままである。いかに労働の自由意思を確保するのか。非正規労働においてイノベーションが必要な領域である。日本型雇用システムを補完する非正規雇用という枠組みのなかでＷＬＩを考えるのではなく、非正規雇用も働き方の選択肢の一つとしてとらえていきたい。

（3）働き方の知恵と非正規労働

二〇世紀末の一九九九年に野川・野田・和田（一九九九）が上梓された。有償・無償労働と組織・独立労働を包含する二一世紀型の労働法を模索する画期的な書籍である。企業で働くことである雇用は「他主労働」という従属労働であり、そこで主体的に自己実現をすることには自ずと制限がかかる。派遣労働やフリーターが現在のように生計維持において問題ある働き方としてみなされていなかった九〇年代初頭は、企業社会では自己実現が困難であるために働く側からも評価されていた。しかし、正社員との大きな格差は現在まで維持され続けており、本章でもみてきた非正規シングル女性が抱えるワーキングプア問題に代表されるように、自己実現のための選択肢とはなりにくいものである。

野川・野田・和田（一九九九）が示す働き方は図表７－２の四象限で示される。中央の非正規労働の円は筆者が挿入し、第一象限には正規雇用を挿入した。これは非正規労働者が、この四象限の選択を自由意思に基づいて行っていくことを示している。そのため、野川らが提示した原図に対し、組織労働を組織性に、有償労働を有償性というように、その度合いを示す表現に変えている。

さて、企業で働く有償・組織労働の第一象限に女性非正規労働者が参加している。しかし、この中においても有償性や組織性はさまざまである。たとえば、正規とパートや派遣では、その組織性が異なるし、テレワークや裁量労働では組織性が低下し、企業の他にも公務や非営利が組織する労働も入

図表7－2　働き方の分類

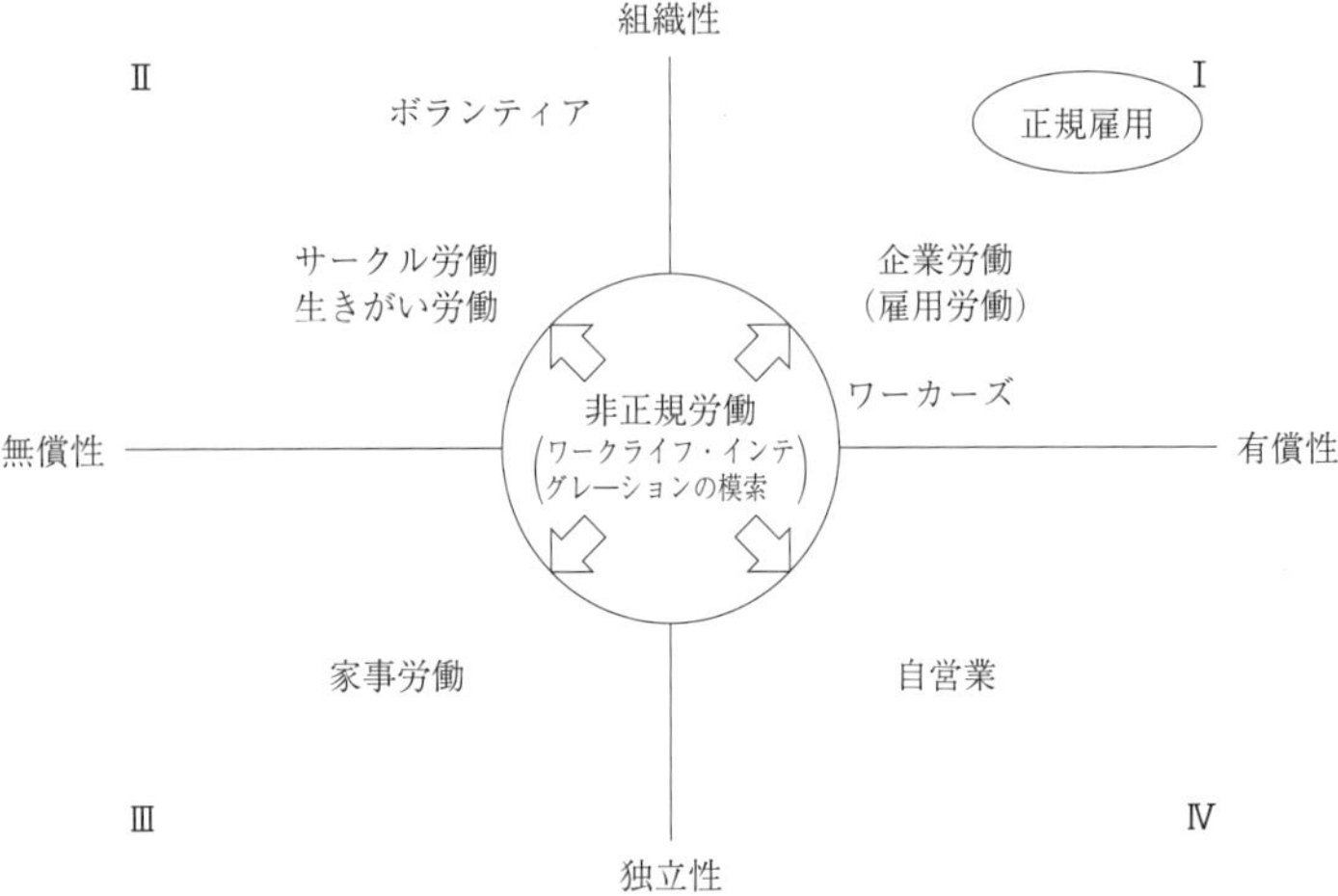

出所：野川・野田・和田（1999，19頁）に一部加筆。

り多様である。

この他に、無償・組織労働というボランティア活動、無償・独立労働の代表として家事労働、そして有償・独立労働として農業を含む自営業や芸術家といった働き方が紹介される。こうした労働に従事するのは雇用労働の外側にある非雇用者たちであるが、働く者にとって、どの働き方をどの程度選択するかの自由度が高ければ高いほど非正規労働における自由意思が確保されることになる。もちろん、有償・組織労働内での選択肢が増えていき、同一労働同一賃金が浸透していくことへの期待もできるが、それらが「他主労働」である以上、多様な自由意思に対応することは不可能である。また、労働組合による自由意思の確保という手段もとりにくい。そのため、他の働き方と組み合わせた就労になっていく。

たとえば、主婦パートは家事労働との関係があり、家事労働が無償なため、所得が必要であれば有償労働の領域に出てこざるをえない。そこに「アリ地獄」のような特定の職務への拘束や、主婦協定のような低賃金構造が待ちうけているとき、これを解決することがＷＬＩの課題である。

（4）労働条件と働きがいの反比例問題

石井（二〇一八：二〇二〇ａ）では、自営業者がいかにして地方圏で起業し、生計を獲得することを模索してＷＬＩを達成しようとしているかを示した。その調査に先行して、地方圏の非正規若年者が生活設計を模索している実態を分析した（石井、二〇一七ｂ）。そこでは、若者は地方圏で暮らし続ける選択をとろうとするが、仕事が生活・家族形成を制約していることをインタビューから明らかにした。また、同じ研究チームの木本（二〇一七、二〇八頁）では、働きがいのある仕事であっても生計費を獲得できないなかで、手が届かない結婚・出産モデルを押しつけられている矛盾が存在していることを問題視した。労働条件と働きがいの反比例問題とでもいえる現象である。

さらに、中澤高志（二〇一七、一五〇～一五四頁）は、先に紹介したように、地方圏では親元から自立可能な手取り一五万円、結婚をイメージできる手取り二〇万円の壁を超えられる仕事が少ないことを指摘した。実際に三年間（二〇〇五～二〇〇八年）の追跡調査で明らかになったのは非正規若年者の賃金が上がっていないことであった（石井・木本・中澤、二〇一〇、五一～五二頁）。

こうしたなかで地方圏の若者の中には、不安定ながらも働きがいのある仕事に就いている者がいる。石井（二〇一七ｂ、五二～五三頁）では、働きがいのある仕事が経済的に成り立たないことへの支援が必要なことを述べた。たとえば、内藤さん（仮名、三〇歳男）は、ひきこもり支援のＮＰＯで働き手取り一四万円だが「人の変わる様が見られる。今まで社会について考えることがなかったが、お金以上のことを学んでいる」と述べる。原さん（仮名、二五歳女）もフリースクールで働く非正規である。「親からの支援があるので何とかやっていける」と生計費は足りないが、働きがいある仕事を選んでいる。また、派遣をしながら、音楽スタジオを経営する佐川さん（仮名、三七歳男）も「会社員でなくなるのが怖いっていうのがありまして」と雇用と自営を組み合わせた働き方で生活を成り立たせている。

こうした地方圏の若者に希望を見出す政策としては、「所得再分配の機能を高める生活関係の産業発展や社会保障制度の拡充や住宅政策の充実を進め、暮らしとキャリアが結びつく仕組み」（石井、二〇一七a、二四頁）とした。具体的には医療・福祉の専門職は社会保険制度により専門職雇用を通じて地方圏にお金が流れる仕組みであるし、実際に重要な雇用先になっている。公務や教育機関も同様である。しかし、これら専門職の数には限界があるなかで、ボランタリーな組織であるＮＰＯや、その必要性や好奇心といった「自由意思」に基づく自営業にも同じ役割を担える可能性があると考えている。

（5）働き方とライフコース

石井（二〇二〇a）では、地方圏で自営業を起こした女性創業者たちのライフコースのインタビューを通じて、その可能性を検討している。そこでは、雇用労働や公務労働を足掛かりにして、それぞれの理想の働き方、すなわち好奇心や社会的課題に寄り添った仕事の創出過程の実態と課題が明らかになった。

地方圏での自営セクターを、調査から「地方圏の人的、文化的ニーズを活用しながら多様なニーズを掘り起こしている事業体」（石井、二〇一八、九三頁）と定義した。こうした選択肢をとる人々は突然生み出されるのではなく、従来の雇用セクターや公共セクターのなかで考えてきた生活と労働の統合であるＷＬＩについて、自営を通して実現・実験しているに過ぎない。

非正規女性シングルや主婦パートが雇用において差別されないようにすることは重要である。非正規雇用は日本型雇用システムにおいて正規を補完する労働として位置づいており、家族形成と男性稼ぎ主の安定雇用があって成立してきた。ところが今日では家族形成も男性稼ぎ主の安定雇用も難しくなっており、そうした標準モデルから離脱する人が増えている。

もちろん生活を重視した非正規雇用の待遇改善が進めば、雇用労働内でのＷＬＩが進む。しかし、その可能性は現時点では低いといわざるをえない。一方、すでに多様な働き方に向けて自由意思で模索する動きはあらゆる所で観察できる。

石井（二〇二〇ａ）において四人の女性のライフコースを紹介している。図表７－２の四象限との対応関係も示しながら紹介する。

Ｍさんは、大卒後に地方公務員をしながら自らＮＰＯを立ち上げ地域おこしを始めた。図表７－２のⅠとⅡにあたる。今後は行政サービスと地域住民との間をつなぐ自営業の立ち上げを考え、Ⅳの領域に向かおうとしている。Ｍさん曰く「イベントの運営が好き」であり、仕事と二足の草鞋は苦にはならない。

Tさんは、高卒後フリーの仕事を転々とし（Ⅰ）、地元で書籍・雑貨販売を行っている（Ⅳ）。違う仕事をしてみたいと祖母の小豆栽培を手伝い（Ⅲ）、どら焼きを作って販売したり、地元の映画館からスタンプ帳に押す自家製のスタンプ作製を依頼されたり、Tさん曰く「大人のごっこ遊び」という生活と仕事が一体化した形になっている。

Jさんは短大卒後に、医療事務の仕事をしたが（Ⅰ）、人間関係のストレスもあり、正規公務員の試験に合格し一〇年くらい働いたところで、「このままこの仕事で終わるのは嫌だ」とパン職人の修行に行き（Ⅰ）、市のビジネスコンテスト出場を機に古民家を改装したパン屋を開店し（Ⅳ）、仕事はきついが経営は軌道に乗っている。

最後にSさんは、地元高卒後に地元を出て県外の専門学校でホテルの勉強をしたが、リーマンショックでホテル就職はできなかった。コーヒー屋巡りが好きだったことを切っ掛けに、コーヒーチェーンで非正規として働いていた（Ⅰ）。社員になることを勧められた折、地元でお店を開きたい旨を店長に行ったところ、「自分のやりたいことはやった方がいい」と後押しされている。地元の同窓会でたまたまコーヒーショップをしたいと話したことで、地元のNPOの起業支援の人とつながり、行政の女性起業支援もあり、友人とコーヒーショップを経営することになった（Ⅳ）。現在は子育てをしながら経営を続けている（Ⅲ）。

これら四名の女性のライフコースはMさんが正規公務員として標準コースを歩む以外は、自営にたどりつくまでは雇用（公務）労働を経験し、その後自由意思で自営業を選択している。Mさんもボランティアをしながら、今後、ライフコースを転換する可能性を持っている。彼女たちは働き方の四象限の動きで示したように、正規、非正規、ボランティア、家事、自営を渡り歩いているのである。このように、非正規労働を定点でとらえるのではなくライフコースとして暮らしを作る過程ととらえ直すことを通じて、非正規労働のＷＬＩの課題を考えていくことが求められている。

（6）氷山モデルとソーシャルな市場の創出

本節をまとめたい。女性非正規労働者は無償の世界とのかかわりを強く持っている。この無償労働の世界はアンペイドワークとして低く評価されるが、経済活動を支える重要な役割を担っている。生活経済論の立場も同じであるが、無償労働もふくめて広義の経済活動としてとらえるフェミニスト経済地理学者Ｊ・Ｋ・ギブソン＝グラハムの氷山モデル[5]は先の図表７－１の不払い労働、図表７－２の第Ⅱ・Ⅲ象限の無償性を水面下に図式化したものと見ることができる。この氷山モデルは水面上に見えている経済活動を資本主義的企業による経済活動であり、経済の一部に過ぎないとする。資本主義的企業活動が水面下に不可視化された活動によって支えられていることを意識し、水面下をも含む「多様な経済」の全体像を把握する重要性を説く。これを参考に図表７－２の働き方の四象限を配置したものが、図表７－３である。

氷山として見えている部分は雇用労働であり、図表７－２の第Ⅰ象限にあたる。左側には市場か非市場での取引かを記載している。その間に、労働と生活が一体化した仕事を生み出す領域として「ソーシャルな市場」を置いている。この領域が日本型雇用システムとは編成原理の異なる「働き方の知

図表7－3　多様な働き方と氷山モデル

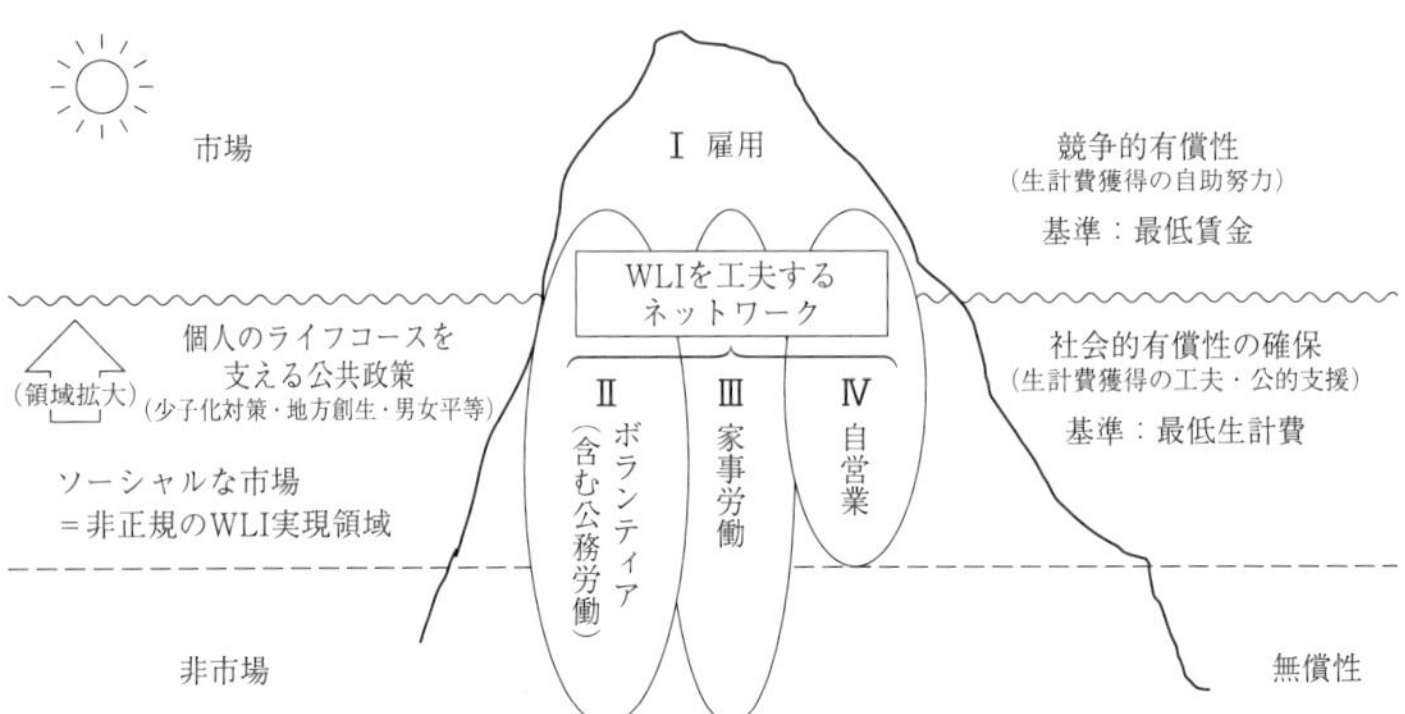

恵」で示されたⅠ～Ⅳ象限を包含する領域である。先にみた四名の女性をはじめすべての人が、この氷山モデルに包摂される。

水面下には、社会的に有用な仕事が多数存在している。この領域は、個人・世帯を含む社会の維持活動と連動しており、それを維持・発展させていくためにはさまざまな公共政策（社会政策）が必要である。これは、個人のライフコース選択を保障する政策にもなる。これまで女性はトレードオフとして、労働時間を選択するために低い賃金を受け入れ、その結果、女性の低賃金構造を自ら支えることになっていた。しかし、公共政策を支えとした水面上の仕組みを支える水面下の領域の拡大は雇用労働の世界に低賃金構造の修正を求めると同時に、ソーシャルな市場領域を確立する取組みでもある。少子化対策、地方創生政策、男女平等政策などの社会維持や格差改善のための社会政策を介して、水面下の労働領域を広げ、水面上の労働市場に対しても働きかけを行う。たとえば、地方圏で若者が活躍できるライフコースの選択肢を増やすために、多様な専門職の配置を進める（阿部、二〇二〇）ことも、このソーシャルな市場で実現される。

さて、図表７－３の右側について解説しておく。Ｉの雇用の最低所得基準は最低賃金であり、この結果、多くの非正規雇用者が経済的に自立できていない。水面上の資本主義的雇用の部分は競争が強く働き、生計費を自助努力で獲得する領域であり、その最低所得を保障するのは最低賃金制度の役目になる。しかし、日本の最低賃金制度は、近年かなり改善は進んできたが、依然として健康で文化的な生活を維持するための「最低生計費」[6]を獲得することは不可能であり、かつ地域間で最低生計費に大きな差がないにもかかわらず、最低賃金の地域間格差は年々拡大している。早急に是正しなければならない（中澤秀一、二〇一七）。

最低生計費を基準にする領域がソーシャルな市場である。この領域の有償労働を評価して所得化するには社会のコンセンサスが必要である。仮にソーシャルな市場での労働がダイレクトに生計費獲得につながらない場合は社会的給付としての補塡が必要である。子ども手当として対象範囲や金額の増額によって拡充された現在の児童手当もその一形態である。また、市場で調達する代わりに安価で良質な住宅を行政やＮＰＯ等が提供することや、医療・福祉・教育などを安価で提供してもらえる仕組みがあれば、最低生計費を構成している費用を節約することが可能である。さらに、仕事を創っていくためにはそれらの情報を得るためのネットワークが必要である。

先にみた四人の例でみると、Ｍさんは、公務員としての労働で国の動きや地域内の支援策に関する情報を活用できた。Ｔさんは、高校時代の教師がフリースクールを経営するなど社会的企業を起こしていくなかで古書店・雑貨を始め、開業資金も低利な融資を受けることから事業が立ち上げられて、その後も興味のある人たちとの縁を広げている。Ｊさんも公務員をやめて納得のいく仕事を探し、市のビジネスコンテスト出場により事業を立ち上げているし、Ｓさんも非正規からコーヒーショップのオーナーになったが、これも市の支援を受けながら生活に寄り添った仕事を作り出している。他主労働を自主労働に作り替えて、仕事そのものが生活になるＷＬＩを作りあげているのである。

4　非正規労働のワークライフ・インテグレーションを支える制度

（1）働く側によるワークライフ・インテグレーションの視点

最後に、非正規労働のＷＬＩを推進していくための制度について述べていく。

非正規労働は多様な働き方の一つであるが、雇用保障や社会保障の周縁に追いやられ、生活保障が薄いことを特徴とする。この問題の解決策の一つが正規労働との格差改善であり、現在の働き方改革も同一労働同一賃金を目指すものとして進められてはいる。しかし、その労働条件は企業別の労使関係が優先され、社会的な枠組みで調整することは難しい。本来、非正規労働は社会的な調整がしやすいはずだが、企業への基幹化や内部化が進み日本型雇用システムで補完労働として活用される一方、補償賃金仮説や主婦協定により低位な労働条件が維持されている。

しかし、この仕組みは長くは続かないと考えられる。少子化や若者のモノ離れ、低所得による過少消費が進めば、地域経済から順次、日本的雇用システムの持続力がなくなると予想される。日本的雇用システムの雇用保障機能が劣化していくなかで、労働社会全体が非正規化していると考えると、現在の非正規労働が抱える課題は決して個人の自由意思という自助の問題ではなく、社会問題として位置づけられる。

非正規労働の問題とはそれを補完する生活保障の仕組みがない場合、失業問題として考えることができる。現在、新卒者、特に高卒女子の場合は半数近くが初職非正規であり、正規で入っても離職する割合が高く、移行困難層はかなり堆積している（石井、二〇一七b、四〇頁）。こうした一生半失業状態を解消するための労働イノベーションの一つが働く側によるＷＬＩの視点である。働かせる側からのものも存在するが、仕事や企業が変わっていく可能性が高いなかでは、働く側からの制度設計が重要である。働かせる側はどうしても生産性を高めるためのＷＬＩを考えていく。働く側によるＷＬＩは労働イノベーションの一つの手段であり価値ある取組みだが、何もしなければ資源や能力の違いによって対象者が限られる。本章で想定しているものは社会的に展開するＷＬＩである。

（２）半失業問題とライフステージ

社会的なＷＬＩを進めるためには、すべての人が就労だけでは生活が維持できない半失業状態になる可能性を持つと想定することである。もう一つの条件はライフステージによって働き方は変化すると考えることである。これに対し日本型雇用システムは長時間労働、勤務地移動可能な労働力として主に男性を配置し、それを補完するものとして女性労働や非正規労働を配置してきた。

労働運動も企業内で解決する形で労働条件を改善し、日本型雇用システムはこれに代わる制度がないこともあり、問題がありつつも維持されている。ライフステージを通じての保障を社会的に求めなくなったために、非正規労働が寄りかかっていた主たる稼ぎ手がいなくなるなかで少子化や地方消滅の課題、そして労働問題を起因とした貧困にも対応が十分ではない。

最低生活費研究のパイオニアである労働科学研究所の藤本（一九七八）たちの日本人のライフサイクルに関する調査研究が示唆に富む。同書において下山（一九七八）は、ローントリーの有名な労働者生活における少年期（五～一五歳）、成長期（三〇～四〇歳）、老年期（六五歳以降）や病気・失業で貧困に陥ることを紹介しつつ、日本の労働運動では、一九七一年の春闘共闘の賃金白書が七四年の国民春闘に先がけて、こうしたライフサイクル上の問題を社会的に解決することを提起したとしている。[7]しかし、日本の労働運動では国民春闘においても「大幅賃上げ」という個人所得の向上に力点が置かれてしまう。さらに下山は、ライフサイクル論が政府においても一九七五年九月の「生涯設計計画」（三木ビジョン）として七〇年代に展開されるが、雇用保障が前提であり、失業問題への対応がないことを一九七八年の時点で批判している。

下山はこの時点で高齢者だけでなく青年の失業問題への対応が求められることを指摘し、「労働生涯の最初を失業という形で始めることは、その個人にとって不幸であるばかりでなく、悲観的・消極的な諸個人を増大させることで社会の安定性を損傷することになる」（下山、一九七八、二一一頁）と述べ、二〇〇三年にようやく始まる日本の若者支援政策の必要性を四半世紀も前に指摘していた。[8]日本では未だに完全失業率の低さが強調されるが、そこには非正規労働を半失業ととらえる視点がないままである。雇用保障が一部しか機能しないことを前提にした、生活と労働を支える社会政策が展開されねばならない。

(3) ソーシャルな市場の必要条件

生活と労働を支える社会政策については、福士（二〇一一、二七〇～二七二頁）が完全従事社会の障害になる三つの障害「金・時間・ネットワーク」を指摘している。これらを保障することがソーシャルな市場の必要条件と考えることができる。

まず、「金がない」（経済的資本の不足）についてである。非正規労働者の多くは年収二〇〇万円未満のワーキングプアであり、世帯による補填で生計を維持している。中澤高志（二〇一七）が指摘したように、離家できる手取り月一五万円や、家族形成を考えられる月二〇万円を超える仕事があまりにも少なすぎる。特に地方圏に顕著である。さらに、最低生計費の研究によれば単身二五歳の生計費は日本全国どこにおいても一七～二〇万円程度は必要で、これに加えて所得税・住民税・社会保険料を支払えば二二～二四万円程度はかかることが明らかになっている（中澤秀一、二〇一七、二七～二九頁）。この差を埋める政策が必要である。その一つは、最低賃金の大幅な増額である。これは政府の方針でもあるが日本商工会議所を中心として中小企業事業者からは強い反対の声が上がっている。地方圏の雇用を支えている中小企業の声は無視できない。中小企業への事業支援も同時に実施することが求められる。また、自営業の起業にあたってはやりたい思いがあっても自己資金がないと開業できない。先にみたJさんは開業資金について銀行からは半分を自分で拠出するよう求められたが、市のビジネスコンテストの支援により自己資金なしで開業ができた。自営業において開業資金の融資の支援は大きい。

次に、「時間がない」（時間資本の不足）についてである。短時間労働といっても三五時間に近い労働時間である。この時間の長さは、「金がない」問題と関係しており、最低賃金の低さが関係している。浦川（二〇一八）は所得貧困でなくても時間貧困になりうると指摘する。時間貧困とは再生産過程に必要な時間を捻出することができない状態であり、女性が正規雇用の場合や公的育児支援が乏しい場合に陥ることを示している。女性が時間貧困に陥らないように非正規労働は選択されているとするが、家計の維持のため、非正規労働が避けられない場合は時間貧困が問題になっていく。このことは、地域や職場、そして家庭における無償労働の資源の不足に帰結し、さらには次の社会関係資本の欠如につながる。

最後に「ネットワークがない」（社会関係資本の欠如）についてである。

市場化と個別化が進むなかで所得の多寡により人的ネットワークに格差ができている。低所得層は経済資本も時間資本も欠如し、この社会関係資本も欠如し、その結果、社会から排除されていき生活困難になっても社会とつながっていないために支援を受けられない。職場での労働や家族でのケア労働や地域でのボランタリーな活動の時間を確保しつつ、それを社会的に交流することができて初めて社会関係資本は高まっていく。非正規労働者が自らの職場の問題を労働条件も含めて、他者と共有する時間が社会関係資本になるが、ケア労働に追われるなかでも社会関係資本は伸び悩む。非正規労働が低位な労働条件におかれているのも、その問題を広く共有できないからである。

5　多様に働ける社会へ

本章をまとめたい。本章は非正規労働においていかにしてＷＬＩによる働き方の改善が可能かを検討してきた。まず、働く側と働かせる側とでＷＬＩの見方には違いがあり、後者はビジネスの世界を中心に論じられるが、本章はライフサイクル全体を通じた働く側からのそれを論じてきた。雇用者のうち非正規雇用が約四割で、その多数を女性が占める労働市場構造では家計や社会の再生産において持続可能とはいえないし、地方においてはより深刻さを増している。現在増加している非正規労働が社会にとって必要な労働として存在していることをふまえて、それが持続可能になるイノベーションが求められている。それを本章では非正規のＷＬＩとして論じてきた。

実際に日本型雇用システムとは一線を画して、多様な働き方で生活をしている若者が増えている[9]。それぞれ、働きがいや家族形成を求めて日々模索している。その全体像に迫ることはできないが、断片的な実態のなかで、多様にかつ社会的に有用に働くには「働き方の知恵」としての基盤、ソーシャルな市場の形成が必要であり、その領域は徐々にではあるが広がってきている。

そのためにお金、時間の不足を解消し、それぞれの模索や経験を雇用形態にかかわらず共有でき、次の行動を考えることが可能なネットワークを維持していくことが貧困に強く豊かで公正な社会を育むことになる。その意味で非正規労働のＷＬＩというイノベーションは欠かせない領域である。

注

（1）独立行政法人経済産業研究所の「経済における女性の活躍に関する共同セミナー」にて樋口美雄は三四二万人（二〇一〇年「労働力調査」）の女性の潜在労働力（就業希望者）が就労すれば、雇用者報酬総額が七兆円程度（GDPの約一・五％）増加すると報告している（https://www.rieti.go.jp/jp/events/14030501/pdf/140305_siryo04a.pdf 二〇二〇年一一月三〇日閲覧）。

（2）生活経済学の教科書として伊藤・斎藤編（二〇一五）がある。非正規労働は再生産労働と密接に関係しており、アンペイドワークをいかに評価するか等、生活経済学の視点は欠かせない。

（3）福士（二〇〇九）に対し広井良典（二〇一〇）は、日本の実態にあっているか検証されていないこと、有給雇用がなぜ完全従事社会に移行するのか論理が不明であること、さらに豊かな国での話であり、グローバル化のなかで発展途上国とはいかなる関係にあるのか不明であることへの疑問を示している。筆者も同意するところであるが、雇用労働を管理統制することが難しいなかでのオルタナティブとして、多様な労働が共存する社会を構想するという意味で、福士の議論は示唆に富んでいる。この完全従事社会は野村正實（二〇〇三）が展開した「全部雇用」の衰退論を社会的に編成しなおす作業でもある。

（4）短時間正社員制度の導入事例が厚生労働省の「短時間正社員制度支援ナビ」（https://part-tanjikan.mhlw.go.jp/ 二〇二〇年一一月三〇日閲覧）に紹介されている。そこで取り上げられた五三社のうち、ほとんどの企業は育児・介護支援としての短時間正社員制度に限定している。

（5）J・K・ギブソン＝グラハムの氷山モデルの解説は山本（二〇一七）に詳しい。

（6）最低生計費の算出は、その地域に住む労働者から得られた生活実態調査と持ち物調査から普通の生活をするための月額をマーケット・バスケット方式（世帯保有率七割以上の品目を必需品として試算）で求めている。この最低生計費調査は、現在までに全国労働組合総連合加盟の地域組織によって二六都道府県で算出されており、メディア等でも取り上げられてきた。二〇一九年に実施した佐賀県では二五歳単身の場合、税・

社会保険料込み約二四・二万円、長崎県では同約二二・五万円で、時給ではそれぞれ一六一三円、一四九八円と試算されている（石井、二〇二〇b、一三頁）。

（7）一九七三年一〇月の石油危機をきっかけとする狂乱インフレが広がるなか、当時の労働組合ナショナルセンター総評（日本労働組合総評議会）は物価、税制、社会保障など国民の共通した要求を掲げて春の賃金交渉に臨むことを「国民春闘」と呼んだ。

（8）同書（藤本、一九七八）においては、井上（一九七八、二一二～二一三頁）によって、農民のライフサイクルも検討されており、農業後継者を個別経営の枠内で留めるのではなく、地域農業の振興という枠組みでの社会的な解決を示唆する。本章においても自営業を多様な労働の一形態として考えており、個別経営の問題では解決が難しいという藤本の指摘をふまえると、農業分野もソーシャルな市場に入ってくる。

（9）中澤（二〇二〇、七二～七五頁）では二〇一〇年から二〇一五年の国勢調査のコーホート分析により三〇代でかつ地方圏で自営業者の増加が確認されている。年齢計では高齢者の自営業が大きく減っていることで、自営業者数は減少とされるが、地方では生活に寄り添った仕事作りが行われようとしている傍証の一つとして注目すべき事実である。

参考文献

阿部誠（二〇二〇）「地方圏の雇用はどこに問題があるか」『大分大学経済論集』第七二巻三号。

石井まこと・木本喜美子・中澤高志（二〇一〇）「地方圏における若年不安定就業者とキャリア展開の課題」『大分大学経済論集』第六二巻三・四合併号。

石井まこと（二〇一七a）「地方に生きる若者へのインタビューが映しだすもの」石井まことほか編『地方に生きる若者たち』旬報社。

石井まこと（二〇一七b）「『地方消滅』は若者をどう変えたのか」石井まこと他編『地方に生きる若者たち』旬

報社。

石井まこと（二〇一八）「地方圏における自営業セクターと多様な就業・生活」『大分大学経済論集』第七〇巻三・四合併号。

石井まこと（二〇二〇ａ）「地方労働市場と地方高卒・大卒出身者のライフコース」『日本労働研究雑誌』第六二巻五号。

石井まこと（二〇二〇ｂ）「地方圏における持続可能な経済社会の創出」『労働の科学』第七五巻一二号。

伊藤純・斎藤悦子編（二〇一五）『ジェンダーで学ぶ生活経済論〔第２版〕』ミネルヴァ書房。

井上和衛（一九七八）「農民のライフサイクルと後継者対策」藤本武編『日本人のライフサイクル』労働科学研究所。

浦川邦夫（二〇一八）「就労世代の生活時間の貧困に関する考察」『社会政策』第一〇巻第一号。

木本喜美子（二〇一七）「仕事と結婚をめぐる若者たちの模索」石井まことほか編『地方に生きる若者たち』旬報社。

金英（二〇一七）『主婦パートタイマーの処遇格差はなぜ再生産されるのか』ミネルヴァ書房。

経済同友会（二〇〇八）『21世紀の新しい働き方「ワーク&ライフ インテグレーション」を目指して』。

権丈英子（二〇一八）『ちょっと気になる「働き方」の話』勁草書房。

厚生労働省（二〇一九）『令和元年版働く女性の実情』。

小杉礼子・鈴木晶子・野依智子・横浜市男女共同参画推進協会編（二〇一七）『シングル女性の貧困』明石書店。

佐口和郎（二〇一八）『雇用システム論』有斐閣。

下山房雄（一九七八）「ライフサイクルと雇用保障」藤本武編『日本人のライフサイクル』労働科学研究所。

竹中恵美子（一九九四）「変貌する経済と労働力の女性化」竹中恵美子・久場嬉子編『労働力の女性化』有斐閣。

津崎克彦（二〇〇九）「非正規社員の多様化と基幹化」『一橋社会科学』第７号。

内閣府（二〇二〇）『令和２年版男女共同参画白書』。

中澤秀一（二〇一七）「最低生計費調査から見た現行最賃の問題点」『労働総研クォータリー』№一〇五。

中澤高志（二〇一七）「若者が地方公共セクターで働く意味」石井まことほか編『地方に生きる若者たち』旬報社。

中澤高志（二〇二〇）「地方都市でなりわいを創る」『日本労働研究雑誌』第六二巻五号。

仁平典宏（二〇一一）「揺らぐ『労働』の輪郭」仁平典宏・山下順子編『労働再審⑤ケア・協働・アンペイドワーク』大月書店。

野川忍・野田進・和田肇（一九九九）『働き方の知恵』有斐閣。

野村正實（二〇〇三）『雇用不安』岩波書店。

広井良典（二〇一〇）「書評：福士正博著『完全従事社会の可能性―仕事と福祉の新構想―』」政治経済学・経済史学会『歴史と経済』第五三巻一号。

福士正博（二〇〇九）『完全従事社会の可能性』日本経済評論社。

福士正博（二〇一一）「完全従事社会」仁平典宏・山下順子編『労働再審⑤ケア・協働・アンペイドワーク』大月書店。

藤本武編（一九七八）『日本人のライフサイクル』労働科学研究所。

本田一成（二〇一〇）『主婦パート　最大の非正規雇用』集英社。

宮本みち子（二〇一七）「若者の自立に向けて家族を問い直す」石井まことほか編『地方に生きる若者たち』旬報社。

山本大策（二〇一七）「サービス化はグローバル経済化の抵抗拠点になりうるか」『経済地理学年報』第六三巻一号。

第8章　ワークライフ・インテグレーションの現実

小暮憲吾

イントロダクション

本章では、日本におけるワークライフ・インテグレーションの実情を紐解く。経済現象や社会現象が、職業生活（ワーク）と家庭生活（ライフ）それぞれの本質にどのような影響を及ぼし、ワークライフ・インテグレーション（職業・家庭生活に加えて文化的・健康的・社会的生活面の相互改善的統合）がいかように推進されているのか、現状でどのような問題を抱えているのかを明らかにする。

1　ワーク・ライフ・バランスの実態とワークライフ・インテグレーション

(1) ワーク・ライフ・〝バランス〟について

ワークライフ・インテグレーション（以下、WLI）の実態に迫る前に、その前段階ともいえるワーク・ライフ・〝バランス〟について、今一度確認しておこう。内閣府が策定した「仕事と生活の調和（ワーク・ライフ・バランス）憲章」[1]によれば、ワーク・ライフ・バランス（以下、WLB）が実現さ

れた社会は、

> 国民一人ひとりがやりがいや充実感を感じながら働き、仕事上の責任を果たすとともに、家庭や地域生活などにおいても、子育て期、中高年期といった人生の各段階に応じて多様な生き方が選択・実現できる社会（内閣府男女共同参画局「仕事と生活の調和」推進サイトより引用）

である、と定められている。このような社会を実現するために、政府は具体的な数値目標を掲げ、同時に国・地方公共団体・企業・労働者といった関係者らが果たすべき役割についても「行動指針[2]」を提示している。

この「行動指針」で掲げられた主な数値目標（二〇二〇年の目標値）は、次のものが挙げられる。まず、年齢別就業率に関して、二〇～六四歳で八〇％（ちなみに二〇一九年の実績値は八二・五％）、二五～四四歳女性に限った数値では七七％（二〇一九年は七七・六％）、六〇～六四歳、いわゆる年金請求待機者では六七％（二〇一九年は七〇・三％）を掲げている。フリーターの数については、二〇二〇年までに一二四万人まで減らすことを目標としている（二〇一九年は約一三八万人）。次に、労働と休暇に関して、週労働時間六〇時間以上の雇用者割合を、二〇二〇年には五％（二〇一九年は六・四％）の水準まで引き下げることを目標としている。また、年次有給休暇取得率は、二〇一八年の五二・四％から二〇二〇年には七〇％までの大幅な引き上げを考えている。さらに、子育て支援に関連して、第一子出産前後の女性の継続就業率（第一子が一歳児になった時点の就業率）の目標値は、五五％である

（二〇一〇～二〇一四年は五三・一％）。男性の育児休業取得率は、二〇一八年の六・一六％から一三％まで引き上げることを目標としている。また、男性の育児・家事時間に関しても、二〇二〇年には一日当たり二時間三〇分（一五〇分）と、二〇一六年の八三分／日の約二倍の数値を目標として掲げている。

これらの指標のうち、とりわけ年次有給休暇取得率と男性の育児休業取得率・育児家事時間に関しては、現時点での数値と目標値には大きな隔たりがある。この点に際して、興味深く、大変参考になる論説が『日本経済新聞』へ寄せられた(3)。著者の川口章氏は、安倍内閣が掲げた「女性活躍推進」策が不完全燃焼に終わったことを指摘し、中でも「2020年までに指導的地位に占める女性の割合を30％程度とする」という目標は、その半分も達成できてないことに言及した。女性の管理職登用が進まない背景として、男性の家事負担率の低さ（女性の五分の一程度しか家事をしておらず、その水準はOECD諸国中最低である）を挙げ、女性の社会進出と男性の家事負担が表裏の関係であると述べている。さらに、家庭の家事分担問題への政府の介入として、「国家公務員の男性職員による育児に伴う休暇・休業の取得促進に関する方針」（令和元年一二月女性職員活躍・ワークライフバランス推進協議会決定）にスポットライトを当てた。

方針内容(4)は、「令和2年度から子供が生まれた全ての男性職員が1か月を目途に育児に伴う休暇・休業を取得できることを目指す」というものであり、特筆すべき点は、〝直属の上司となる課長らに加えて、事務次官や局長らの幹部の人事評価にも直結する〟という点であろう。当該職員に取得する意向がない場合や管理職から報告された取得状況と取得計画との間に大きな乖離が生じている場合は、人事担当者が本人や上司に理由の確認や取得計画見直しの要請をする徹底ぶりである。内閣官房内閣人事局の発表[(5)]によると、「2020年4～6月までに子供が生まれた男性職員全3035人のうち、育児に伴う休暇・休業の取得計画が作成されている職員は3030人であり、取得計画作成率は99・8％」である。また、「取得計画を作成した職員1人当たりの取得計画上の平均取得予定日数は43日」であった。さらに、「「1か月以上（合計）」の休暇・休業の取得を計画している職員は2582人、計画が作成されている職員に占める割合は85・2％」と、上々の成果といえる。

女性活躍推進を謳う政府が、このように率先して男性の育児休業を推し進めることは、極めて重要なことである。しかし、一連の方針と成果報告は、国家公務員が対象ということもあってか、テレビや新聞といったマスメディアではあまり大きく取り上げられていない。こうした、男性の育児休業に対する周知の欠如や認識の不足は、性別役割分業の精神が根強い日本社会にとっては、大きな痛手となろう。戦後から高度経済成長期にかけて定着した性別役割分業は、現代の日本にとっては問題解決の足かせとなっている。女性は家庭責任の大部分（またはすべて）を負担し、家事や育児に追われている。たとえ、仕事との両立を試みても、出産・育児を機にキャリアを中断せざるをえず、俗にいう「M字カーブ」問題は依然として深刻である。一方で、男性も職場での責務は増大し、長時間労働や過労死といった問題に直面している。もちろん、本人（パートナー間で）の意思で家庭責任を女性が負担し、男性が稼得に専念することに何ら問題はないし、女性においては出産を機に育児・子育てに専念することは「自由」である。問題は、性別役割分業の風土と認識が会社や地域に色濃く残り、自由な選択とその実現ができていないことにある。

これらの主張を裏づける（読者の多数が驚くであろう）データが、ユニセフ（国連児童機関）のイノチェンティ研究所が二〇一九年六月に発表したレポート（Chzhen, Gromada and Rees, 2019）のなかにある。Chzhen, Gromada and Rees（2019）は、ＯＥＣＤ諸国とＥＵ加盟国の三一カ国を対象に（全対象は四一カ国であるが、データが完全に揃っている国は三一カ国）、「ファミリー・フレンドリー政策（Family-Friendly Policies）」を基準に順位づけした。「ファミリー・フレンドリー政策」の指標としたのは、以下の四つである。

・母親が取得可能な有給休暇の期間
・父親にとりわけ認められている有給休暇の期間
・保育所における三歳児未満の割合
・三歳から義務教育就学前までの子どものうち、幼稚園や保育園に通う子どもの割合

ランキング上位は一位から順に、スウェーデン・ノルウェー・アイスランド・エストニア、と北欧中心で想像に難くない結果となった。反対に、政策が不十分な下位国として、スイス・ギリシャ・キプロス・イギリスがランクインした。ここで注目したいのは、日本についてである。同報告によれば、日本は「父親に設けられている有給（給与全額換算）育児休暇の期間」（指標の一つ）が、四一カ国のうち抜きん出て長かった（全額換算有給で三〇・四週。ちなみに二位の韓国は一七・二週、三位のポルトガルは一二・五週である）。この指標は、父親に与えられた有給産休休暇と有給育児休暇の期間を総計したものであり、休暇週数に各国の平均的収入支給率を乗じて割り出される（たとえば、通常の給与の半分で一〇週の休暇を取得できる場合、給与全額相当の休暇は五週となる）。これは驚くと同時に、賞賛すべき結

図表８-１　ワーク・ライフ・バランスとワークライフ・インテグレーションの違い

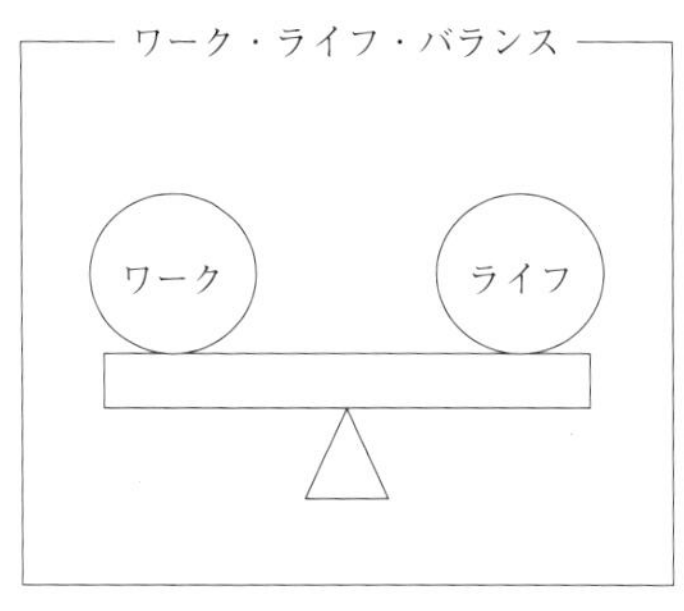

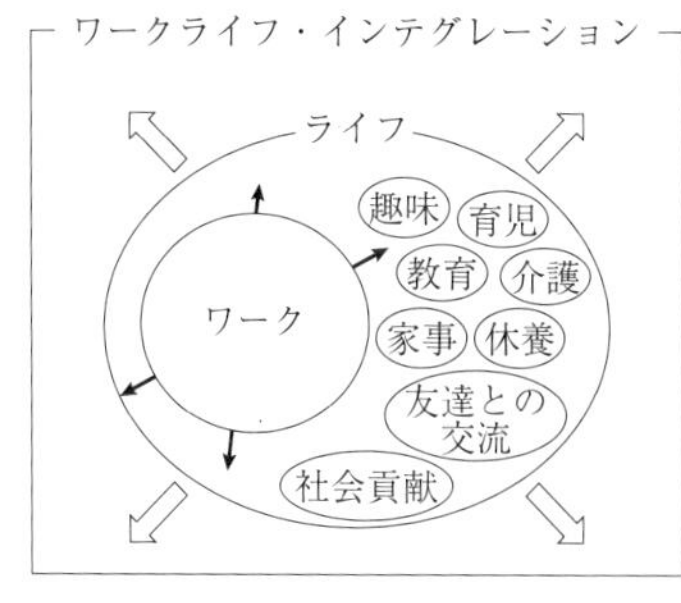

果である。

しかし、実際に有給休暇を取得した父親は二〇一七年時点で五・一四％（およそ二〇人に一人）しかいなかった。[6] 二〇一七年の調査[7]によると、三歳未満の子どもを持つ正規契約の男性従業員の三五％が「出産休暇を取得したいが取得できなかった」と回答している。さらに、休暇を取得しなかった人たちは、その理由として、「人員不足」「好ましくない雰囲気」「仕事量」「給与減少」「キャリアの妨げ」「制度の無理解」と答えた。つまり、制度的には先進諸国でもっとも整備されているにもかかわらず、個人の意思とは無関係の外的要因（「好ましくない雰囲気」や「キャリア懸念」、「制度への無知・無理解」）のせいで、男性は有給育児休暇（休業）を希望通りに取れずにいるのである。

こうした現状の中、仕事と生活を二元論的な対立関係と考えるＷＬＢよりも、仕事と家庭は相互依存関係にあり、両者の同時改善と文化的・健康的・社会的生活面での統合を考えたＷＬＩが、今後の日本社会には求められつつある。そのイメージは図表８-１のように書き表せるであろう。かつての二者択一的な選択ではなく、文化や社会活動といった複合的諸要因を加味した考えは、仕事と生活の視野を広げ（図表8－1の矢印はこの様を表現している）、より幸福で充実した人生設計に役立つはずである。

(2) 日本企業におけるワークライフ・インテグレーションの実践

ワークライフ・インテグレーションの実態を明らかにするため、本項では個別の企業に着目し、その実践内容を紹介していく。実例に即して、制度の紹介や具体的な取組みをその都度説明したために、若干冗長になっている部分もあるが、読者が見聞を広める契機になれば幸いである。

日本アイ・ビー・エム株式会社　いち早く女性活躍施策に取り組んだ会社といえば、真っ先に日本アイ・ビー・エム株式会社（以下、日本ＩＢＭ）が挙げられる。一九六〇年代の四年制大卒女性の積極的な採用に始まり、ダイバーシティの精神のもと、「期待も機会も責任も平等」[8]な会社の実現に注力してきた。その成功の背景には、高度経済成長期から現在に至るまで、目まぐるしく変わる情勢に臨機応変に対応し、その時々に効果的で迅速な女性支援策を提唱したという功績がある。

日本ＩＢＭが「ダイバーシティー元年」と称した一九九八年には、女性の指導的地位登用促進の足掛かりとして「Japan Women's Council（JWC）」を発足させた。在宅勤務の拡充（「ｅ－ワーク制度」など）や時短勤務選択制度・フレックスタイム制・裁量勤務の導入、社内保育所の開設と、その活動実績は枚挙に暇がない。それらの実績が評価され、二〇一七年には男女共同参画局が主催する「女性が輝く先進企業　内閣府特命担当大臣（男女共同参画）表彰２０１７」[9]を受賞。また、二〇一九年度から導入された女性管理職育成プログラム「Ｗ50」は、年間を通じてワークショップやリーダーシップ研修を行う、社内職種横断型のキャリア形成プログラムである。

こうした活動が目に見える形で順位づけされたのが、『日経WOMAN』（発行：日経BP）と「日経ウーマノミクス・プロジェクト」が共同で実施した「企業の女性活躍度調査」（日経BPニュースリリース）[10]である。日本IBMは、『日経WOMAN』二〇二〇年六月号に掲載された、「女性が活躍する会社」総合ランキングで、第一位を獲得した（二〇一九年のランキングでは第三位）。また、管理職登用度部門においても、第一位に輝いた[11]。こうした管理職登用における先進性が評価され続ける日本IBMが、二〇二一年末までの目標として掲げる数値は、以下の通りである（（　）内は二〇一八年末時点[12]）。

女性社員の割合　二五・〇％（二三・〇％）
女性管理職の割合　一五・五％（一三・七％）
女性課長級以上の割合　二一・〇％（一八・七％）

オリンパス株式会社　オリンパス株式会社（以下、オリンパス）は、育児や介護といった各家庭の事情に配慮し、女性の継続的なキャリア形成と能力発揮の機会を提供することで、WLIを実践している会社である。その証として、「えるぼし認定」の獲得と「くるみんマーク」の取得が挙げられる。

「えるぼし認定[13]」とは、女性活躍推進法に基づき、女性活躍推進のための一般事業主行動計画を策定・届出を行った企業のうち、その取組みの実施状況が優良であった企業を認定する制度のことである。認定を受けた企業は、社会的イメージ向上のほか、優秀な人材（キャリアを継続・追求したいと考える女性労働者）を確保しやすくなる。さらに、実務的な点では、融資や公共調達において優遇措置を受けられる。「えるぼし認定」の具体的な認定項目は、以下の五つである[14]。

1. 採用

・直近の事業年度において、次の(i)と(ii)の両方に該当すること。

(i) 正社員に占める女性労働者の割合が産業ごとの平均値（平均値が4割を超える場合は4割）以上であること。

(ii) 正社員の基幹的な雇用管理区分における女性労働者の割合が産業ごとの平均値（平均値が4割を超える場合は4割）以上であること。

2. 継続就業

・直近の事業年度において、次の(i)と(ii)どちらかに該当すること。

(i)「女性労働者の平均継続勤務年数」÷「男性労働者の平均継続勤務年数」が雇用管理区分ごとにそれぞれ7割以上であること。

(ii)「女性労働者の継続雇用割合」÷「男性労働者の継続雇用割合」が雇用管理区分ごとにそれぞれ8割以上であること。

3. 労働時間等の働き方

・雇用管理区分ごとの労働者の法定時間外労働及び法定休日労働時間の合計時間数の平均が、直近の事業年度の各月ごとに全て45時間未満であること。

4. 管理職比率

・直近の事業年度において、管理職に占める女性労働者の割合が産業ごとの平均値以上であること。

又は「直近3事業年度の平均した1つ下位の職階から課長級に昇進した女性労働者の割合」÷「直近3事業年度の平均した1つ下位の職階から課長級に昇進した男性労働者の割合」が8割以上であること。

5. 多様なキャリアコース

・直近の3事業年度に、大企業については2項目以上（非正社員がいる場合は必ずAを含むこと）、中小企業については1項目以上の実績を有すること。

A　女性の非正社員から正社員への転換

B　女性労働者のキャリアアップに資する雇用管理区分間の転換

C　過去に在籍した女性の正社員としての再雇用

D　おおむね30歳以上の女性の正社員としての採用

上記の五項目に関して、基準を満たした項目数に応じた三段階評価（一つまたは二つであれば一段階目、三つまたは四つで二段階目、五つすべてで三段階目。ちなみにオリンパスは三段階目えるぼし）が定められている。「えるぼし認定」初年度となる二〇一六年度末には、認定企業数は二九一社であったが、翌二〇一七年度末では五七九社、二〇一八年九月末では六九八社であった（非営利一般社団法人安全衛生優良企業マーク推進機構〔厚生労働省委託事業者〕ホームページよりデータ引用）。厚生労働省によれば、(15) 二〇二〇年二月末の時点で一〇二八社が認定されている。

「えるぼし認定」誕生の背景には、〝働きたくても働けない女性〟の存在がある。総務省統計局の調査によれば[16]、二〇一九年における女性の非労働力人口二六五七万人のうち、実に二三一万人もの女性が就業を希望している。さらに、就業を希望しているにもかかわらず、現在求職していない理由として、「出産・育児のため」と答えた人がもっとも多く、三〇％を超えた。次いで、（業務内容・報酬内容に対する相違や能力不足などで）「適当な仕事がありそうにない」と答えた人は二八・四％であった。「健康上の理由のため」、「介護・看護のため」と答えた人の割合はそれぞれ、一六・九％、六・七％であった。

また、オリンパスは「子育てサポート企業」として、二〇一六年および二〇一九年に「くるみん認定企業」に認定された[17]。「くるみん認定」とは、次世代育成支援対策推進法に基づき、一般事業主行動計画を策定した企業のうち、計画に定めた目標を達成し、一定の基準を満たした企業が受けることのできる認定制度である。くるみん認定基準[18]のうち、特記事項があるとすれば、男性の育児休業取得に関してであろう。

男性の育児休業等取得について、次の①または②を満たすこと。

① 計画期間において、男性労働者のうち、配偶者が出産した男性労働者に占める育児休業等を取得した者の割合が7％以上。

② 計画期間において、男性労働者のうち、配偶者が出産した男性労働者に占める育児休業等を取

得した者及び育児休業等に類似した企業独自の休暇制度を利用した者の割合が15％以上、かつ、育児休業等をした者の数が１人以上いること。（「次世代法に基づく「一般事業主行動計画」の策定と「くるみん・プラチナくるみん」認定について」（平成三一年二月）より引用）

この認定を受けることで、企業は以下のものにくるみんマーク（くるみん認定企業である証）を付すことが可能となる。

(a)　商品又は役務
(b)　商品、役務又は一般事業主の公告
(c)　商品又は役務の取引に用いる書類又は通信
(d)　一般事業主の営業所、事務所その他事業場
(e)　インターネットを利用した方法により公衆の閲覧に供する情報
(f)　労働者の募集の用に供する広告又は文書

企業は第三者の公的な評価を明らかにすることで、就職活動を行う学生や社会全体に向けて、子育て支援に力を入れている会社として好印象を持ってもらえる。「くるみんマーク」にせよ「えるぼし認定」にせよ、政府が主体となって適切なインセンティブ設計をすることで、企業と労働者（特に女性）がwin-winな関係性を構築できる点で優れた政策だといえる。

オリンパスが取り組んでいる具体的な制度[19]には、在宅勤務制度の対象者の拡大や管理職向けＷＬＩ研修、女性社員育成メンター制度、復職後の早期業務立ち上げを目的とした育児休業復帰後研修など

が挙げられる。さらに、新たに二〇二〇年四月からは仕事と治療を継続して両立できるようにするための制度を運用し、癌や不妊治療などの治療時には特別休暇を利用することが可能となった。こうした取組みの結果、二〇二〇年末時点で女性管理職は六五名（前年比一二二%）、管理職候補の女性従業員は二四七名（前年比一一六%）にまで上る（数値はオリンパス「2020年版CSRデータブック」七七頁より引用。また、数値は国内グループ会社も含めた値である）。

ＷＬＩに向けた取組みは、何も女性に限った話ではない。オリンパスは「働き方改革」の一環として、東京2020オリンピックに向けて東京都が取り組んでいる「スムーズビズ」[20]にも参加している。「スムーズビズ」とは、「都民や企業による交通行動の工夫やテレワーク環境の整備、多様な働き方の実践などを後押し」する運動で、「新しいワークスタイルや企業活動の東京モデルを定着させ、全ての人々がいきいきと働き、活躍できる社会の実現を目指」す、というものである。オリンパスは「人の流れに関する取組」として、管理職から率先した在宅勤務取得推進とフレックスタイムによる時差出勤、年休計画化と五日間のクリエイティブホリデーを展開した。さらに「朝イチ・Ｇｏ!!フレックス運動」と銘打ち、前日に超過勤務を行った場合、その翌日はフレックス制度を利用して始業時間を一五分遅らせることを推奨した。それらの効果と実績については、以下の通りである。「管理職の在宅勤務実施アンケートの結果、利用者の30%が通勤時間の有効活用と疲労軽減〔、〕利用者の23%が集中して業務ができた等と回答し、全体の84%が効果を実感したコメントであった。2020年夏の取組み意向〔原文ママ〕は、モバイルワーク、時差出勤、年休取得を利用するとの回答を得られ、風土醸成のきっかけとなった[21]」としている。こうした取組みが評価され、二〇一九年にはスムーズビズ推進大賞推進賞を受賞した。実際に取組みに参加した小林祐紀グローバルマネージャーは、「……自身の働き方を更に効率的なものに変えていくためにも、在宅勤務に対しては推進していきたい気持ちの方が強かったです。実際に自宅で作業をすることで、タスク管理・実行に関してより高い意識で取り組むようになり、仕事の効率は上がっていると思います。管理職である私が積極的に在宅勤務を活用すれば、他のメンバーも取り組みやすくなるでしょうから、良いモデルケースにならなければという気持ちもあります。実際、私の部署では新たに二人の部下が在宅勤務をスタート。私の例を見ることで、心理的なハードルが少しは下がったのかな、と嬉しく思っています[22]」と述べており、その効果のほどが窺える。

株式会社たねや　資本金が潤沢で、従業員数も多い大企業は、男女共同参画やWLIのための取組みやプロジェクトが活発になりやすい。資本金は、それらに係る費用（広告費や企画運営費）を賄うことを可能にし、従業員数が多ければ、それだけWLI実践の効果を多くの人間が享受できるためである。しかし、福利厚生が（大企業や公務員と比べて）相対的に乏しい「中小企業」にこそ、WLIの実践が必要だといえる。

株式会社たねや[23]（以下、たねや）は、滋賀県に本社を構え、和洋菓子を製造・販売する中小企業である。従業員一〇〇〇人余りのうち、女性従業員割合は七四％を超える（八四九人）[24]。各店舗の店長をはじめとする女性管理職の数は六〇人（女性管理職比率四七・二％）で、女性役員数は七人中三人と、女性中心の企業である[25]。女性活躍推進のために、たねやが行う主な取組み[26]は、以下のものが挙げられる。まず、妊娠した社員・出産した社員を対象として、先輩ママ社員の面談制度を設けている。妊娠や出産に関わる制度や出産前後の身体的・精神的不安をケアし、継続就業を推進するにサポートしている。加えて、妊娠がわかったタイミングで、働き方・休み方に関して、総務・人事スタッフがアドバイスを行う徹底ぶりである。他には、産後休業・育児休業のために、現場から一時的に離れている社員を対象に、該当社員がリフレッシュできる時間の確保と該当社員同士の定期的な意見交換の場を提供している。また、授業参観ならぬ、子どもたちによる職場参観「こども参観」を実施。自身の親が働く姿を見て、知ることを目的としている。さらに、ここで特筆しておきたい具体的な取組内容は、企業内保育である「おにぎり保育園」の開園・運営と性差によらない従業員育成・キャリアパス形成である。

たねやは、二〇〇四年に企業内保育園「おにぎり保育園」を開園した。ウェブメディア『CAKE.TOKYO（ケーキドットトーキョー）』に掲載されたインタビュー[27]によると、当園は、「子育て支援は企業の責任」の考えのもと、安心した子育て環境を従業員に提供することを目的に設立された。両親のどちらかがたねやグループ（株式会社たねや・株式会社クラブハリエ）で働いていれば、正社員・パートは一切関係なく、子どもらは入園可能である。製菓・販売（食品販売）を生業とする「たねや」らしく、当園で提供される献立には園内で育てられた野菜や地産の食材が中心に使われており、食育に力を入れた保育が特徴である。また、園の運営をたねやが行っている点も実に興味深い。事業所内保育を外部委託している企業も多い中、たねやは「子育て中の社員にやさしい職場」を大前提として、独自の自主運営を行っている。園長によれば、「例えば、子どもが熱を出したり、病気になったりしたときに、お母さんに直接電話をかけるのではなく、お母さんの上司にかける」のだという。

これは、自主運営ならではの取組みではあるものの、全社員の理解と協力があって初めて可能となる、極めて画期的な仕組みである。通常であれば、保育園からの連絡を受け取った保護者は、上司や同僚に断り（場合によっては謝罪や埋め合わせ）を入れて、我が子を迎えに行くのである。理不尽に肩身の狭い思いをしている保護者にとっては、こうした〝子育てに優しい仕組み（制度とまではいかない取組み）〟が何よりも大事なのではないだろうか。核家族化が進み、地域交流が希薄になる昨今、職場においてだけでも「○○さん家の息子・娘さん」「○○（子ども）のお父さん・お母さん」という関係性が構築できる点で、当園は貴重な環境といえる。

たねやの企業内保育園に関連して、「企業主導型保育事業」にも少し触れておきたい。「企業主導型保育事業[28]」とは、平成二八年度から内閣府が企業を対象に始めた〝保育事業助成制度〟のことである。従業員の多様な働き方（子育て）を実現することを目的に、企業が主体となって計画・実行した保育事業の設備費・運営費の一部を、政府が助成するというものだ。助成対象となるケースは多様で、単独設置型（単独の企業が保育施設を設置し利用するケース）、共同設置・共同利用型（一つまたは複数の企業が設置した施設を複数の企業で利用するケース）、保育事業者設置型（保育事業者が設置した施設を一つまたは複数の企業が共同利用するケース）と多岐にわたる。また、設備費・運営費に対する助成金額に至っては、企業の自己負担相当額が認可施設と同等の水準になるように設定。施設利用可能対象に地域住民の子どもを含めること（地域枠は全定員の五〇％を上限に事業者が独自に設定できる）で、待機児童問題の解消や、治安確保・地域貢献にも一役買っている。二〇一九年度の助成決定状況[29]は、三七六八施設、八万六六九五人（定員）である（二〇二〇年三月三一日時点。ただし、二〇一八年度からの継続分も含む）。

そのうち、保育施設の設置企業規模別では、大企業が二四・四％（九二〇施設）、中小企業が七五・六％（二八四八施設）と、助成採用のおよそ四分の三を中小企業が占めている状況である。大資本も持たず、地域密着型の経済活動を行うことが多い中小企業は、こうした女性活躍推進策で従業員のWLIを実現し、優秀な人材の確保や企業PRを行っている。

たねやのもう一つの具体的な取組みとして、性差によらない従業員育成・キャリアパス形成が挙げられる。たねやでは、「誰一人取り残さない持続可能な社会の実現」（たねやプレスリリース「内閣府「女性が輝く先進企業表彰」受賞のお知らせ」二〇一九年一二月二四日掲載より引用）に向けて、徹底した現場主義のもと、社員研修が行われる。男女ともに、まずは販売の現場を経験し、消費者との関わりを通じて業務内容と会社に対する理解を深めていく。技術研修[30]として、筆耕検定（社内認定制度）や和菓子技能指導、ラッピング検定（社内認定制度）が設けられており、生産から販売までの一連の商品生産過程でスキルアップが図られている。さらに、「認定職業訓練校を企業内に設置し、幅広い知識と経験を積めるプログラムなど、性差のない育成とキャリアパス」（同上プレスリリースより引用）形成に力を入れている。こうした取組みと女性管理職割合の高さが評価され、「女性が輝く先進企業表彰2019」（内閣府男女共同参画局）を受賞した。

2　技術進歩（AI化）と社会の変容

WLIへの関心の高まりは、いわば時代情勢に即した価値観や文化の〝非物理的変化〟ともいえる。

しかし、もう一つの重要な時代変化として、〝物理的変化〟の側面を見過ごしてはならない。本節では、現実の社会経済において、近年のＡＩ化（人工知能の普及）がもたらす経済活動と生活活動への（物理的）変化を、学術的研究成果と実践的導入事例に分けて紹介する。

（１）ＡＩ化がもたらす職場環境（雇用・賃金）への影響（学術的研究）

ＡＩやロボットなどの先進技術が、我々の雇用や賃金にどのような影響をもたらすのか、という現実問題に対する関心の高まりは、本屋に陳列されたビジネス書や啓蒙書の多さからも見てとれる。とりわけ、〝ＡＩ化が人々に失業をもたらすのかどうか〟という点においては、甲論乙駁である。それは学術的な研究結果においても同様で、ＡＩ失業が起こりうるという悲観的主張とＡＩ失業は起こりえないとする楽観的主張とが両存している。

ＡＩ失業に対する悲観的視座

この分野の先駆的研究でもある、Frey and Osborne（2017）の推計によれば、「将来のコンピュータ化によって、アメリカにおける全七〇二職種の雇用の四七％は機械に代替」されるリスクが高いという結果が示された。Frey and Osborne（2017）は、アメリカの職業データベース「O*NET」をもとに、ＡＩやロボットに代替されるかどうかに関連する三つのスキル（「認識（知覚）・操作性」、「創造的知性」、「社会的知性」）が、各職業でどれだけ必要とされているかを明らかにし、コンピュータとの代替確率を職業別に分類した。具体的な結果は、以下の通りである。コンピュータに代替されるリスクの低い職業は、マネジメント・経営・金融・エンジニア等・教育・芸術・医療系従事者（労働人口に占める労働者割合は三三％）であり、中程度のリスクには、設置（据付）・メンテナンス・修理（一九％）、高リスクの職種として、サービス・営業・オフィス作業・事務・製造・運送業（四七％）が挙げられた。また、Frey and Osborne（2017）は、一九世紀（一八一一年から一八一七年頃にかけての〝ラッダイトの暴動〟）から現代にかけての歴史的な労働代替の変遷を、教育到達度（スキル習熟度）と賃金（所得）という観点からも分析し、低学歴・低賃金の労働者であるほど、AIやロボットに置き換わりやすいことを示した。一九世紀の製造技術の発展は、作業の単純化による、熟練工（高スキル労働者）の代替が大部分であり、二〇世紀のコンピュータ革命は、中間所得者の雇用の空洞化を引き起こしたと指摘。続けて、低スキルの労働者は、今後「創造性」と「社会性」のスキルを身につけ、コンピュータ化の影響を受けにくい仕事に就く必要があると述べた。

Frey and Osborne（2017）の研究の瑕疵[31]を踏まえると、両氏が示した「四七％の雇用代替」はいささか過大なものにも思えるが、Ford（2009）や Ford（2015）も近年のAI・ロボット産業の著しい発展が雇用に負の影響をもたらすと危惧している。さらに、David（2017）は、日本における労働代替の予測を行い、今後数年間で、約五五％の仕事がコンピュータ資本に担われる可能性があることを明らかにした。また、非正規雇用（派遣労働者やパートタイム労働者を対象とした雇用）の方が、他の雇用よりもコンピュータ技術の普及の影響を受けやすいことも示され、この点は直観的な推測とも整合的である。

AI失業に対する楽観的視座

上述の悲観的な予測に対して、AI失業を楽観的にとらえた主張（AIが雇用を奪うことはないとする立場）には、Brynjolfsson and McAfee（2011, 2014）[32]、Arntz et al.（2016）、De La Rica and Gortazar（2016）、OECD（2016）などが挙げられる。

Arntz et al.（2016）は、先ほどの Frey and Osborne（2017）と同様に、アメリカにおける各職種の自動化可能性を推計した。Frey and Osborne（2017）が職業情報から労働者が従事するタスクの構成（種類と量）とそれを実行するのに必要なスキルを算出した（ジョブベースの分析）のに対して、Arntz et al.（2016）は職業情報だけでなく、タスクに関する質問内容から〝タスクベース〟の分析を行った。その結果、職業ベースで考えずに、個々のタスクレベルで評価した場合、アメリカの全労働者のうち、七〇％を超える自動化の代替リスクに直面しているのはわずか九％ほどであった。[33]しかし、悲観論者同様、低学歴（低スキル）の労働者は、ＡＩやロボットに代替される可能性が高いことも指摘しており、その点では両者のコンセンサスが取れている。

このように、自動化の推計結果は同一職業でもタスクの構成（種類と量）や特性（ルーティンかノンルーティン）、スキル（熟練か非熟練）に大きく左右されるのである。ルーティンタスクの集約度を国際比較した De La Rica and Gortazar（2016）によれば、日本はアメリカなどに比べてＩＴによる業務代替が起こっておらず、いまだにルーティンタスクが比較的多く残存している。こうした現状には、日本ならではの雇用システム（環境）が影響していると考えられる。

日本的雇用慣行としての特徴は、「年功序列」、「終身雇用」、「新卒一括採用」である。企業は自社での人材育成を前提として、「終身雇用」を担保に、ノンキャリア・ノンスキルの若い労働力を一括で採用する。「年功序列」が保証されている環境下では、労働者は上司からの指示を忠実に守り、いわば企業は〝労働者の使い潰し〟が可能となる。これらの旧弊は、皮肉にも日本の高度経済成長を下支えし、エネルギー資源の乏しい日本が先進諸国の一員になる大きな足掛かりとなった。しかし、近年、「長時間労働」や「過労死」、「ブラック企業」といった労働問題が顕在化し、多様化する現代社会とはそぐわない一面も内在する。働き方の多様化実現を後押しする雇用システムとして、「非正規雇用」の存在が挙げられるが、正規雇用労働者と比べて賃金は低く[34]、実際は、都合のいい低賃金労働者となってしまっている。こうした安い労働力を確保しやすい社会環境が、たとえＡＩやロボットといった最新技術の価格（導入コスト）が安くなったとしても、ある程度の優位性を保っていたために、日本でのタスクの代替リスクは低い（事務作業などのルーティンタスクが比較的多く残っている）と考えられる。

しかし、逆の見方をすれば、日本は自動化の対象となるルーティンタスクがまだ多く存在し、それらの作業は非正規労働者によって行われているので、労働代替の余地がかなり大きいともいえる。もしそうであれば、非正規労働者のおよそ六八％（総務省統計局「労働力調査（詳細集計）」二〇一九年数値より計算）を占める女性労働者は、ＡＩ化による失業の瀬戸際に立たされているのもまた事実である。そのためにも、男女差のない雇用形態の実現と、キャリア（スキル）向上機会の均等化が重要となる。

⑵　ＡＩ化によるＱＯＬ（クオリティー・オブ・ライフ）の向上

ＡＩは、労働者と賃金や雇用を奪い合う、敵対的な関係主体であるととらえられがちだが、産業革命以降の蒸気や電気同様に、我々の生活水準を向上させる側面を有している。以下では、その実例をいくつか見ていきたい。

ＡＩ技術の活用分野は、自動車等の輸送産業、マーケティングが要である販売業、金融業、インフラ設備、医療、公共事業と多岐にわたる。なかでも自動化運転技術の台頭は、読者にもっとも知られた事例かと思われる。自動運転実装車は、自動車のエンジンを作動し、任意の目的地を入力するだけで、目的地までの最適なルートと所要時間を即座に割り出す。歩行者やほかの自動車を正しく認知し、加速と減速を自在に使いこなす。最近では、車体の異変を察知して、車両のメンテナンスを促す機能や、運転手の居眠り・飲酒の異常を判断する機能にまでＡＩが用いられている。

　また、医療の現場でもＡＩ技術が活用されている。全自動手術ロボットはいまだに実用されていないものの、ＡＩの画像処理能力の高さを利用した診療・検査が導入されつつある。Agrawal et al.（2019）は、ODS Medical（癌治療に関する医療機器開発を行う会社）（https://odsmed.com/about/ 二〇二〇年一一月三〇日最終閲覧）が開発した、癌患者のための脳外科手術用ペン型医療機器を例に挙げ、その癌細胞診断予測の精度の高さを評価している。つまり、外科医が起こしうる二つのエラー（癌細胞以外の健全な細胞組織までも取り除いてしまうエラーと癌組織を取り残してしまうエラー）を減らし、余った外科医の労力を他の作業に割り当てることで、医療従事者の労働生産性を上げる効果がある。

　しかし、こうした便利で、高精度な結果をもたらすＡＩが実用可能になったとしても、我々人間はそれらを正しく扱い、制御することができるのであろうか。もっと言うと、「我々は、ＡＩやロボットといった非人間的なものに接客や触診を〝されたい〟と思うのであろうか」という疑問が自然と浮かび上がってくる。

　ここで、筆者がとある私立大学の大学生（男女）を対象として行ったアンケート調査を示したい（回答数が多くないので、以下の結果は参考程度と考えていただきたい）。アンケートの実施期間は二〇二〇

図表8-2　AIと生活に関する意識調査（N＝135）

〔Q1：AI（人工知能）やITといった先端技術の実用に伴い，自身のワーク・ライフ・バランスが改善・向上すると思いますか？
Q2：AIを搭載した人工ロボットに，お店での接客や病院での診察をされたいですか？〕

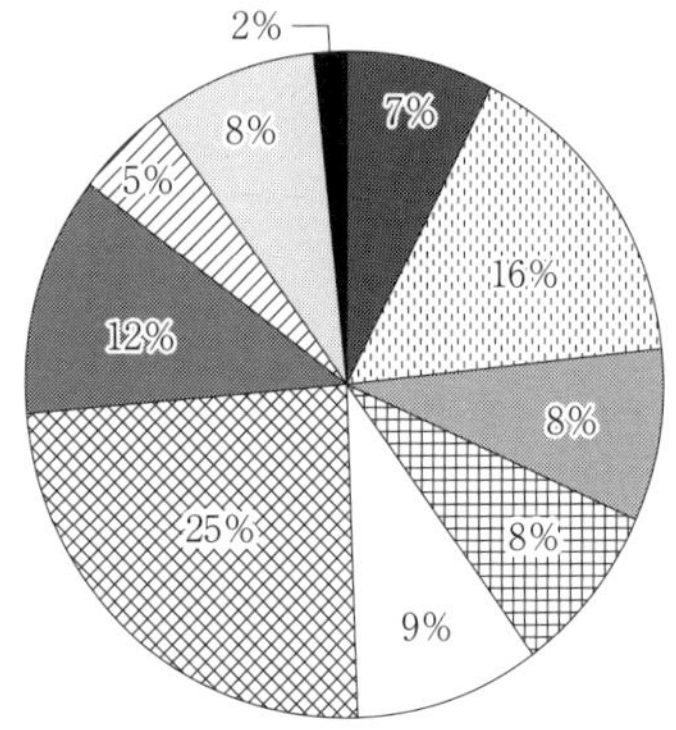

- a（とてもそう思う）-A（まったくそう思わない（対人で接客されたい））
- a（とてもそう思う）-B（あまりそう思わない）
- a（とてもそう思う）-C（少しそう思う）
- a（とてもそう思う）-D（とてもそう思う（対ロボットでも構わない））
- b（少しそう思う）-A（まったくそう思わない（対人で接客されたい））
- b（少しそう思う）-B（あまりそう思わない）
- b（少しそう思う）-C（少しそう思う）
- b（少しそう思う）-D（とてもそう思う（対ロボットでも構わない））
- c（あまりそう思わない）
- d（全くそう思わない）

年九月二五日～二〇二〇年一一月五日、回答数は一三五名である。質問内容は複数あったが、ここでは二つの設問に限って調査結果を提示する。まず一つ目の質問は「Q1、AI（人工知能）やITといった先端技術の実用に伴い、自身のワーク・ライフ・バランスが改善・向上すると思いますか？（例 作業自動化による勤務時間の短縮。全自動家電による家事負担軽減。）」。回答選択肢は、「a、とてもそう思う」「b、少しそう思う」「c、あまりそう思わない」「d、全くそう思わない」の四つである。二つ目の設問は、「Q2、AIを搭載した人工ロボットに、お店での接客や病院での診察をされたいですか？」。回答選択肢は、「A、まったくそう思わない（対人で接客されたい）」「B、あまりそう思わない」「C、少しそう思う」「D、とてもそう思う（対ロボットでも構わない）」の四つである。

特筆すべきは、Q1で「a、とてもそう思う」または「b、少しそう思う」と答えた人のうち、Q2で「A、まったくそう思わない（対人で接客されたい）」または「B、あまりそう思わない」と答えた人の割合（図表8-2の四角枠内の回答パターン）とが、回答者全体の五七％以上（七八名）であった点である。つまり、実社会において、AI等の先端技術が我々の生活水準を向上させているとたしかに実感しているにもかかわらず、自身は（職種や場面によっては）対人で接客されたいと思う人が半数以上いるということである。新たな技術やサービスに、比較的抵抗感の少ない二〇歳前後でさえ、このような結果であったので、より幅広い年齢層を対象としたアンケートを行えば、より顕著にこの傾向が示されると予想できる。

3　新型コロナウイルス（COVID-19）と個人の生活

（1）新型コロナウイルスの猛威とその対策

「二〇二〇年はどんな年だったか」と聞かれたら、質問を受けたほぼ全員が「新型コロナウイルス（COVID-19）の年だった」と口を揃えて答えるだろう。未曾有のパンデミックに日本が、世界が混乱し、グローバル化に逆行する形で入国制限やロックダウンが敷かれ、人類の生活スタイルは数カ月間で一変した。

日本国内における新型コロナウイルス感染症の陽性者数[35]は、二〇二一年八月一日時点で九二万二三一二名、死亡者は一万五一八五名であった。政府は、本格的に感染拡大が始まる前の二〇二〇年二月下旬には、全国の小中高等学校に対して、一斉臨時休業を要請した[36]。新年度になった四月には感染拡大を抑えるために、新型コロナウイルス感染症緊急事態宣言を発令（当初は感染数の多い埼玉県、千葉県、東京都、神奈川県、大阪府、兵庫県および福岡県の七都府県を対象としていたが、同年四月一六日には対象区域を全国へ拡大）。国民はおよそ二カ月近くの活動自粛を求められ、一時ゴーストタウンの光景が全国各地で観測された。

政府は、新型コロナウイルス関連の支援策を個人・世帯と企業・事業者の両面から打ち出した[37]。休業要請に伴う各家庭の所得減少を補塡する目的として、まず、「特別定額給付金」（一律一人当たり一〇万円給付）を実施し、子育て世帯には「子育て世帯への臨時特別給付金」として、子ども一人当たり一万円が支給された。同様に、生活に困窮しているひとり親世帯へは「ひとり親世帯への臨時特別給付金」によって、五万円（第二子以降はプラス三万円、コロナ休業によって収入が減少した場合はプラス五万円）を給付した。さらに、予定していたアルバイトがなくなり、修学継続が困難な学生に対して原則一〇万円、勤め先が休業したことで賃金支払いが滞っている中小企業従業員には月額最大で三三万円が給付された。加えて、各種税金や保険料に関しても、支払い額の減免や支払い期限に猶予期間が設けられた。しかし、こうした各家庭環境に即した支援制度も一時的なものに過ぎず、本格的に経済活動が再開される七月・八月までは、苦しい生活が余儀なくされた。

企業向け給付・助成金（たとえば「持続化給付金」として、売り上げが減少した中小法人には最大二〇〇万円、フリーランスを含む個人事業主には最大一〇〇万円が給付された。コロナ禍で雇用が維持できない中小企業に対しては、特例の「雇用調整助成金」が設けられ、一律一〇割助成された）も幅広く実施されたが、慢性的な休業状態に耐えられず、倒産した企業も少なくはない。

(2) リモートワークがもたらしたライフスタイルの大転換

政府による企業（特に飲食店）への休業要請が解除されてからも、企業独自のコロナ対策の取組みが行われている。その代表例がリモートワーク・テレワーク（在宅勤務）である。コロナ感染拡大以前からも、ＩＣＴ（通信）設備の発展を背景に、在宅勤務を推奨する企業は散見された[38]。奇しくも、新型コロナウイルスの感染拡大は、これらの多様な働き方の推進を大きく後押しする結果となった。印鑑による捺印制度も一部では廃止され、業務上の作業の無駄（厳密には人的接触の多い作業）が削減された。

在宅時間が増えたことで、自宅における生活スタイルにも変化が起きた。アウトドアが難しくなり、サブスクリプションサービス（通称サブスク）やＤＩＹ（Do It Yourself）といったインドアの趣味・娯楽への需要が急増した。多くの人が、自宅での生活の質を上げようと考えたためか、大手家具・インテリア小売のニトリＨＤの売り上げは、コロナ禍の二〇二〇年三～八月で増収増益となった[39]。

また、在宅時間が増えたことでもう一つ増えるものは、家事である。二〇二〇年四～六月にパナソニック株式会社が行った調査[40]によると、コロナ禍における男女の家事負担は増加傾向にあり、在宅勤務の隙間時間を利用した家事や普段は後回しにしてしまうような優先順位の低い家事（こまめな掃除など）がその理由だと指摘した。しかし、男女の〝家事負担割合〟に着目すると、依然として女性偏重の家事分担となっている（家事分担比率に関して、夫目線では「男性四六―女性五四」なのに対し、妻目線では「男性二四―女性七六」と、大きな乖離が存在する）。さらに、当記事では「しない家事」（家事代行や家電を活用し、自らがしない家事）へのニーズがかつてないほどに高まっていると述べた。もはや、男性に対する家事分担の願望は消え、夫以外へのアウトソーシングを希望する女性が増えたのかもしれない。この点は、あまり悲観的にとらえず、最新家電が女性の家事負担を減らし、男女が（今よりも絶対量の少ない）家事を等しく行う未来が訪れることに期待しよう。

技術革新が目覚ましく、社会的・文化的規範の多様性が求められる昨今では、ＷＬＩの実現は一筋縄ではいかない。しかし、冒頭でも述べたように、一人の人間として平等な機会が与えられ、自己にとっての自由な選択ができる社会を望まない人はいまい。些細な争いに労力を注ぎ、少ないパイを取り合うのではなく、全員が享受できるより大きなパイの実現と持続を目指すべきである。現代の我々に求められることは、そのようなことなのではないだろうか。

注

（1）二〇〇七年一二月一八日（二〇一〇年六月二九日に新合意）、「官民トップ会議」において策定された憲章である。日本の社会を持続的なものにするためには、国民全員の〝仕事と生活の調和〟が実現される必要があるとの考えのもと、官民一体となって社会問題の解決・環境整備・支援拡大に取り組むと国が表明した。内閣府男女共同参画局「仕事と生活の調和」推進サイト（二〇二一年八月一日最終閲覧）。

（2）「憲章」の実現に向けた、具体的な指針をまとめたものである。詳細は前掲「仕事と生活の調和」推進サイトより閲覧可能。

（3）『日本経済新聞』（二〇二〇年一〇月七日付）私見卓見「男女共同参画は家庭改革から」川口章氏（同志社大学政策学部教授）。

（4）詳細は、内閣官房「男性職員による育児に伴う休暇・休業の取得促進」（二〇二一年八月一日最終閲覧）。

（5）内閣官房「男性国家公務員の育児に伴う休暇・休業の取得促進に係るフォローアップ」（ＰＤＦ）（https://www.cas.go.jp/jp/gaiyou/jimu/jinjikyoku/pdf/200828_followup.pdf　二〇二一年八月一日最終閲覧）より数値引用。

（6）厚生労働省「平成29年度雇用均等基本調査」。

（7）三菱ＵＦＪリサーチ＆コンサルティング「平成29年度仕事と育児の両立に関する実態把握のための調査研究事業労働者調査」厚生労働省委託調査（https://www.mhlw.go.jp/file/06-Seisakujouhou-11900000-Koyoukintoujidoukateikyoku/0000174277_3.pdf　二〇二一年八月一日最終閲覧）。

（8）日本アイ・ビー・エム株式会社ホームページ「女性のさらなる活躍を支援」（https://www.ibm.com/ibm/responsibility/jp-ja/diverse/equal-opportunity.html　二〇二一年八月一日最終閲覧）。

（9）内閣府男女共同参画局「女性が輝く先進企業表彰２０１７」日本アイ・ビー・エム株式会社（https://www.gender.go.jp/policy/mieruka/company/hyosyo29.html　二〇二一年八月一日最終閲覧）。

（10）日経ＢＰニュースリリース「２０２０年版「女性が活躍する会社ＢＥＳＴ１００」総合ランキング1位は日本ＩＢＭに」（https://www.nikkeibp.co.jp/atcl/newsrelease/corp/20200507/　二〇二一年八月一日最終閲覧）。『日経ＷＯＭＡＮ』二〇二〇年六月号、日経ＢＰ。

(11)　具体的には、「女性役員比率は18％（18年は16％）まで上昇し、人数も44人と過去最高に。19年12月時点で女性管理職比率は17％に」なった。同右「日経ＢＰニュースリリース」より引用。

(12)　日本アイ・ビー・エム株式会社「女性の活躍推進のための行動計画」（二〇一九年一月一日策定）より数値引用（最終閲覧二〇二一年八月一日）。

(13)　二〇一九年五月二九日、女性活躍推進法等の一部を改正する法律が成立したことで、「えるぼし認定」の基準項目が一部変更された。また、法改正とともに、二〇二〇年六月一日に特例認定制度が創設され、「えるぼし認定」よりも水準の高い「プラチナえるぼし」認定が誕生した。厚生労働省「女性活躍推進法特集ページ」（二〇二一年八月一日最終閲覧）。ちなみに、全国初の認定第一号は株式会社インテリックスであった（株式会社インテリックスホームページ https://www.interix.co.jp/news/public-relations/245　二〇二一年八月一日最終閲覧）。

(14)　より詳細な評価項目については、厚生労働省「女性活躍推進法特集「えるぼし」認定について（ＰＤＦ）」、または同ホームページ「えるぼし認定、プラチナえるぼし認定の概要（ＰＤＦ）」を参照。

(15)　厚生労働省「女性活躍推進法への取組状況（一般事業主行動計画策定届出・「えるぼし」認定状況）」。

(16)　総務省「労働力調査（詳細集計）」二〇一九年（令和元年）平均結果より算出。

(17)　ちなみに、先に紹介した日本アイ・ビー・エム株式会社は、二〇〇七年から二〇一五年までで四回認定されている。

(18)　詳細な認定基準は紙面の都合上割愛するが、興味のある読者は厚生労働省「くるみんマーク・プラチナくるみんマークについて」（二〇二一年八月一日最終閲覧）を参照されたい。

(19)　オリンパス「２０２０年版ＣＳＲデータブック」参照。

(20)　スムーズビズ「スムーズビズとは」（https://smooth-biz.metro.tokyo.lg.jp/about/　二〇二一年八月一日最終閲覧）。

(21)「スムーズビズ推進期間結果発表イベント（２０１９・11・18）推進大賞受賞企業の取組紹介」（https://smooth-biz.metro.tokyo.lg.jp/wp-content/uploads/2020/10/event191118-olympus.pdf　二〇二一年八月一日最終閲覧）。〔　〕は引用者による補足。
(22) スムーズビズ令和元年度受賞企業インタビュー（https://smooth-biz.metro.tokyo.lg.jp/example/1465/　二〇二一年八月一日最終閲覧）より一部引用。
(23) 数ある中小企業のなかでも、株式会社たねやを選んだ理由は、第三者機関（内閣府男女共同参画局「女性が輝く先進企業表彰２０１９」）からの女性活躍推進の評価と自社運営にこだわった企業内保育園の存在である。上記に加えて、わずかな選択理由があるとすれば、同社グループ「株式会社クラブハリエ」の販売するバウムクーヘンが、筆者の好物であるためである。
(24) 数値については、滋賀県ホームページ内「株式会社　たねや」企業ＰＲ（https://www.pref.shiga.lg.jp/ippan/shigotosangyou/shigoto/306986.html　二〇二一年八月一日最終閲覧）を参照。
(25) 男女共同参画局「女性が輝く先進企業表彰２０１９」株式会社たねや「受賞の言葉と取組の紹介（ＰＤＦ）」（https://www.gender.go.jp/policy/mieruka/company/hyosyo01.html　二〇二一年八月一日最終閲覧）。
(26) 男女共同参画局「女性が輝く先進企業表彰２０１９」株式会社たねや「受賞の言葉と取組の紹介（ＰＤＦ）」より、具体的な取組み事例参照。
(27) ウェブメディア『CAKE.TOKYO（ケーキドットトーキョー）』連載「たねや」第九回「お菓子屋さんが保育園を運営するということ。」（二〇一七年八月一八日掲載）（https://cake.tokyo/featured/taneya/chapter_09　二〇二一年八月一日最終閲覧）より引用。
(28) 内閣府「企業主導型保育事業等」（https://www8.cao.go.jp/shoushi/shinseido/links/index.html　二〇二一年八月一日最終閲覧）参照。

(29)　企業主導型保育事業ポータル「企業主導型保育事業助成決定一覧（令和2年3月31日現在）について」（https://www.kigyounaihoiku.jp/info/20200807-02）「企業主導型保育事業の実施状況について」（ＰＤＦ）より数値引用（二〇二一年八月一日最終閲覧）。

(30)　たねやグループ企業情報「社員教育」（http://taneya.jp/group/company/education.html　二〇二一年八月一日最終閲覧）参照。

(31)　主要業種のコンピュータ代替の可能性に関しては、機械学習の研究者による主観的な予測に依拠しており、予測精度の高さを担保できていない。さらに、実証分析の上で、ＡＩ技術・ＩＣＴ先端技術の価格を考慮していない点や、ＡＩ化に伴う新たな職業創生効果を考慮していない点で、四七％という数値にどれほどの説得力があるのか疑問が残る。

(32)　本書は、いずれも翻訳版『機械との競争』・『ザ・セカンド・マシン・エイジ』（日経ＢＰ社）が出版されているので、英語が苦手な読者（初学者）でも容易に理解できるであろう。詳細は文末の参考文献リスト参照。

(33)　OECD（2016）による試算結果では、機械による自動化リスクが七〇％以上の労働者割合は、オーストラリア・ドイツ・スペインで一二％程度、フィンランド・エストニア・日本は六％程度であったとされている。これらの国家間の差は、仕事がどのように構成されているかに依存し、対面型の業務が少ない国では、技術失業のリスクが高いと指摘している。

(34)　正社員・正職員の平均賃金が二〇二一円なのに対し、それ以外の一般労働者の平均賃金は一三三七円である。厚生労働省「「非正規雇用」の現状と課題」（ＰＤＦ）（https://www.mhlw.go.jp/stf/seisakunitsuite/bunya/koyou_roudou/part_haken/index.html　二〇二一年八月一日最終閲覧）より数値引用。

(35)　厚生労働省　新型コロナウイルス感染症について「国内の発生状況など」（二〇二一年八月一日最終閲覧）。

(36)　文部科学省「全国一斉臨時休業関係（2／28～春季休業前まで）」（二〇二一年八月一日最終閲覧）。

(37) 内閣官房「新型コロナウイルス感染症対策」(https://corona.go.jp/action/ 二〇二一年八月一日最終閲覧)にて各支援制度の詳細が確認できる。

(38) 第一節第二項の企業例参照。

(39) 流通ニュース「ニトリＨＤ／巣ごもり・テレワーク対応で3～8月増収増益」二〇二〇年一〇月二日掲載(https://www.ryutsu.biz/accounts/m100223.html#:~:text=%E3%83%8B%E3%83%88%E3%83%AA%E3%83%9B%E3%83%BC%E3%83%AB%E3%83%87%E3%82%A3%E3%83%B3%E3%82%B0%E3%82%B9%E3%81%8C10%E6%9C%88,%EF%BC%85%E5%A2%97%EF%BC%89%E3%81%A8%E3%81%AA%E3%81%A3%E3%81%9F%E3%80%82 二〇二一年八月一日最終閲覧)。

(40) パナソニック株式会社ウェブマガジン UP LIFE「コロナ禍で家事負担がアップ！それでも変わらない夫婦の家事分担比率。「しない家事」へのニーズは過去3年で最高に。」(二〇二〇年一〇月七日掲載 https://panasonic.jp/life/housework/100054.html 二〇二一年八月一日最終閲覧)。

参考文献

『日経ＷＯＭＡＮ』二〇二〇年六月号、日経ＢＰ。

『日本経済新聞』(二〇二〇年一〇月七日付)。

Agrawal, A., J. S. Gans, & A. Goldfarb (2019) "Artificial Intelligence: the Ambiguous Labor Market Impact of Automating Prediction," *Journal of Economic Perspectives*, 33(2), 31-50.

Arntz, M., T. Gregory, & U. Zierahn (2016) "The Risk of Automation for Jobs in OECD Countries," *OECD Social, Employment, and Migration Working Papers*, (189), 0_1.

Brynjolfsson, E., & McAfee, A. (2011) *Race against the Machine*, Lexington, Mass.: Digital Frontier Press.(エリック・ブリニョルフソン＆アンドリュー・マカフィー／村井章子訳〔2013〕『機械との競争』日経Ｂ

P。）

Brynjolfsson, E. & McAfee, A.（2014）*The Second Machine Age*, WW Norton & Company.（エリック・ブリニョルフソン&アンドリュー・マカフィー／村井章子訳〔2015〕『ザ・セカンド・マシン・エイジ』日経BP。）

Chzhen, Yekaterina, Anna Gromada & Gwyther Rees（2019）"Are the world's richest countries family friendly? Policy in the OECD and EU," *Innocenti Research Report UNICEF Office of Research – Innocenti, Florence*.（https://www.unicef-irc.org/publications/1032-family-friendly-policy-research-report-2019.html　二〇二〇年一一月二三日最終閲覧）

David, B.（2017）"Computer Technology and Probable Job Destructions in Japan," *Journal of the Japanese and International Economies*, 43, 77-87.

De La Rica, S. & L. Gortazar（2016）"Differences in Job De-Routinization in OECD Countries," *Institute of Labor Economics*（*IZA*）.

Ford, M. R.（2009）*The Lights in the Tunnel*, Acculant publishing.（マーティン・フォード／秋山勝訳〔2015〕『テクノロジーが雇用の75%を奪う』朝日新聞出版。）

Ford, M.（2015）*Rise of the Robots*, Basic Books.（マーティン・フォード／松本剛史訳〔2015〕『ロボットの脅威』日本経済新聞出版社。）

Frey, C. B. & Osborne, M. A.（2017）"The Future of Employment" *Technological Forecasting and Social Change*, 114, 254-280.

OECD（2016）Automation and Independent Work in a Digital Economy. Policy Brief on the Future of Work.

終　章　ワークライフ・インテグレーションとニュー・ノーマル

平澤克彦・中村艶子

1　ワークライフ・インテグレーションをどうとらえるか

（1）感染拡大と「働き方」の変化

新型コロナウイルス（ＣＯＶＩＤ－19）の感染が拡大するなか、地方銀行などでテレワークの導入が進んだ。たとえば、山梨中央銀行では、在宅勤務が正式に承認され、専用のタブレットを使用して、行内資料の作成や分析作業などが行われている。さらに荘内銀行や北都銀行の所属するフィデアホールディングスでは、在宅勤務の対象がこれまでの管理職から、一般の行員やパート職員にまで拡大され、報告資料や融資業務関連書類、顧客向け提案書などの作成が行われるようになったという[1]。

このようにコロナウイルスの感染拡大は、テレワークに象徴される新たな働き方を促し、ワーク・ライフの見直しにつながったという。実際、テレワークの導入により通勤などにかかる時間が必要なくなり、浮いた時間を資格の取得やスキルの向上にあてられ、親の介護対応や子どもの帰宅のさい家に居られるようになるなど、ワーク・ライフ・バランス（以下、ＷＬＢ）の充実が図られるようになったという[2]。

もちろん新たな働き方が、さまざまな問題をもたらしていることも忘れてはならないだろう。家電量販店のノジマ電機は、感染拡大の影響を直接被ったＡＮＡやＪＡＬの客室乗務員や事務職員などの出向を受け入れ、自社の店舗やコールセンターなどで働いてもらうことを明らかにした[3]。「従業員シェア」は、人材の不足する企業と雇用調整の必要な企業との労働力の需給関係を調整する仕組みとして注目されるものの、その一方で、労働力の流動化を促進することで、ジョブ型雇用に象徴されるように終身雇用や年功制といった日本的雇用慣行の再編を促していくことが危惧される。ここでは、ワークライフ・インテグレーション（以下、ＷＬＩ）なる理念のもと、働き方改革の現実をいかに把握し、どのような問題があるのかを考えるために、これまで検討してきたことを概観していこう。

（2）ワークライフ・インテグレーションと貧困問題

これまで繰り返し指摘してきたように、ＷＬＩというコンセプトは、ＷＬＢから発展してきた。ワーク・ライフという問題は、資本制社会の生成、さらに工場制の形成にともなう賃労働と家事労働への分割を背景に生じてきた。とりわけ家計を支える賃労働の優位と、家事労働への女性の包摂のなかで顕在化してきたのである。その意味でＷＬＢというコンセプトは、序章でみたように、就労を基底とする社会体制の再検討と深くかかわっているといえる。実際、第２章でみたように、ドイツにおいてワーク・ライフという問題が認識されるようになったのは、シングル・マザーの増加に象徴される家族機能の変容と、シングル・ファミリーの貧困化の進展であった。

だが、ワーク・ライフという問題意識は、少子高齢化問題とそれにともなう労働力不足を背景に、女性の就労支援を基軸とするWLBへと展開していったのである。もちろん女性の就労問題は、第3章で明らかにされているように、女性、とりわけシングル・ファミリーの育児・貧困問題と結びついているのであり、その意味で、WLBからWLIへの展開は、第1章で示唆されているように、貧困・就労問題の解決を念頭に検討することが求められている。WLIという問題は、企業の従業員政策に限定されるものでなく、社会政策的な課題と深くかかわっているといえる。その基本的な選択原理は、経済性や効率ではなく、生活の論理ということになるだろう。

すでに指摘したようにワーク・ライフの問題として認識は、賃労働と家事労働の分離、さらに家事労働への女性の包摂を基底にしており、ワーク・ライフが問題として顕在化していったのは、少子高齢化の進展を契機としていた。少子高齢化は、出生率の向上や育児問題の解決だけでなく、人口の高齢化にともなう政府の財政問題と密接に結びついて進展することになる。そのため政府の対応は、貧困などの問題への対処ではなく、育児や介護に対する支援を基軸とする就労促進を中心にしていた。

そのさい、多くの女性がパートなどの非正規で働いていることを忘れてはならない。とりわけ日本では、いわゆる「二重構造」のもと女性の多くは、学校卒業後、正規従業員として就労し、結婚・出産を契機に退職したのち、育児負担がある程度軽減されるようになると、中小企業などを中心にパートとして働いていた。だが今日では、産業構造の転換などを背景に、学校卒業後、正規の仕事を見つけられず契約社員や派遣などで働く女性も増えている。このように女性の働き方はきわめて多様であり、仮に正規で働いていたとしても、大半の女性は産業予備軍に位置づけられるものとみることができる。

ＷＬＩは、政府の財政問題を背景に、就労促進を基本としているといえるものの、第4章などで指摘されているように、正規従業員と非正規従業員の二つの問題領域に区分して考えることができる。ＷＬＩが女性の窮乏化と就労にかかわるコンセプトだとすれば、非正規問題にこそその核心を問うことができるとはいえ、一般にＷＬＩの問題として、正規従業員の問題が取り上げられている。ＷＬＩが、仕事と生活の双方を重視するコンセプトだとすれば、生活を疎外する労働時間、さらにいえば働き方の改革が求められるであろう。その意味で長時間労働の問題が重視されるものの、第4章で示唆されているように育児や介護などに対応した労働時間の自己決定が重要な基準といえる。

その意味でパートという働き方は、ワークとライフのトレードオフに基づく重要な選択肢の一つとみることができる。たしかにパートという働き方は、家計収入という点から重要な意味を持っているといえるものの、育児や介護など家事との両立という面からも選択されていることを忘れてはならないだろう。だが、すくなくとも日本では、パートという働き方は、かならずしも働く者の自己決定による帰結ととらえることのできない面があり、しかも、所得水準からすれば、問題のある働き方となっている。ＷＬＩは、就労促進にとどまらず、社会参加や就労における自己決定、さらに貧困といった問題とかかわって検討することが求められる。

周知のように人的資源管理は、経営学における人間観の転換をもとに人間を重要な資源ととらえ、従業員の動機づけや人材開発などを重要な要素としている。そのため第6章でみたように、近年の経営環境の変化のなかで人的資源管理は、育児や介護にとどまらず、従業員のキャリアやライフ・ステージに応じた柔軟な働き方を模索することになる。高度プロフェッショナル制度や短時間勤務といったＷＬＩの制度がそれである。

たしかに第8章でも示唆されているように、新しい働き方は、ＩＣＴの発展とその経営での活用を基盤にしているとしても、第5章で指摘されているように、ＷＬＩにかかわる経営技術の導入は、少子高齢化と労働力不足を背景とする政財界の成長戦略に規定されているのである。その意味でワークとライフのトレードオフと位置づけられる不安定雇用者が、自己実現をも視野に入れて自立の道を模索する姿を扱った第7章の研究は興味深い。では、新型コロナウイルス感染拡大のなかで、新しい働き方は、どのような問題を生み出してきたのだろうか。本書の多くの章でも検討されている問題でもあるが、本書での分析を踏まえて改めて概観しておこう。

2　コロナ禍で変わるワークライフ・インテグレーション

(1)　コロナ禍での雇用状況

新型コロナウイルスの感染の世界的爆発は、生活を一変させた。ライフスタイルは否応なしに大きく変化することを余儀なくされ、ビジネス慣行、家庭生活、教育、医療、社会生活全般で計り知れない影響が生じた。国際労働機関（ＩＬＯ）によると、二〇二一年一月時点で、世界九三％の国々が何らかのビジネスの休止やロックダウン（都市封鎖）を行い、地域的・部門に特化した措置が一般化している。二〇二〇年の世界の就労時間は、新型コロナウイルス感染拡大前（二〇一九年一〇〜一二月）に比べて八・八％も減少した。これはフルタイム労働者（週四八時間勤務者）の二億五五〇〇万人の失職分に相当するものであり、リーマン・ショック後の世界金融危機（二〇〇八〜二〇〇九年）の就労時間〇・六時間減に比べて約四倍にも上る（ILO, 2021）。二〇二〇年の世界の労働所得は、八・三％減（減少額：三兆七〇〇〇億ドル）となった。

日本でも、海外はもとより他府県への移動やさまざまな活動の制限、不要不急の外出自粛が求められ、二度目の緊急事態宣言下では一一都道府県が対象となった。ビジネスでは飲食業中心に営業規制が敷かれ、経済の大部分が打撃を受けた。日本での解雇や雇い止めは、厚生労働省の統計（二〇二一年一月二二日現在）では雇用調整の可能性のある事業所数は一二万二二六七カ所、解雇等見込みは八万三七一三件である（厚生労働省、二〇二一a）。[4] しかし、実際には統計に表れないケースもあると考えられ、非常に厳しい。解雇等見込み労働者数および雇用調整の可能性のある事業所を業種別にみると、製造業、飲食業、小売業、サービス業などで多い（図表終-1）。

新型コロナ感染者が再び増加した際の解雇・雇い止めの人数は累計六万九二三人で（二〇二〇年九月二五日時点）（厚生労働省、二〇二〇b）、一〇月の就業者数（実数値）は七カ月連続減の六六九四万人（前年同月から九三万人減）、完全失業者数は三・一％となった（総務省労働力調査）。解雇・雇い止めの対象とは、一時雇い、現場の作業労働者、派遣社員やアルバイト等のいわゆる「非正規」労働者である。第7章で考察したように、非正規労働者は女性や若者を中心として構成されている。そのため、

図表終－1　新型コロナウイルスに係る雇用調整累積数の大きな業種（上位10業種）

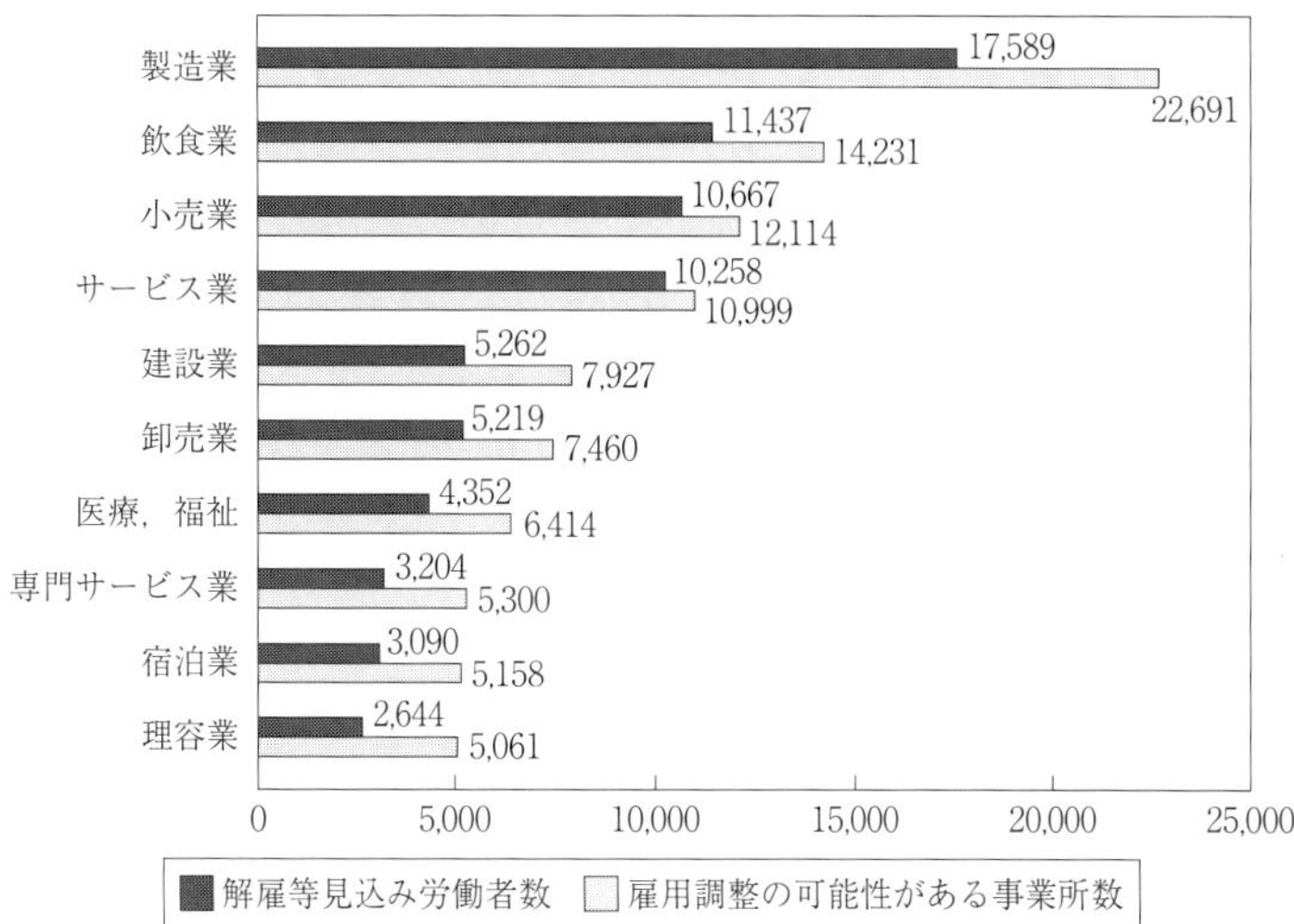

出所：厚生労働省（2021年1月22日）「新型コロナウイルス感染症に起因する雇用への影響に関する情報について」より作成。

コロナ禍の厳しい経済状況においては多くの女性や若者の雇用機会が失われることになった。

業種別では、宿泊・飲食サービス業が同四三万人、農業・林業が同一二万人、サービス業が同一〇万人減少し、新型コロナウイルスの感染拡大の影響が見られる（同前）。産業別就業者数の前年同月差（二〇二〇年四～一一月の累計）では、女性は「飲食業」「製造業」「生活、娯楽業」「宿泊」において就業者数の減少幅が大きいが、その一方で「医療業」「金融、保険業」「不動産、物品賃貸業」「福祉業」では増加している（図表終－2）。男性は、「飲食業」「製造業」「建設業」で就業者数の減少幅が大きく、「情報通信業」「不動産、物品賃貸業」で増加した（同前）。

図表終－2　産業別就業者数の前年同月差（2020年4月～11月の累計）

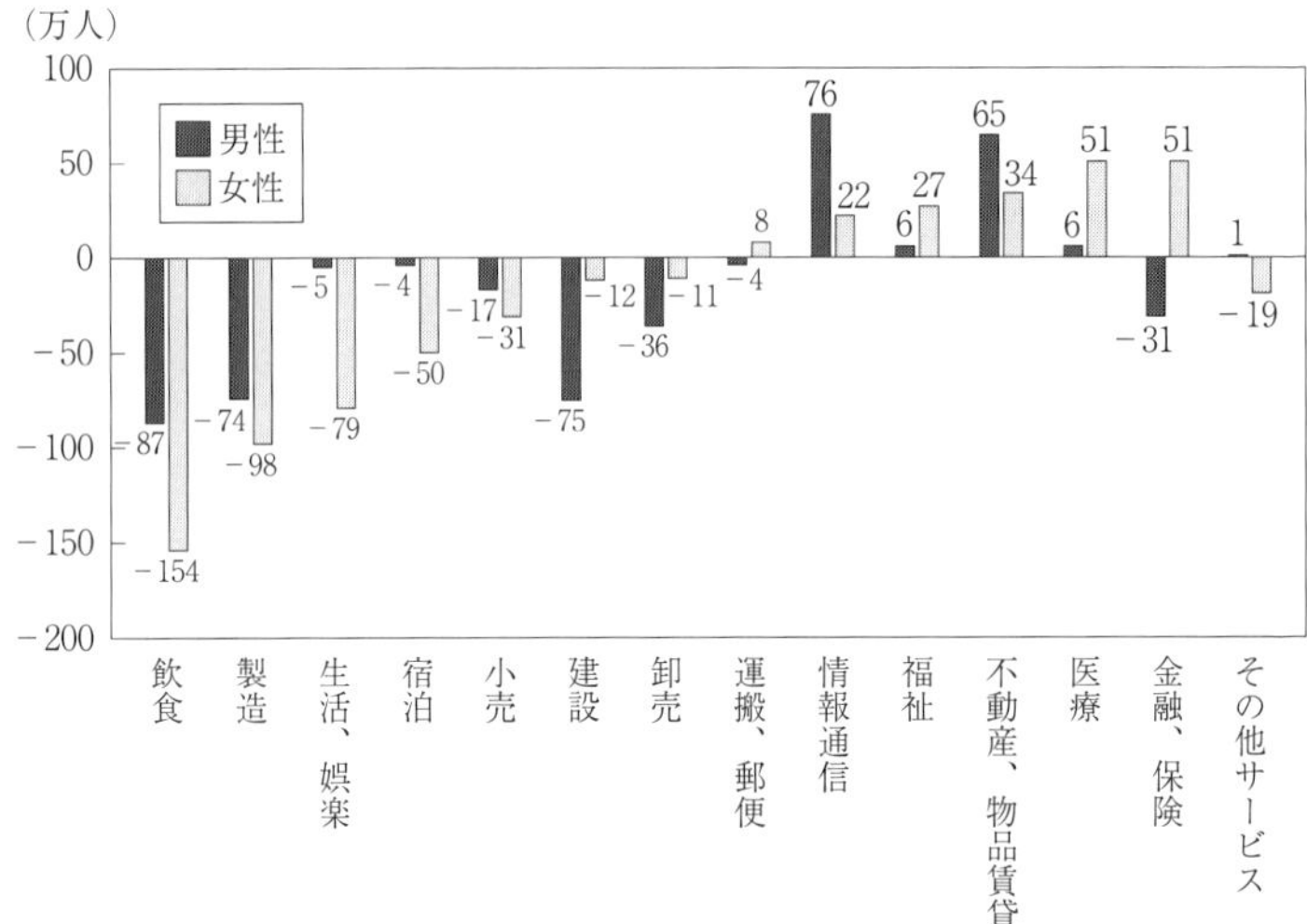

出所：総務省「労働力調査」より作成。原数値。

（2）〝コロナショック〟：休業者数増加の謎

ここで一つ特記しておくべきことは、本来ならばコロナ禍により失業数が増加するはずであったが、実態としてはそれほど顕著ではなかったということである。四月は年度初めで雇用期間の区切りである。そのため、本来なら解雇という形で年度を始め、それが完全失業者という形で統計に表れるだろう。しかし実際には、完全失業者数の上昇は比較的なだらかに推移している（図表終－3）。一方で特徴的なのが、休業者数の上昇である。図表終－4が示すように、二〇二〇年四月の休業者数は男女とも大幅に増加し、五九七万人を記録して突出している。これはリーマン・ショック時には見られなかった傾向である。しかし、コロナ下では、失業者数はさほど増加しなかった。これはいったいなぜだろうか。

一つにはまず先行きが不透明であったため

図表終－3　完全失業者数と休業者数（原数値）

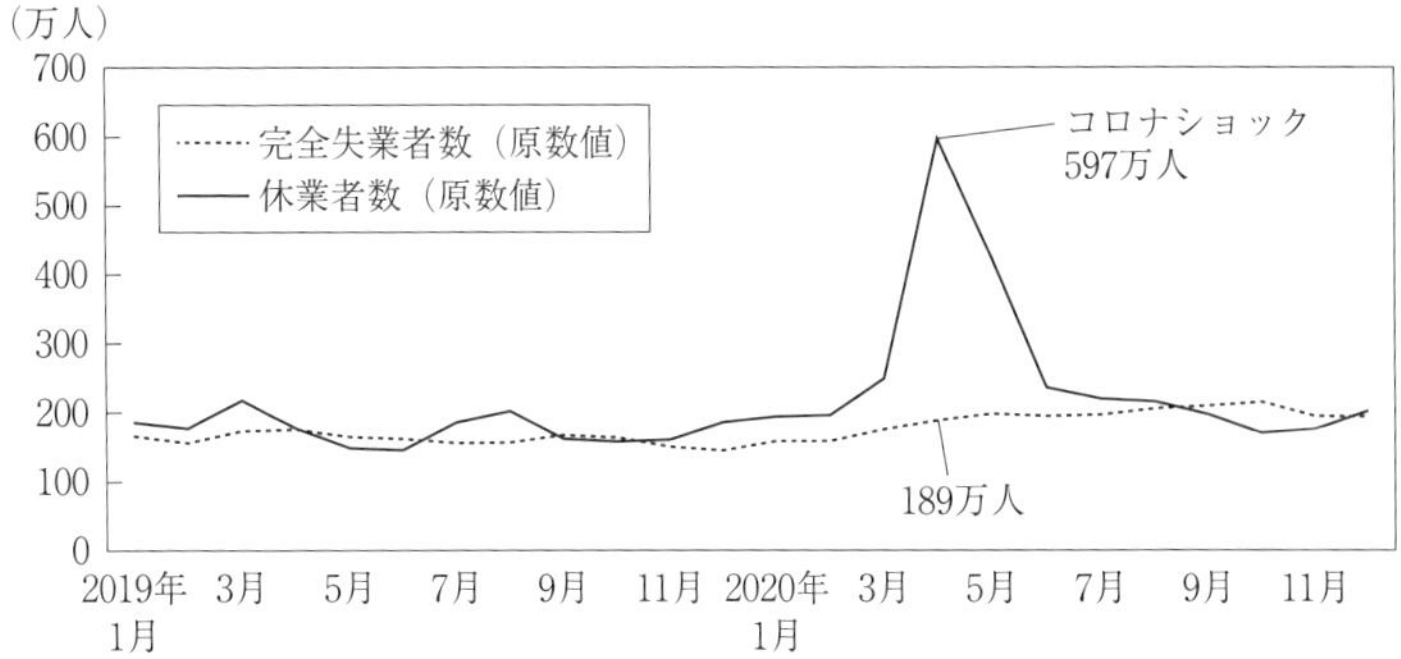

（万人）
完全失業者数（原数値）
休業者数（原数値）
コロナショック
597万人
189万人
2019年1月　3月　5月　7月　9月　11月　2020年1月　3月　5月　7月　9月　11月

出所：総務省「労働力調査」より作成。原数値。

である。日本では二月に本格化したコロナ禍は、当初一時的なものかどうか、先行きが予測しづらかった。また、政府のコロナ禍での行動はビジネスの休業や活動自粛を「要請」するという形をとり、規制や命令ではなかった。したがって、雇用状況の判断は企業に委ねられた。判断しづらい、あるいは解雇の根拠に欠けるといった状況により解雇に至らなかったと考えてよいだろう。

また一方で、日本企業では従来の企業文化から、従業員を解雇せずに「休業者」とすることによって雇用維持する慣行もあり、それが失業者よりも休業者を生んだと考えられる。経済状況が深刻になれば、たとえばアメリカに見られるようにレイオフによる雇用調整が行われる企業社会もあるが、日本では解雇を回避する慣行があり、そのためコロナ禍では解雇せず休業させる措置を取った。日本では解雇時の経済保障のルールがヨーロッパなどに比べてあまり明確ではない。職場には解雇要件があり、それをもとに解雇に至るが、企業側ではその際の解雇される側との係争や訴訟の回避マインドが生じ、それが休業を解雇よりも優先

図表終－4　休業者数（原数値）

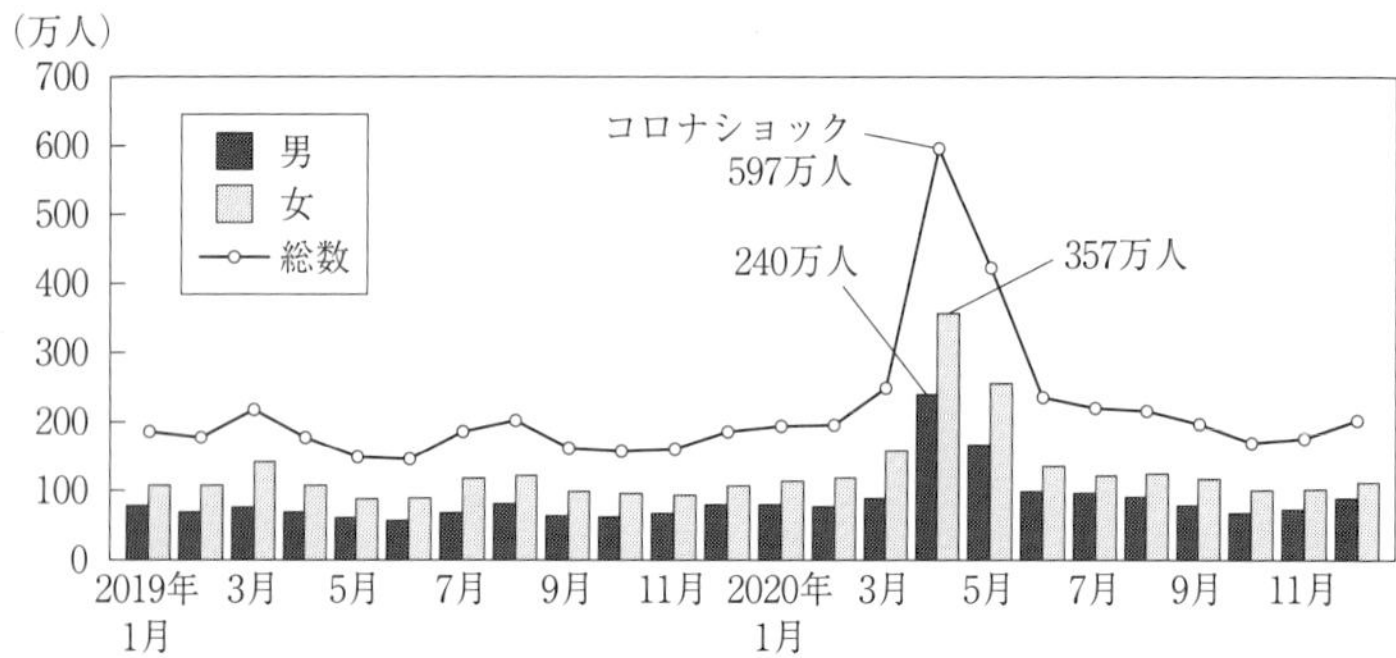

出所：総務省「労働力調査」より作成。原数値。

した要因の一つともなったといえる。

その結果が図表終－4に見るような休業者の一時急増として表れたといえる。このようなコロナ禍における日本労働市場の特徴を本章では「コロナショック」と名づけて特記しておきたい。この時点のコロナショックでは、従業員たちは失業こそ免れたものの、失業に代わり休業を余儀なくされた。男性二四〇万人、女性三五七万人と、女性が圧倒的に多いことがこのコロナショックの特徴でもある（図表終－4）。日本ではかねてより非正規労働者に女性が多く、雇用の調節弁となってきたが、コロナショックにおいてもそれは同様だった。

実際には事業所都合と本人都合の両方で休業者が出ているのだが、後者の理由であっても、それは保育・子どものケア関連のやむを得ない理由が多い。四月は雇用区分としての年度初めであるが、同時に保育所、幼稚園、学校の開始時期でもある。子育て中であれば、子どものケアを誰かが担う必要があるが、コロナ禍においては休園や休校が相次ぎ、子どもたちのケアが得られなくなった。それを担ったのが主に母親であった。

（3）コロナショックと休業者所得補償

ここで問題の一つとして生じたのが、休業者の所得補償である。休業者が休業手当を受給していないケースが生じ、休業者の多くが所得補償のない状態にあった。従業員が休業する際には、長期休業は無論、一日単位での労働者であっても、労働基準法の最低条件である六〇％以上の休業手当を受給できるよう企業に支払いが義務づけられている。この休業手当の支払いは企業にとっては負担となるため、雇用保険を財源として国から雇用調整助成金が支給される。しかし、実際には、アルバイトなどの非正規労働者でまったく支払われないケースも聞かれた。これは手続きが煩雑であったり、企業が休業手当を支給していない事実を記入することへの抵抗感があったりしたことによる。ビジネスの休業や営業時間の短縮などにより存続が危ういといった企業では適切な補償がなされなかった。企業活動を営むだけでも大変なコロナ禍の時期に、休業手当を立て替えることは企業にとっては相当な負担となっていたのである。

そのような状況を打開するために、政府は二〇二〇年七月、新型コロナウイルスにより企業が休業を求めたのに休業手当が支払われなかった中小企業の労働者を対象とした国の給付金制度である「休業支援金・給付金」を創設した。これは主に個人が申請し、休業前の賃金の八〇％（日額一万一〇〇〇円を上限）が給付されるというものである。(5)

野村総合研究所（二〇二一）の調査によると、「休業中のパート・アルバイト女性は、約7割が休業手当を受け取っていない」（図表終‐5）。また、シフト減・パート・アルバイトの女性では一日単位の休業だけでなく、シフト時間を短縮するような短時間休業であっても、休業手当を受け取ることが

図表終－5　休業手当の受け取りの有無

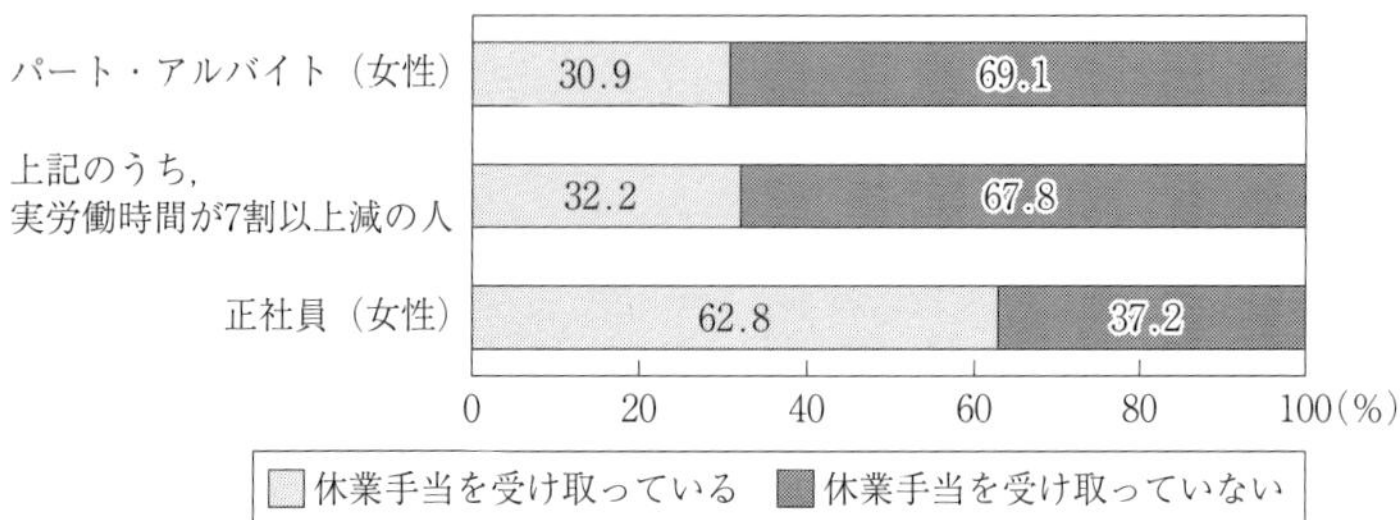

出所：野村総合研究所（2021）「コロナ禍で急増する女性の「実質的休業」と「支援からの孤立」～コロナでシフト減のパート・アルバイト女性を対象とした調査結果の報告～」。

できることを「知らなかった（今回はじめて知った）」五六・三％、「聞いたことはあったが、詳しいことはよく知らない」二一・七％と八割近くが知らないと回答している。

さらに、同調査によると、「休業中のパート・アルバイト女性の2人に1人が「この先仕事がなくなること」、4人に1人が「生活リズムの維持が難しいこと」、「心身の健康維持が難しいこと」が不安だと回答した人の割合が高い」。このような「休業中のパート・アルバイト女性の4割強は世帯年収400万円未満」である。コロナショックのしわ寄せは経済的に弱い立場の人々、特に非正規雇用者に強くのしかかっている。

コロナショック後の企業の対応には隠れた抜け道があった。それは、固定勤務でないシフト制の場合、「シフトを減らした分は休業に当たらないため支払い義務がない」という点であった。実際に、一時間でも一日でも労働に従事すれば、その人は休業者ではなく、就業者にカウントされ休業手当の対象とはならなかった。そのためシフト制の非正規労働者には休業保障が適用されなかったのである。またこの時点では、大企業では休業支援金が使えず、補償がなかった。

そのような状況下、二〇二一年一月二九日、休業支援金を受け取れない大企業の非正規労働者六人が首相官邸で菅義偉首相と面会し、休業・時短勤務命令で所得減にもかかわらず企業側からの二〇二〇年四月から休業補償のない窮状や、国に直接申請して給付が受けられる「休業支援金・給付金」の対象として大企業の非正規労働者も加えてほしいという要望を訴えた。このような直訴に出るほど非正規労働者のＷＬＩは極めて厳しい局面を迎えていた。置き去りにされる人材を生み出さないような補償の仕組みの構築が求められ課題となっていた。

上記の状況は、世論はもとより政府での議論に拍車をかけた。大企業の非正規労働者に休業支援がないことへの野党からの批判は大きく、その結果、厚生労働省は二月五日、休業支援金・給付金の大企業の非正規雇用労働者の取扱いおよび雇用調整助成金の雇用維持要件を緩和することを発表した（厚生労働省、二〇二一ｂ）。この休業支援は当初の二〇二一年一月八日以降の休業への適用から拡大された。それ以前の休業補償を求める声を反映し、二〇二〇年最初の緊急事態宣言時点での休業もカバーすべく、二〇二〇年四月一日～六月三〇日の休業に遡及して適用することになった。

厚生労働省（二〇二一ｃ）によると、「休業支援金・給付金の支給に当たっては、原則として、労使で共同して作成した支給要件確認書により確認します」と規定されているが、休業保障の問題点として挙げられていた休業支援金の申請が困難であったり、企業側が申請を渋るようなことがあったりした場合の改善点として、支給要件確認書の作成に事業主の協力が得られない場合には、支給要件確認書にその旨を記載し、本人自身が申請できることも明文化され、留意されるようになった。このように、コロナ禍における休業保障は非正規の雇用者もＷＬＩが可能になるよう意図されるようになった。

3　テレワークとワークライフ・インテグレーション

(1) テレワーク実施

コロナ禍によって、日本社会は働き方を大きく転換することになった。この社会には直接会って行うことを重視してきた商習慣やコミュニケーションスタイルが従来あるが、コロナ期に仕事では「対面」から「リモート」へ、意図せずとも一気に転換することになった。その一つの典型的な働き方がテレワークである。

内閣府「第二回 新型コロナウイルス感染症の影響下における生活意識・行動の変化に関する調査」(二〇二〇)(全国の一五歳以上のインターネットパネルモニター〔就業者六六五三人、子育て世帯一九三八人、学生九五一人〕を対象としたインターネット調査)によると、テレワーク実施割合は全国レベルでは二〇一九年一二月時点で一〇・三%であったが、コロナ禍による第一回の緊急事態宣言後の二〇二〇年五月には二七・七%となり、その後、同年一二月には二一・五%となっている。同調査によると、テレワーク実施率が高い業種は、「情報通信業」(六五・六%)、「電気・ガス・水道業」(三五・二%)、「不動産、物品賃貸業」(二九・〇%)で、いずれも男性就業者が多い分野であることが特徴である。

さらに、東京商工会議所による東京商工会議所会員企業を対象とした二〇二〇年の「テレワークの実施状況に関する緊急アンケート」調査(調査期間：二〇二〇年五月二九日〜六月五日、回答数：一一一一社)によると、テレワークの実施率は、第一回の緊急事態宣言発令(二〇二〇年四月七日〜五月六日)後、同年三月調査時に比べて四一・三ポイント増加の六七・三％へと急増した。同調査によると、そのうちの五二・七％は緊急事態宣言発令以降から実施し、従業員規模別では従業員三〇人未満の実施率は四五・〇％、三〇〇人以上では九〇・〇％と従業員規模に比例して実施率も高くなった。

上記東京商工会議所の会員企業において東京都の大企業では実施率が高いことが明らかになったように、前掲の内閣府（二〇二〇）の調査（二〇二〇年五月時点）でテレワークの実施割合をみても、「東京都23区では48・4％、地方圏では19・0％」で、地域別格差が見られることがわかる（図表終-6）。さらに同調査（二〇二〇年一二月時点）でテレワーク実施者本人の年収別での実施率をみると、年収が上がるほど高くなりテレワークが年収に比例する傾向が窺われる（図表終-7）。これは、就業状況や環境の影響によるもので、デスクワークを主とする就業状況は比較的収入が高い傾向にあり、テレワークを実施できるIT機器も備えているか入手できる環境にあるためと考えられる。

さらに二〇二一年一月七日、東京都、埼玉県、千葉県、神奈川県の一都三県に緊急事態宣言が再発令され、一月一四日からは栃木県、岐阜県、愛知県、京都府、大阪府、兵庫県、福岡県の七府県が追加対象となった。この第二回緊急事態宣言は当初予定された二月七日までの期間から同年三月七日まで栃木県を除く一〇都府県で延長された。この第二回緊急事態宣言後に経団連が二〇二一年一月一五日〜二二日に会員企業を対象に行った『緊急事態宣言下におけるテレワーク等の実施状況調査結果』では、緊急事態宣言の対象地域一一都府県において九割の企業がテレワークを原則実施し、それにより出勤者数の削減率が約六五％（推計）となった。エッセンシャルワーカー等を除いた場合、回答した五〇一社のうち一八五社が七割以上の出勤者を削減、三二一社が五割以上の出勤者を削減した。

図表終－6　テレワーク実施割合

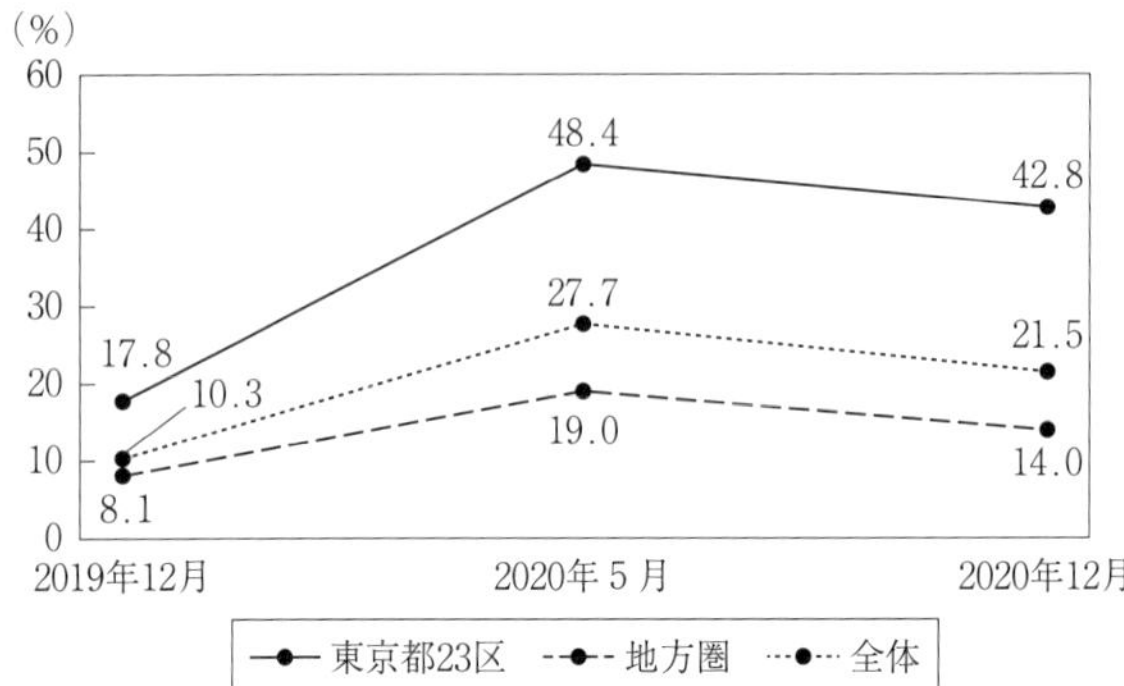

出所：内閣府『第2回 生活意識・行動の変化に関する調査』より作成。

図表終－7　年収別テレワーク実施率（2020年12月時点）

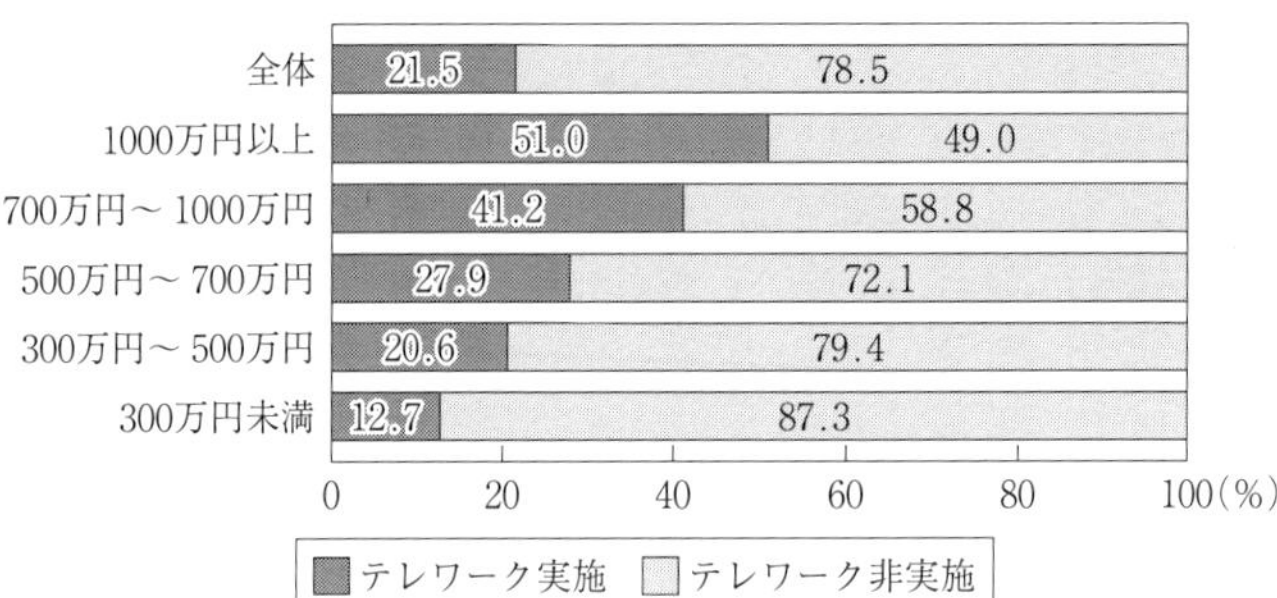

出所：内閣府『第2回 生活意識・行動の変化に関する調査』より作成。

これは、政府が求める緊急事態宣言下における出勤者数の七割削減取組みの徹底化や事業継続に向けた持続化補助金や、ＩＴ導入補助金等の支援制度のほか、大企業向けの営業時間短縮に係る感染拡大防止協力金制度の周知要請を受けたものである。同調査では、二〇二〇年四月の緊急事態宣言以降の取組みで、「情報機器や通信環境の整備」（九五％）、「情報機器や通信環境の整備」（八七％）、「人事制度や勤務体系の改定」（六六％）がなされており、大企業においてはテレワーク推進が潤沢に取り組まれていることがわかる。また、経団連は今後もテレワーク導入を積極的に後押しする意向を表明している。

(2) テレワークの課題

今後の新しいＷＬＩの枠組みにおけるテレワーク推進では、主に三点の課題がある。一つは上記のように、業種でばらつきが大きいという点である。対面での仕事が一般的だった業種では、今後工夫が必要となる。二つ目は企業規模による格差を縮小させることである。大企業では推進傾向にあるが、中小企業では浸透率が低い。資力のある大企業だけでなく、中小企業を含めた取組みが不可欠である。三つ目は厚生労働省の指針（二〇一八年）では、時間外・休日・深夜のテレワークは原則禁止とされていた。しかし、コロナ禍のテレワークではこの指針との齟齬がある。これまでの時間管理による働き方改革ではなく、出来高・パフォーマンスによる働き方への改革が求められるのではないだろうか。

前掲の経団連の調査（二〇二一）によると、企業側から政府への要望には、医療体制の拡充、ワクチン接種、防疫措置以外に、「テレワークの労務管理上の扱いなどを示した政府ガイドラインの改訂、情報設備投資への助成・減税等、官公庁のデジタル化、公的書類への押印を減らす運動の推進」といった「テレワーク推進の支援・課題」や、「情報発信」（関連情報のタイムリーな提供、感染者数、重症者数、死者数の属性〔感染場所、年齢、性別、ほか〕の明確化、緊急事態宣言を含めた政府のメッセージの明確化、社員のプライベートな時間の過ごし方に対する会社による徹底の位置付明確化）、「雇用の安定・産業支援」が挙げられていた。雇用の安定・産業支援には、「雇用調整助成金の延長」、「安心して従業員が勤務できるように保育園等の業務継続」、「環境リサイクル産業の事業への理解促進」、「観光業、エンターテイメント産業など中小企業、フリーランスの困窮に対する必要な支援」がある。

（3）未来を拓く働き方への提言

これらはコロナ禍におけるＷＬＩの観点からは、いずれも重要な要望である。特徴としては、「社員のプライベートな時間の過ごし方に対する会社による徹底の位置付明確化」や「保育園等の業務継続」は個人生活、家庭生活の領域からの視点であり、コロナ禍による経験で今後一層支援や仕組みを考えていかねばならない点である。テレワークを実践する上でのプライベートな時間がどのように区分されるべきか、また、コロナ禍で休園した保育園等の業務を継続するにはどうすればよいのか。政府の課題は山積であるが、それらにうまく対処している企業もあるため、今後の研究ではそういったケーススタディをさらに示し、提言していくことが課題である。

テレワークによる労働時間の管理ではＰＣの記録等により時間管理を行うことも不可欠ではあるが、自己申告による時間管理もなされるため、今後の働き方の改善としては、職務内容のパフォーマンスに要する時間配分を決めて、時間管理だけの管理とならないパフォーマンス管理にも移行していくことが必要となるだろう。過重労働とならないよう制御する仕組み、業務内容によるパフォーマンス管理のあり方が問われている。

パフォーマンス管理をする上で、孤立を避け、業務管理を効率よく円滑に行うためには、完全にリモート化をするのではなく、職場のネット上で情報共有する場を設けたり、同僚等に相談したりできるような、職場コミュニケーションを図れるコミュニケーションスロット（割当て時間）や一対一で上司や関係者と話せる機会を設けるなどを意図的に実施することが推奨される。これは、たとえば学校教育でもオンライン授業を行う際に、質疑応答の掲示板を設けたり、オンデマンド配信後にオンラインであっても双方向でやり取りをしたりするセッションや個別指導を行うことと同様である。

これまでは〝face time（フェイスタイム）〟と呼ばれるような、職場に顔さえ出していれば仕事をしているとして尊ばれた文化が日本社会には存在していた。しかし、そのような意識はコロナ禍においては変化しつつある。今後は効率よく、ＷＬＩが取りやすく、かつ労使双方にメリットのある働き方が推進されていくことになる。

これまで新型コロナウイルスの感染拡大にともなう働き方の転換、いわゆるニュー・ノーマルの現状についてみてきた。事業継続の観点から、テレワークの導入や、従業員シェアなど働き方の転換が進む一方、育児や介護などを担う女性たちの休業が拡大するとともに、営業時間の自粛などに伴う雇用調整も進展した。その意味では働き方改革は、第5章で示唆されているように企業側の論理によって展開しているのであり、働く者の生活と権利を守るという視点が重視されなくてはならないだろう。そのためにも労働組合の役割が問われているといえる。

だが、今回の感染拡大による事業転換と働き方の見直しは、自営業や賃労働に依存した経済構造が、いかに働く者の犠牲の上に残存しているのかを改めて思い知らせるものであった。もともと、今日的意味での労働は、家事労働との分離の上に成立し、報酬を得るためのいわゆる賃労働への家事労働、さらにいえば生活の依存を生み出すことになった。その意味で、第7章で指摘されているような、本源的な意味での生活と労働といった区分の見直し、さらにいえば賃労働依存の生活構造のあり方をいかに再編していくのかが、今後問われていかなければならない。かくしてＷＬＩは、仕事と生活の重要性を強調するだけでなく、これからの生活や経済を切り開く基礎的なコンセプトだといえるであろう。

注

（1）『日本経済新聞』二〇二〇年八月三一日（https://www.nikkei.com/article/DGXMZO63180840Y0A820C2000000/ 二〇二一年二月一九日アクセス）。

（2）『日本経済新聞』二〇二〇年九月二八日（https://www.nikkei.com/article/DGXMZO64252170V20C20A9TY5000/ 二〇二一年二月一九日アクセス）。

（3）『日本経済新聞』二〇二〇年一一月三〇日、および President Online（https://president.jp/articles/-/41575 二〇二一年二月一七日アクセス）。

（4）厚生労働省二〇二一年二月一二日現在集計分では解雇・雇い止めの人数は八万七四五〇人となった。

（5）雇用調整助成金は、事業主が解雇を行わず雇用を維持した場合、一人一日一万五〇〇〇円を上限として、労働者へ支払う休業手当のうち最大一〇分の一〇が助成される（厚生労働省、二〇二〇ａ）。

参考文献

厚生労働省（二〇二〇ａ）「雇用調整助成金とは」二〇二〇年四月一日。

厚生労働省（二〇二〇ｂ）「新型コロナウイルス感染症に起因する雇用への影響に関する情報について」（九月二五日現在集計分）。

厚生労働省（二〇二一ａ）「新型コロナウイルス感染症に起因する雇用への影響に関する情報について」（一月二二日現在集計分）（mhlw.go.jp）。

厚生労働省（二〇二一ｂ）「休業支援金・給付金の大企業の非正規雇用労働者の取扱い及び雇用調整助成金の雇用維持要件の緩和等について」（二〇二一年二月五日発表）。

厚生労働省（二〇二一ｃ）「休業支援金・給付金の大企業の非正規雇用労働者の取扱い等について」。

東京商工会議所（二〇二〇）「テレワークの実施状況に関する緊急アンケート」調査。

内閣府（二〇二〇）「第2回　新型コロナウイルス感染症の影響下における生活意識・行動の変化に関する調査」（二〇二〇年一二月二四日）。

野村総合研究所（二〇二一）「コロナ禍で急増する女性の「実質的休業」と「支援からの孤立」」。

日本経済団体連合会（二〇二一）「緊急事態宣言下におけるテレワーク等の実施状況調査結果」（keidanren.or.jp）二〇二一年一月二九日。

International Labour Organization（2021）ILO Monitor: COVID-19 and the world of work. Seventh edition Updated estimates and analysis 25 January 2021.

あとがき

現在、新たな支援が必須となるワークライフ・インテグレーション（ＷＬＩ）が求められている。日本社会でワーク・ライフ・バランス（ＷＬＢ）の概念は定着したものの、その内容は試行錯誤に満ちている。経済発展と家族の側面からもＷＬＢの限界が見えている。

それはドイツの経験によって裏づけられる。本書では、これまであまり注目されてこなかったドイツにおける「労働生活のファミリー・フレンドリーな形成」をもとに、ＷＬＢが家族の脆弱化から問われ、労働時間問題として展開したことを明らかにし、「家族を意識した人事政策」を中心にいかなる人事政策が求められ、どのような意図があるのかを検討した。

また、ＷＬＢの限界をアメリカの子育ての経験を通しても示した。子育て費用や教育費の高騰による「絶滅危惧種」の働く親たちの窮状、個人・市場型から州政府のＷＬＩ施策への希求、ＦＭＬＡ政策の前進などが、個人の自助努力に加えて、企業、政府によるＷＬＩ政策と措置が不可欠であることを如実に物語る。

一方、ＷＬＩ面から考察した日本社会の特徴は、長時間労働を前提とした働き方に表れている。家事・育児や社会活動の「ライフ」面を縮小させ、性別役割分業を増長させ、男女差は二極化し、男性の多くが長時間労働に従事している。「働き方改革関連法」による労働時間の上限規制にもかかわらず、労働時間短縮への効果は薄く、緩和されながらも、週六〇時間以上の時間外労働上限規制を超える過酷な働き方も多く、長時間傾向は根深い。

では、ＷＬＩ施策を推進するのは誰か。それは主として政府、財界、企業である。そこで政財界の政策検討の重要性を指摘し、日本企業の取組みを規定する「働き方改革」に対する財界の見解を検討し、その主張が政財界の労働市場・労務戦略の根拠となることを示した。今や必ずしも一企業での終身雇用を想定せず、働きがいや仕事を通じた社会貢献に重きを置く若者や多様な人材の「価値創造力」が発揮できる環境や、時空間にとらわれない「柔軟な働き方」が求められており、「Society 5.0」時代の新たな働き方に合わせた転換が起こっている。

その転換は人的資源管理面でモチベーションを誘発し、積極的職務遂行と生産性向上に反映された従業員要請の企業施策として表れる。ＷＬＩを実現し柔軟な働き方を可能にする企業施策は「ライフキャリア・レインボー」理論を活かし、ライフステージの課題を担っていくものである。そこでは労働時間管理の柔軟性、雇用の柔軟性、賃金・給与管理の多様性、主体的なキャリア開発・能力開発やＷＬＢに配慮した福利厚生を主軸としたＷＬＩの推進が必要となっている。

ＷＬＩの課題を考える際には、非正規労働と正規労働の構造的問題を避けては通れない。非正規雇用は、「正規労働」とのかけ離れた差別的待遇で社会的評価が低いが、本来は家族形成や家族介護等の無償のケア労働を行うライフステージに対応できる「自由意思」のある働き方である。したがって非正規労働を補完的役割ではなく、暮らしとキャリアが結びつく働き方の一つとしてとらえる、ＷＬ

Ｉから考える労働イノベーションが求められている。

ＷＬＩの現実では、個々の企業ケースを挙げてＷＬＩの現状の課題と近年のＡＩ化（人工知能の普及）がもたらす経済活動と生活活動への物理的変化を学術的研究成果と実践的導入事例に分けて紹介した。ＡＩ失業に対する悲観的視座と楽観的視座からの考察を通して、日本雇用の遅れたルーティン化とＡＩ化による失業側面は男女差のない雇用形態の実現とキャリア（スキル）向上の機会の均等化の重要性が見出された。同時にＡＩ化によるＱＯＬ（クオリティー・オブ・ライフ）の向上の制御が今後の課題となっている。

技術革新が目覚ましく、社会的・文化的規範の多様性が求められる時代のＷＬＩの実現は一筋縄ではいかない。追い打ちをかけるように二〇二〇年の新型コロナウイルス（ＣＯＶＩＤ―19）は、我々の生活を制限し、リモートワークがもたらしたライフスタイルの大転換を余儀なくさせた。しかし、そのような逆境にあっても、個人の平等な機会と自由な選択ができる社会を全員が享受できるよう、その方途を我々は新たなＷＬＩを模索して見出し続けていく必要がある。

本書『ワークライフ・インテグレーション――未来を拓く働き方』を刊行するにあたり、各章の執筆者には上記のような鋭い視点で現在の課題と未来を拓くための知見、分析、視座を盛り込み、問題を真摯にとらえてご寄稿いただいた。

ミネルヴァ書房の皆様には、企画、編集、装丁をはじめ、本書を誕生させるために詳細かつ斬新な視点で温かいお力添えを頂いた。関係各位に心より御礼申し上げたい。とりわけ、編集部の堀川健太郎様には、日本社会を活性化させる新たな息吹を本書に吹き込む上でさまざまなアイデアとご協力を賜った。冨士一馬様には、本書が最良の形となるようご尽力いただいた。円滑な刊行への温かいお心配りに心より感謝申し上げたい。また、本書を世に送り出すために最初に扉を開けて、未来を拓いてくださった元編集部の梶谷修様のお名前をここに記して、特別な感謝を表したい。

二〇二〇〜二〇二一年はコロナウイルスによるパンデミックが世界を襲い、ワークライフの自由が奪われてWLBの限界が一層顕著になった時期であった。そのような厳しい状況下であったからこそ、我々はWLIの重要性と意義を一層認識することにもなった。リモートでの働き方、子育ての支援の限定、折衝の機会の限定など、多くの制約が課された。この時期、特に接客業、飲食産業等のホスピタリティビジネス、そして何よりも医療の分野では想像を絶するような危機的状況との闘いであった。だからこそ、このような状況下で危機的状況の苦しみや悲しみを乗り越えるためにも、未来を拓く働き方へと転換する力の一助となるよう、今ここに、本書『ワークライフ・インテグレーション』を送りたい。読者の皆様と共有する希望に満ちた我々の強いメッセージとなれば幸いである。

ワークライフ・インテグレーションを希求するすべての人へ

二〇二一年九月

編著者　平澤克彦・中村艶子

わ　行

欧　文

た　行

な　行

さ　行

索　引

（＊は人名）

あ　行

か　行

《執筆者紹介》（執筆順，所属，執筆分担，＊は編者）

＊平澤克彦（編著者紹介参照：序章，第2章，終章）

＊中村艶子（編著者紹介参照：序章，第1章，第3章，終章）

山本大造（愛知大学経営学部経営学科教授：第4章）

奥寺　葵（千葉商科大学商経学部教授：第5章）

木村三千世（四天王寺大学経営学部教授：第6章）

石井まこと（大分大学経済学部教授：第7章）

小暮憲吾（同志社大学大学院経済学研究科博士後期課程：第8章）

《編著者紹介》

平澤克彦（ひらさわ・かつひこ）

1992～2000年，東アジア経営学会国際連合事務局次長，2011年からネパール経営学会国際アドバイザリーボード，2017～2019年，東アジア経営学会国際連合会長指名共同事務局長，2021年から協同金融研究会代表。専門は人的資源管理論。

現　在　日本大学商学部教授。

主　著　『企業共同決定制の成立史』千倉書房，2006年。

Management Strategy of Foreign Companies in Japan,（編著）Asmita's (Napal), 2016.

『明日を生きる人的資源管理入門』（共編著）ミネルヴァ書房，2009年。

中村艶子（なかむら・つやこ）

2013年度 TOMODACHI イニシアチブ（米日カウンシル・東京米国大使館主催）TOMODACHI MetLife Women's Leadership Program 第一期メンター・シャペロン，2014年から関西経済連合会女性のエンパワメントのための「米国派遣プログラム」研修講師。専門は社会学（女性労働），アメリカ研究。

現　在　同志社大学グローバル・コミュニケーション学部教授。

主　著　『価値創発（EVP）時代の人的資源管理』（共編著）ミネルヴァ書房，2018年。

『ワーク・ライフ・バランスと経営学』（共編著）ミネルヴァ書房，2017年。

『雇用関係の制度分析』（共著）ミネルヴァ書房，2020年。

ワークライフ・インテグレーション
――未来を拓く働き方――

2021年９月28日　初版第１刷発行　〈検印省略〉

定価はカバーに
表示しています

編著者　平澤克彦
　　　　中村艶子
発行者　杉田啓三
印刷者　江戸孝典

発行所　株式会社　ミネルヴァ書房
607-8494　京都市山科区日ノ岡堤谷町１
電話代表（075）581-5191
振替口座　01020-0-8076

共同印刷工業・新生製本

ISBN978-4-623-09235-2
Printed in Japan